改革先锋禹国刚

中国资本市场开路人

樊舟◎著

海天出版社
HAITIAN PUBLISHING HOUSE

·深圳·

图书在版编目（CIP）数据

改革先锋禹国刚：中国资本市场开路人 / 樊舟著 . — 深圳：海天出版社，2021.9

ISBN 978-7-5507-3278-0

Ⅰ . ①改… Ⅱ . ①樊… Ⅲ . ①禹国刚 – 传记 Ⅳ . ①K825.3

中国版本图书馆 CIP 数据核字 (2021) 第 183170 号

改革先锋禹国刚——中国资本市场开路人

GAIGE XIANFENG YU GUOGANG——ZHONGGUO ZIBEN SHICHANG KAILUREN

出 品 人：聂雄前

责任编辑：张　梅　刘　婷

责任校对：万妮霞

责任技编：梁立新

封面设计：王纪昌

封面摄影：王熙维

出版发行：海天出版社

地　　址：深圳市彩田路2038号海天综合大厦(518033)

网　　址：www.htph.com.cn

订购电话：0755-83460239（邮购、团购）

排版制作：深圳女报杂志社有限公司

印　　刷：深圳市晶宇印刷有限公司

开　　本：787mm×1092mm　1/16

印　　张：20.5

字　　数：236千字

版　　次：2021 年 9 月第 1 版

印　　次：2021 年 9 月第 1 次

定　　价：58.00 元

中国证券监督管理委员会

贺　信

禹国刚同志：

2018 年 12 月 18 日，党中央、国务院授予您改革先锋称号、颁授改革先锋奖章，这充分体现了以习近平同志为核心的党中央对资本市场改革发展的高度重视和殷切希望，对您的亲切关怀。证监会全体干部职工向您表示热烈的祝贺，并致以崇高的敬意！

"资本市场发展的实践者"这一光荣称号是党中央、国务院对您的最高褒奖。您作为中国资本市场的探索者，勇立时代潮头、锐意改革创新、敢于实践探索，为创建深圳证券交易所、推动证券交易技术革新、促进资本市场规范发展做出了杰出贡献。您当选改革先锋，这不仅是您个人的荣誉，更是整个资本市场的荣誉，证监会全体干部职工深感振奋，备受鼓舞。

伟大时代呼唤伟大精神，崇高事业需要先锋引领。我们号召全系统干部职工以习近平新时代中国特色社会主义思想为指导，不断增强"四个意识"、坚定"四个自信"，坚决做到"两个维护"，大力弘扬以您为代表的老一辈资本市场建设者们开拓创新、敢为人先的改革精神和爱岗敬业、无私奉献的时代精神，不忘初心、牢记使命、改革开放、继续前进，努力建设富有国际竞争力的中国特色资本市场，为实现中华民族伟大复兴的中国作出无愧于时代和人民的贡献！

中国证监会

2018 年 12 月 20 日

庆贺中国资本市场三十而立

创造新的时代辉煌

铸就新的历史伟业

国刚

二〇二

十二月一日

深圳精神，永昭未来

杨广慧

听说要出版一本写国刚同志的书，我很高兴。我还记得 2018 年 12 月，在庆祝改革开放 40 周年大会上，国刚等 100 名同志，被党中央、国务院授予改革先锋称号。看到习近平总书记等领导同志为改革先锋们颁奖的情景，我非常感动。任何有功于国的人，国家不会忘记，人民不会忘记。

国刚同志被评价为"资本市场发展的实践者"，这是一份殊荣。他很谦虚，说这不光是对他个人的肯定与赞扬，也是对许许多多一起为中国资本市场辛勤奉献的同志的肯定与赞扬。是啊，举凡伟大的事业，往往都是一群人协力同心，在党的领导和人民的支持下完成的。

这让我的思绪又回到当年，回到在李灏书记领导下与同志们一起为深圳打拼的热火朝天的年月。我是 1987 年 5 月 27 日奉命到深圳报到的，任市委宣传部部长。次年，李灏书记率团赴欧洲访问，在伦敦会见了当地一些证券和基金投资人，对证券业的价值有了深入的了解，也下定了创办深圳证券交易所的决心。

然而，建立深交所谈何容易？我们不光缺专业人才，大家的观念也还没转变过来，很多人觉得股份制是资本主义，股票交易是投机，与社会主义格格不入。这个时候，就能看出李灏书记作为改革家的大智大勇，只要利国利民，他就愿意披荆斩棘，一往无前，坚决做成。

国刚同志是证券专家。此前我国只派了两名留学生到日本学习证券专业，国刚同志是其中之一。1984年他学成归国，等到1988年要筹备深交所，终于有了用武之地。我了解的国刚同志，是个做事极其认真的人。他担任深圳市资本市场专家小组组长和深交所筹备组负责人，呕心沥血，组织翻译并借鉴了大量重要资料，为深交所的建立奠定了业务基础和制度基础。后来他与王健同志搭档，共同操持深交所工作，成绩斐然，令人瞩目，二人被《人民日报》称为中国证券市场的"股界双雄"。

国刚同志参与并见证了我国资本市场从无到有、从小到大、从区域到全国发展的历程。他努力推动深交所全球第一个同步实现"四化"——交易电脑化、交收无纸化、通信卫星化、运作无大堂化，深交所证券交易系统技术水平至今一直处于全球领先地位。

转眼三十余年，弹指一挥间。我们已经垂垂老去。深交所的建立，是改革开放的必然产物，是伟大祖国走向复兴的必然产物。深交所的价值逐渐为世人所知，金融业更成为深圳三大支柱产业之一，继续助力祖国的进步和中国特色社会主义先行示范区的发展。

为国为民、敢闯敢干的精神，就是一种可贵的深圳精神，这种精神永远昭示着未来。看到有这样一本书出版，我备感欣慰。

2021年6月

总有一种情怀激荡在苍天大地

樊舟

背双肩包的古稀老人

当那个身影越过莲花路和景田路的交叉口，沿着斑马线向我走来的时候，虽说我已经看了许多关于他的资料，熟悉他的长相，却还是稍稍有点吃惊。

清瘦，个子不高，腰板笔直，背着双肩包，他目不斜视地走向我，全然不像一个退休多年的老者，而是一个心无旁骛、只知赶路的旅人。

他就是本书的主人公禹国刚先生。在我搜集的各类资料中，有文字，有图片，有音频和视频，那些宏大的叙事和纷繁复杂的细节，经过新冠肺炎疫情期间一个个无眠长夜的阅读与消化，慢慢拼接成一段波澜壮阔的历史。这段历史，关乎禹先生，关乎许多与他一起奋斗的人，更关乎新中国证券市场的艰辛而伟大的历程。

那天我和禹先生相约，在妇儿大厦对面的中发源餐厅茶叙。这是后来多次茶叙中的第一次，有时候是去餐馆，有时候是他来我办公室，或者我前往他位于梅林的家里。我不喜欢拉开架势、正襟危坐的访谈，那样受访者会非常拘谨，相反，我更愿意从漫无目的的聊天开始，天上地下，过去未来，然后再慢慢切入正题。他口才极好，讲述生动且极有条理，我只有在必须插嘴询问的时候才不惜打断他，而他略加思考便开始回答。后来我才发现，他之所以要思考，并非我的问题不好回答，而是他在选择更易让我听懂的语言。他对别人的体贴总有一种船过水无痕的自然，反映在各种不经意的细节中，我想这是他当年在深圳证券交易所主持工作时深孚众望的原因之一。而当他回答完我的问题，很快就能回到原先的叙事中去，切换自如。他的思路之清晰，反应之敏捷，让我忘记他已经七十多岁了。我想这是他多年的严谨自律使然，他作息规律，饮食讲究，没有任何不良生活习惯，他的身体像一台精密运转的时钟。

禹先生说，他永远记得 2018 年 12 月 18 日，那是他人生的高光时刻。

那天，在北京人民大会堂，中共中央、国务院召开庆祝改革开放 40 周年大会。习近平总书记在大会上发表讲话指出："1978 年 12 月 18 日，在中华民族历史上，在中国共产党历史上，在中华人民共和国历史上，都必将是载入史册的重要日子。这一天，我们党召开十一届三中全会，实现新中国成立以来党的历史上具有深远意义的伟大转折，开启了改革开放和社会主义现代化的伟大征程。今天，我们在这里隆重集会，回顾改革开放 40 年的光辉历程，总结改革开放的伟大成就和宝贵经验，动员全党全国各族人民在新时代继续把改革开放推向前进，为实现'两个一百年'奋斗目标、实现中华民族伟大复兴的中国梦不懈奋斗。"

整整 40 年过去了。只有熟悉这段历史的人，才明白一个拥有五千年璀璨文明的国度到底发生了怎样的沧桑巨变。会上宣读了《中共中央　国务院关于表彰改革开放杰出贡献人员的决定》，授予100人改革先锋称号，颁授改革先锋奖章。

中央庆祝改革开放40周年表彰工作领导小组办公室对于改革先锋的诠释是：改革开放杰出贡献表彰对象，他们勇立时代潮头、敢为人先，奋力推进改革开放事业。使用"改革先锋"名称主题鲜明、寓意深刻、易于传颂。

禹国刚先生正是这100人之一。从将近14亿人中遴选出区区100人，谁都知道其中的难度，以及入选的荣耀。对这100名获奖者，每一位都有一句话的定位，比如钟南山是"公共卫生事件应急体系建设的重要推动者"，马化腾是"'互联网＋'行动的探索者"，而禹国刚是"资本市场发展的实践者"。在给予他的评语中说：

"禹国刚参与并见证了我国资本市场从无到有、从小到大、从区域到全国发展的历程。1988年负责筹建深圳证券交易所，学习借鉴境外证券市场法律法规和业务规则，牵头拟订《深圳证券交易所章程》等重要文件，奠定了深圳证券交易所制度基础，促进了我国证券市场的规范化发展。推动深圳证券交易所第一个同步实现'四化'——交易电脑化、交收无纸化、通信卫星化、运作无大堂化，一跃成为亚太地区乃至世界知名的证券交易所，其证券交易系统技术水平至今仍处于全球领先地位。"

如果不了解内情，我很难把这些影响深远的业绩与眼前这位古稀老人联系起来。往小处说，资本市场是公司筹资和个人理财的一种途径；往大处说，是国家经济发展的延伸，某种程度上事关国运。我曾听不止一个人说过，如果深圳没有证券交易所，就不可能成为现在的深圳。

也许历史总会选择一些人来成就一番事业，通过所成就的事业，又创造出新的历史。我想起大学时代读过的一本小书，奥地利传记作家斯蒂芬·茨威格的《人类群星闪耀时》。这部名作宣说了一个易被忽略的道理：在历史的某些时刻，当个人意志与历史的必然性发生碰撞，火花闪烁，便能照亮人类文明的天空。

成功者的三种品质

从准备撰写这本书开始，我就面临着一个基本的困境：我对禹国刚先生的了解越多，就越是发现对他的了解越少。而且，他的经历虽然也颇曲折，但并不算跌宕起伏、一波三折，更没有什么茶余饭后可做谈资的八卦，那么，我如何才能把这本书写得吸引眼球呢？

这个疑问在一次与禹先生的长谈中豁然而解。我清楚地记得，那天他来我们杂志社。那时候杂志社还在妇儿大厦七楼。在我的办公室里，禹先生聊到了他去日本留学的因由，以及促成此事的日本友人冈崎嘉平太先生。他回忆道，在东京，有一回他与冈崎先生聊天，冈崎先生勉励他努力学习，说："日本有很多方面是学中国的，但是在近代，中国落后了。比如说，敦煌在中国，敦煌学却在日本，我们日本比中国研究得更透，了解得更多。"

禹先生对我说："我永远也忘不了当时的感受，尽管冈崎先生说得委婉，我内心还是隐隐作痛，我为国家痛，为民族痛。孔夫子说：好学近乎知，力行近乎仁，知耻近乎勇。我们落后了，得承认，但不能尿，所以我憋了一口气，要学证券就要学好！有人可能觉得这是我年轻意气，其实我到现在也一样坚持。一个知识分子就应该与他的国家、民族生死同命，捍卫她的光荣，承担她的苦难，开创她的未来。"

禹先生的这番话，不啻醍醐灌顶。我想我以前对可读性的理解有些狭隘了，就一本传记而言，其可读性也许意味着曲折难测的人生，匪夷所思的际遇，复杂烦琐的人物关系，但这并非全部，还要看主人公为这个世界做过什么，创造过什么价值。

一个能让人敬佩的成功者应该具备三种品质：

第一种品质是家国情怀。禹先生到日本研学证券，归国后孜孜以求于证券市场的建立，都是因为他认为国家需要。他念大学时想由俄语专业转为日语专业，也是因为这种情怀。当时西安外国语学院还没有日语专业，校长问他："为什么要转学日语？"他说："我从书上看到，鲁迅、郭沫若都是到日本学医，又都弃医从文，走上了革命道路。孙中山本来也学医，也多次到过日本。1868年日本实行明治维新，我们差不多的时期也在搞洋务运动，但日本很成功，走上了工业化强国之路。它虽然是个小国，却在甲午战争中打败我们，后来又侵略我们。所以我就想学日语，通过日语直接了解日本，看看为什么中国那么多精英要去日本，日本到底有什么地方值得我们学习。"

我不能说他完全不在乎自己的就业前途，而是他不习惯于从小我的角度来思考。退休这么多年，他念兹在兹的还是中国证券市场的健康发展。这种大局意识，在他那一代的许多知识分子身上体现得尤为明显。

第二种品质是执着。我们都学过英语，可是等到离开校园，又有多少人还会继续学习英语呢？禹先生则相反。当年念大学，他是学习最认真的一个，年年拿助学金；大学毕业后，他下过矿井，又在工厂多年，却从来没有放弃过日语学习和口语训练。"十年磨一剑，霜刃未曾试。"1983 年，机会终于显现，国家决定招考优秀人才，到日本留学，但全国只有两个名额。禹先生以优异的成绩脱颖而出，而那时已经是他毕业后的第十三年了。

从日本留学归来，他所学的证券知识全无用武之地，因为当时还没有证券市场。他只好又回到原单位爱华电器公司。爱华电器公司有职工四百多人，处于亏损状态，四百多张嘴等饭吃。公司党委找到他，让他出任经理。经过一番努力，他让公司起死回生，扭亏为盈，他也赢得了英雄般的赞誉，《深圳特区报》等媒体纷纷前往采访，时任国务院副总理李鹏视察深圳，也曾到爱华电器公司视察。

然而，当创建证券市场的机会之门出现了一条哪怕很小的缝隙，他也要放手一搏。他要把梦想变成现实，而不是让梦想消泯在现实之中。至于眼前的安稳，甚至已过不惑之年，他都并不介怀。曾参与创建英特尔公司并担任 CEO 的安迪·格鲁夫写过一本书，取了一个很极端的名字：*Only the Paranoid Survive*，中文翻译为《只有偏执狂才能生存》。如果书中的偏执指的是执着，禹先生用他的经历证明格鲁夫是对的。

第三种品质是有情有义。这本书用了一定的篇幅来写深圳市委原书记李灏和与禹国刚一起创办深圳证券交易所的王健等人。这是我的考虑，更是禹先生的坚持。他动情地说，深交所的成立绝非他一人之功，如果没有赶上好时代，没有以李灏为代表的各位领导的决策，没有王健等各位同事的齐心协力，就不可能有深交所。

在筹备深交所的过程中，禹先生得到过一位名叫周顺祥的上海老人的帮助。时年六十八岁的周顺祥在 20 世纪 40 年代曾在旧上海的NOMURA SECURITIES（野村证券）工作。周老先生看过禹先生撰写的《证券市场》一书，就毛遂自荐，找到禹先生。禹先生意识到像周老先生这样的证券老人已是凤毛麟角，当即对周老先生以老师相称，请他担任深交所筹备组顾问。周老先生在深圳工作了十九个月，没请过一天假，没回过一次家，为深交所培训了多批"红马甲"和清算员。等看到一切工作都步入了正轨，老人便回了上海。后来禹先生到上海探望周老先生，可周老先生已经搬家，不知踪迹。禹先生特地联系到了中央电视台一套《等着我》栏目组，请求协助寻找周老先生。2018年9月30日，禹先生上了《等着我》节目，与周老先生的儿子周治东在央视演播大厅见面。这时他才得知周老先生已于2017年3月31日逝世，顿时热泪盈眶。

本书还记录了禹国刚先生与他的老师、上级、下属、家人等的情义。是他们成就了他，他也让他们备感自豪。

深圳仍需要一种精神

2019年10月的一个夜晚，我和我的老领导、海天出版社社长聂雄前先生等几位老同事餐叙。席间，聂社长问我：有一个了不起的人，我们要出版一本关于他的书，你感不感兴趣？我问是谁，他说：禹国刚。

当时我对禹先生了解不多，只知道他是深圳证券交易所的风云人物，但我几乎不假思索就同意了，因为我对开创者素来存有敬意。宋代诗人杨万里诗曰："雾外江山看不真，只凭鸡犬认前村。渡船满板霜如雪，印我青鞋第一痕。"只有勇敢的人，才能在天地之间，皑皑旷野，留下引领后人的第一串脚印。往大里说，深圳便是中华大地上的这串脚印，而在深圳成立的深交所，也是这串脚印。

四十年过去，深圳可还有当年的锐意和雄心？

《道德经》云："物壮则老，谓之不道，不道早已。"意思是说事物达到极盛就会走向衰落，就不再符合"道"而很快灭亡。几乎是转眼之间，深圳经济特区已经"四十而立"。四十载春秋，对于一个人而言是已届中年，对于一个城市而言却是光阴正好，一切都还在蒸蒸日上。然而，"物壮则老"的道理却值得我们日夜惕厉。任何一个地方，久而久之，坛坛罐罐多了，条条框框密了，人际网络复杂了，创新的勇气和动力就会有减弱的可能。这样的地方不会是，也不应该是深圳！

2019 年 8 月 18 日，《中共中央　国务院关于支持深圳建设中国特色社会主义先行示范区的意见》正式发布，支持深圳高举新时代改革开放旗帜，建设中国特色社会主义先行示范区。这就意味着深圳再次被赋予特殊使命，明确了深圳作为高质量发展高地、法治城市示范、城市文明典范、民生幸福标杆、可持续发展先锋的战略定位。

2020 年 10 月 14 日，习近平总书记在深圳经济特区建立 40 周年庆祝大会上讲话指出，深圳要建设好中国特色社会主义先行示范区，创建社会主义现代化强国的城市范例，提高贯彻落实新发展理念能力和水平，形成全面深化改革、全面扩大开放新格局，推进粤港澳大湾区建设，丰富"一国两制"事业发展新实践，率先实现社会主义现代化。这是新时代党中央赋予深圳的历史使命。

如果说四十年前建立经济特区主要聚焦于经济，那么当今建设中国特色社会主义先行示范区则是着力于综合的和全面的提升，且有着垂范全国的期许。这不仅是要求深圳夯实现有的建设成绩，还要更上层楼，再创新局。

想当年，一介书生禹国刚南下深圳，又东渡扶桑，再回到深圳，被市政府一纸公文调去筹备深交所，处处都透着招之即来、拎包就走的洒脱。

那是 1988 年 7 月，深圳市委原书记李灏率团出访欧洲英、法、意三国，受到触动，决意创办深圳证券交易所。不久，市政府就致电禹国刚先生，问他愿不愿意从中行调出来，参与筹建资本市场。禹先生二话没说就答应了，年底被任命为专家小组组长，全力筹建深圳证券交易所。专家小组起初是在禹先生家的客厅里办公，钱无一分，纸无一张。后来，禹先生向中国银行深圳分行借了一套家属宿舍，借了床铺、被褥、桌椅等生活用品，又从武汉大学借了几个研究生，从深圳市投资管理公司贷了 20 万元，作为办公经费。谁能想象，就是在这种条件下，他们完成了深交所的筹备工作！

时光一去不回头。现在我们只能根据一些资料，来怀想当年的深圳。那是百废待兴的深圳、筚路蓝缕的深圳，更是热火朝天、一日千里的深圳。令人欣慰的是，今日的深圳依然是豪情满怀，元气充沛，一切皆有可能。近身观察深圳的人都会发现，这个城市的活力就像空气一样流溢在每一个细节之中。

这本书，与其说是记录了作为百名改革先锋之一的禹国刚先生的人生旅程，不如说是书写了一个关于梦想与奋斗的故事，一种天下滔滔舍我其谁的城市精神。

是为序。

2020 年 12 月

目　录

第三章　　青春岁月

　　禹国刚考上西安外国语学院俄语专业，在中苏关系破裂后，改学日语。大学毕业后，禹国刚在煤矿当了一年井下工人，之后，又到兵器工业部、第三机械工业部、第四机械工业部下属的工厂工作。1981年春节，他带着一家四口和变卖家电得到的六百多元钱，来到深圳，人生从此改变。

第四章　　问学扶桑

　　禹国刚是新中国第一批被选派到日本学习证券和证券交易的留学生之一。日本的先进与繁华给他留下了深刻的印象。他认为，若追求国家进步，国民应该先进步起来，因此他努力学习证券理论和操作经验，还与日本朋友结下了深厚友谊。

第五章　　股份制的威力

　　留日归来的禹国刚终于进入金融领域。与此同时，深圳的股份制改革高歌猛进，成为孕育深圳证券交易所的土壤。

第六章　　深交所诞生

任何伟大的历史都不是一个人创造的，而是一群人。由于有深圳市委、市政府的坚强领导，在禹国刚等人的努力下，深圳证券交易所终于诞生。

第七章　　规矩方圆

1993 年，主持深交所全面工作的法定代表人禹国刚，推动深交所在全球股市中第一个同步实现"四化"。深交所一跃成为亚太地区乃至世界知名证券交易所，其证券交易系统技术水平至今仍一直处于全球领先地位。

第八章　　禹国刚如是说

禹国刚从工作岗位退休以后，人退心不退，开启了丰富的人生下半场。他不仅一如既往地关心着国家的宏观发展，关注着证券市场的发展变化，而且笔耕不辍。这是一组禹国刚先生撰写的短文，阅读这些文字，从中可以感知他的为人、为学、兴趣、爱好以及不为人知的家风、传统。

第一章

▼

绝密救市

在新中国的证券交易史上，曾有过一段绝密救市的传奇往事。它对中国股市和中国经济的意义，随着时间流逝而慢慢显现出来。1991年，深圳股市历经四个月连续下跌后，到4月22日这天，深交所的成交量竟然为零。又过了五个月，股市市值由50亿元跌至35亿元。而此时深圳证券交易所成立仅仅九个月！股市到底出了什么事情？深圳市委、市政府经过论证，决定筹集"调节基金"，由禹国刚任现场总指挥，开展救市行动。

严重的时刻

禹国刚通宵未眠。

那是 1991 年 9 月 1 日的深夜，第二天早上要召开第五次救市会议，由郑良玉市长亲自主持。作为深圳证券交易所副总经理的禹国刚要在会上做专项汇报，参与讨论。

吃完晚饭后，他把自己关到书房里，精心做了各种准备，需要的资料也都收集齐整，洗了澡，又看了一会儿《晚间新闻》。

这个世界每天都有许多事情发生，但那天他只注意到两条新闻。一条是国内的，黄河小浪底工程终于正式开工，据说这是世界上最复杂的水利工程。有政府对黄河的治理，它才能造福人民。国家在一天天走向繁荣，这是他事业的支撑。

另一条是国外的，乌兹别克斯坦和吉尔吉斯斯坦正式宣布独立。那么强大的苏联，一夜之间竟然解体，那些加盟共和国，从此各奔前程。

这让禹国刚想起当年毛泽东与黄炎培的一段著名的对话。那是 1945 年，民主人士黄炎培访问延安，与毛泽东探讨一个政权如何跳脱"其兴也浡焉""其亡也忽焉"的周期律。①

禹国刚初进大学时念的是俄语，因而对苏联多了一些关注。苏联解体和加盟共和国的纷纷独立，让他无限感慨。曾国藩的"六戒"说："凡办大事，以识为主，以才为辅；凡成大事，人谋居半，天意居半。"这个"天意"也许就是天下大势吧，他想，有的时候是形势比人强，时势造英雄；但是，他坚信人的努力更加重要，事在人为，英雄也可以造时势。

已经是午夜了，禹国刚毫无睡意。摇头电风扇发出有规律的声响，风一次次吹过他的脸，他却感受不到清凉。南方特有的燠热连同过多的湿气，黏糊糊地附着在人的皮肤上。他干脆从床上起来，走到客厅，打开玻璃门，来到阳台上。此刻城市的喧嚣声已经消歇，偶尔有一辆汽车驶过，更显得长夜寂寥。如果是在他的家乡陕西安康，到了9月，天气已经开始转凉，昼夜温差大，晚上恐有点凉气袭人了。自打1964年到西安念大学，这些年兜兜转转，他也去了许多地方，但要说宜居，

---

① 2017年3月11日，全国政协十二届五次会议第四次全体会议在北京人民大会堂举行。全国政协委员、黄炎培之子黄方毅在会上做了《从黄炎培与毛泽东"周期律"对话说起》的发言。他在发言中说，1945年7月1日，抗战胜利前夜，他的父亲，民盟、民建的主要发起人黄炎培与其他五位国民参政员一道访问延安。与毛泽东主席长谈十多个小时之后，黄炎培对毛泽东不无感慨地说："我生六十多年，耳闻的不说，所亲眼看到的，真所谓'其兴也浡焉''其亡也忽焉'，一人，一家，一团体，一地方，乃至一国，不少单位都没有能跳出这周期律的支配力。大凡初时聚精会神，没有一事不用心，没有一人不卖力，也许那时艰难困苦，只有从万死中觅取一生。既而环境渐渐好转了，精神也就渐渐放下了……一部历史，'政怠宦成'的也有，'人亡政息'的也有，'求荣取辱'的也有。总之没有能跳出这周期律……"毛泽东肃然作答："我们已经找到新路，我们能跳出这周期律。这条新路，就是民主。只有让人民来监督政府，政府才不敢松懈。只有人人起来负责，才不会人亡政息。"与黄炎培谈话后，毛泽东非常重视，连夜召集中央五大书记讨论。离开延安后，黄炎培也非常重视，由其口述，姚维钧执笔，发表《延安归来》一书，向世人公开此对话。共产党为何能得天下？"周期律"对话做出了回答。

他觉得还是故乡。

天亮后是新学年开学的日子，孩子们经过上学期的考试和一个暑假的休整，又开始新的校园生活。

明天，深圳股市会有新的开始吗？

禹国刚想到这里，往事一幕幕从眼前闪过……

1983 年，新中国第一家股份制企业——宝安县联合投资公司在深圳成立。随后以公开发行股票的方式向全国招股，"深宝安"成为新中国第一只公开发行的股票。

1987 年 5 月，深圳发展银行以自由认购的形式向社会公众发行深圳发展银行普通股股票 50 万股。

1988 年 12 月，深圳万科企业股份有限公司开始发行股票。

1989 年 2 月，深圳市金田实业股份有限公司开始发行股票。

1989 年 12 月，蛇口安达运输股份有限公司开始发行股票。

1990 年 2 月，深圳原野实业股份有限公司（世纪星源的前身）开始发行股票。

这就是著名的"深市老五股"，分别以"深发展""深万科""深金田""深安达""深原野"为广大股民所熟知，如雷贯耳。

从 1988 年 4 月 1 日第一只金融股"深发展"上柜交易，到 1990 年 12 月 1 日深交所开始集中交易，在这期间，深圳股市经历了"四个阶段"，即徘徊阶段、攀升阶段、暴涨阶段和整顿阶段。

1990 年 5 月，受到深圳发展银行分红派息送股的刺激，国人股票投资意识突然增强，"深市老五股"进入供不应求阶段。许多人白天在证券营业部买不到"深市老五股"，晚上就在荔枝公园北面的特区证券部周围自发形成一个黑市。于是出现了一个奇怪的现象：这边，月光下，树影中，人头攒动，在进行频繁的黑市交易；那边是政府宣传车的高音广播告诫人们："小心受骗！不要参与股票黑市交易！"

1990 年 11 月，觉醒的百万股民从全国各地潮水般地涌入深圳，炒疯了深圳股市。面值 1 元 / 股的"深发展"股票，"白市"卖到 120 元 / 股，黑市卖到 240 元 / 股。柜台交易暴露出一系列问题：市场分散，价格不统一，信息不统一，各证券商之间的差价造成过度投机；股市不透明，证券商中有些人掩饰上市公司经营情况；内幕交易盛行，使投资者蒙受损失；个别证券商与场外非法交易者相勾结，私下过户严重，很难进行管理。供求极度失衡，场外黑市交易愈演愈烈，一支黑市经纪队伍正在形成。股市呼唤规范，人们盼望着公开、公平、公正的交易！而深圳市委、市政府此刻也在加紧筹建深圳证券交易所，准备根治深圳股市的一系列问题。

早在 1990 年 5 月，为了加强管理，尽快扭转失去理性的深圳股市局面，根除柜台交易弊端和黑市交易乱象，挽救垂危中的深圳股市，禹国刚和王健等人到北京向证券主管机关报批深交所开市，然而得到的回答是"深圳证券交易所这个名字太敏感，不能批"！

从 1990 年 5 月开始，深圳市委、市政府采取了一系列措施来整顿深圳股市，诸如推出《关于股份制改革若干问题的意见》，发布取缔股票黑市交易公告，实行"涨跌停板"制度，征收股票交易印花税，成立市证券市场领导小组，成立深圳市证券商协会（后更名为深圳市证券业协会），加强对股市宣传报道的管理，成立深圳证券登记公司，禁止擅自发行股票，规范股票印制管理，防止国有股、企业法人股在转让中流失等，可谓乱"市"用重典，股市狂热现象有所缓解，但未能彻底解决深圳股市能否继续试验下去的问题。其间《人民日报》记者写了一篇内参，传到了中共中央五个常委那里。股市中一夜暴富的例子使内地反应强烈，领导层对此意见不一，有主张加强管理的，有主张取消股市试点的。证券市场幼苗面临着被铲除的危险。

1988年11月，深圳市资本市场领导小组成立，副市长张鸿义任组长。后禹国刚任专家小组组长，有计划、有步骤地开展了创建深圳证券交易所的各项工作。

1988年11月至1989年3月，禹国刚和副组长周道志带领专家小组翻译了境外证券市场法律法规和业务规则，共两百多万字。

1989年4月至9月，专家小组借鉴境外股市成功的经验，结合深圳实际情况，由禹国刚牵头拟定了深圳证券市场法规和《深圳证券交易所章程》等重要文件，奠定了深圳证券交易所制度基础。

然而，对于是否要搞股份制、证券市场，当时社会上还停留在姓"资"姓"社"的争论上。

1989年9月8日，禹国刚和周道志奉命起草了《关于筹建深圳证券交易所的请示》，连同专家小组起草的深圳证券市场法规和《深圳证券交易所章程》等文件，上报深圳市政府审批。

1989年11月15日，深圳市政府下达了《关于同意成立深圳证券交易所的批复》。根治股市弊端，严肃股市纪律，积极稳妥地发展深圳经济特区证券市场的曙光已经出现。

1990年12月1日，敢闯敢试的中国共产党人，在改革开放的大潮中，冲破思想的束缚，及时把握了深圳经济特区作为中国改革开放试验田优先试验的机会，决定深圳证券交易所先行先试，率先开始集中交易，杀出了一条创建新中国资本市场的血路。

深交所的建立标志着新中国从此有了资本市场，并且按国际惯例规范化运作，使人们盼望已久的"公开、公平、公正"的股票交易原则得以实现。

在深交所集中交易的肇始日，禹国刚的眼睛数度湿润。他想起了1983年，国家决定从全国多个城市招考优秀人才，到日本学习证券和证券交易。最终，有两个年轻人脱颖而出，他是其中之一。到了日本以后，禹国刚真正见识了什么叫作现代化，什么叫作先进和繁华。他记得他的日本恩师冈崎嘉平太先生曾和他说："日本有很多方面是学中国的，但是在近代，中国落后了。比如说，敦煌在中国，敦煌学却在日本，我们日本比中国研究得更透，了解得更多。"

当时禹国刚的心里一阵隐隐作痛，他既明白恩师对他直言的善意和深意，更明白自己的肩上承担了一种重负，或者说，是所有中国人的肩上都承担了这种重负。那是一个五千年文明大国的面子和里子，它在一百多年前丢掉了，为了把它找回来，中国人挨了多少打，流了多少血泪啊。1949年，新中国成立，中国人站起来了，那是一种标志，在标志的背后，还需要硬邦邦的东西来支撑。禹国刚正是带着这种沉甸甸的心愿从日本回国的，转眼已经六年，他的心愿终于变成现实，深交所横空出世了！

从股民的角度来说，1988年4月至1990年11月处于柜台交易阶段的深圳股市，虽然有涨有落，但是投资者基本上都是赢家，区别不过是赢多赢少而已，没有人见过真正的风险。盈利的期望诱惑着每个人，上至白发翁妪，下至年轻男女，忽然纷纷为股票疯魔，有路子的走路子，没路子的就炒黑市。

1990年11月底，深圳股价按股市规律已经开始自行调整，但由于受到诸多人为因素的影响，情况急转直下，乱象肆虐，谣传纷飞。

尽管政府部门尽最大努力"以正视听",但股民们宁可相信小道消息:一会儿说要发新股了,一会儿说马上要征收证券交易税,一会儿说中央要深圳股市停市整顿,一会儿说……这些谣传对于许多缺乏分析能力的股民来说,犹如一盆盆冷水,兜头泼来,吓得不少持股者匆匆抛股变现,很多人都患了"政策恐惧症"。其实,当时已经开征千分之六的股票交易印花税,市政府在短期内不可能再有什么税收措施出台。国务院也向各地发了文件,明确规定深圳和上海为股票市场试点,这说明"停市整顿"也是无稽之谈。

然而,深圳股市进入1991年以后却暴跌不止。4月22日,深交所的成交量为零,不是深圳股票已毫无投资价值了,而是投资者对股市失去了信心。截至9月1日,深圳股市已经下跌了九个月,这时的深交所就像一个九个月大的"婴儿",拉了九个月的肚子,如不及时救市,可能会脱水,甚至夭折。

无论从深圳还是全国金融改革开放史的角度看,深交所的建立都是一次具里程碑意义的影响深远的重大改革。深圳作为中国改革开放的试验田,如果深圳股市试验成功了,将会推动全国的股份制改革和证券市场的发展,首先能为全国的7500多亿元游离资金开拓一条投资渠道,同时也能为国家解决普遍存在的资金短缺问题。如果深圳股市试验搞砸了,怎么向中央和股民交代?

1991年1月,为了在股票市场剧烈波动的非常时期利用经济杠杆调节股价,防止大起大落,促进股票市场健康发展,深圳市证券市场领导小组决定建立深圳市证券市场"调节基金"。为了管理好该基金,深圳市政府又颁布了《深圳市证券市场调节基金管理暂行办法》,对基金的性质、来源及筹集办法,基金的管理、使用、运作等做了规定。规定该基金是为了调节股市，不以盈利为目的。基金主要来源于证券交易时征收的印花税、股票溢价发行收入、基金利息收入和其他收入等。由市财政局、市体改委、市监察局三家派代表组成股市"调节基金"管理小组，负责监督基金的筹集及使用。

禹国刚一直保留着当年草拟的《深圳市证券市场"调节基金"管理暂行办法》的全文：

深圳市证券市场"调节基金"管理暂行办法

第一条　为了繁荣和稳定深圳证券市场，维护股票市场的健康运作，经市证券市场领导小组决定，建立深圳市证券市场"调节基金"（以下简称"调节基金"）。为了管好用好"调节基金"，特制定本办法。

第二条　"调节基金"的性质

建立"调节基金"，是为了在股票市场剧烈波动的非常时期，平抑股价，防止大起大落，促进股票市场健康发展。"调节基金"不以盈利为目的，由"调节基金"管理小组负责管理和使用。"调节基金"投资者享有所有权并分担风险和收益。

第三条　"调节基金"的来源

证券交易时依率征收的印花税。

经批准上市的股票溢价发行收入（扣除股票面值后）中提取5%—10%，现阶段暂按5%执行。

"调节基金"专户储存利息收入和其他收入。

经市政府或市证券市场领导小组批准拨入的其他资金。

第四条　"调节基金"的筹集办法

属印花税收入的，由税务部门对证券交易的印花税作单项统计，每月终后五天内报市财政局，市财政局按征收数额直接划拨"调节基金"专户。

属上市公司溢价发行中收入的，由总承销商按批准比例计提，直接划拨"调节基金"专户。

属利息收入、其他收入、其他资金拨入的，由市财政局根据有关资料作增加"调节基金"的账务处理。

第五条 **"调节基金"的管理**

为了管好用好"调节基金"，由市财政局、市体改委、市监察局三家各派代表组成"调节基金"管理小组，负责全面监督基金的筹集和使用。由市财政局设立专户储存，专款专用，指定专人办理具体业务，并定期向市证券市场领导小组报告财务情况。

第六条 **"调节基金"的使用**

当股票市场出现不正常的波动时，由深圳证券交易所牵头的专家小组提出介入的书面建议，由"调节基金"管理小组提出具体介入报告，经市证券市场领导小组正、副组长签字后，市财政局按批准内容和金额办理具体业务。

第七条 **"调节基金"的运作**

"调节基金"进出交易市场时，由市财政局委托证券商代理。

代理证券商按市财政局委托的交易证券种类、价格、数量及时办理进出手续。

代理商应代保管所购入的证券，并对有关交易情况严格保密。

第八条 本办法由市财政局负责解释。

第九条 本办法自公布之日起执行。

为了提振股民的士气，《深圳特区报》刊出了关于深圳股市的正面报道，然而各种措施都收效甚微。进入1991年，深圳股市几乎天天都在创造新的下跌纪录。到了3月底，除了"深发展"暂停交易外，其他四只股票的升跌率全是负值，其中"深万科"－4.54%，"深金田"－4.52%，"深安达"－4.16%，"深原野"－4.40%。这种结果，除了不挂牌，就是下跌，牛气何在？

4月中旬，情况没有一点儿好转，"深发展"4月3日复牌价49元/股，而到了4月20日跌到45.46元/股。不足二十天的时间就下跌了3.54元/股。可想而知，凡持有"深发展"的股民，损失是多么的惨重。其他几只的情况也都在"五十步""百步"之间。"深万科"3月21日13.81元/股，4月20日跌到12.13元/股。"深金田"3月21日15.40元/股，4月20日跌到13.52元/股。"深安达"3月21日12.92元/股，4月20日跌到11.36元/股。

除了偶有反弹之外，股市的整个趋势像退潮的海水一般天天下落。

万千宠爱在一身的深圳股市，慢慢向股民露出了狰狞的面孔。他们捧着好不容易才买进的股票，原以为是捧着建构美好人生的金砖，却不经意地变成了流沙，一点点从指头缝里滑落，掬都掬不住。股价无情，一跌再跌，股民们每天都在损失多与损失少之间徘徊。有人说，熊市来了。一开始，大家还在观望，慢慢地，越来越多的人加入了抛售的行列。有风雅之人，戏改苏东坡的词：

十月生死两茫茫，不思量，自难忘。千里购股，无处话凄凉。股价相逢已不识，泪满面，鬓如霜。

夜来幽梦忽还乡，小轩窗，正梳妆。相顾无言，惟有泪千行。料得年年肠断处，忆炒股，钱亏光。

在外人看来，可以轻松一笑，可对股民来说，确是字字淌泪滴血。

有专家对 1990 年 12 月上旬的股市情况进行了形势分析：此旬内，上升股票有两种，"深原野"与"深发展"；下跌股票有三种，"深金田""深万科"和"深安达"。股价平均下跌率为 1.95%，比前旬下降 4.58%。

"深金田"：扣除 12 月 3 日（周一）统一开市价所引起的价格虚假上升，此旬内"深金田"股价几乎日日下跌，总市值已跌去 6000 多万元。

"深万科"：与"深金田"走势很相似，一方面，最高收市价几乎日日涨足，不少人被其迷惑；另一方面，最低收市价日日下跌，此旬内最低价与最高价之比为 0.84，落差为 16%。

"深安达"：旬内前五天，股价虽日日上升，但升幅已达不到 5%；后三天，价格呈跌势，12 月 8 日竟跌足 5%。此旬内最低价与最高价之比为 0.94，落差为 6%。

"深发展"：此旬内最高价与平均价差不多每日顶格上升，最低价在 12 月 10 日开始下降。截至 12 月 20 日，5 个交易点的收市价都较前日下降，这表明其龙头股的角色大势已去。

"深原野"：此旬初，由于"深原野"换标准股，1 老股换 10 新股，价格几乎日日顶格上涨。此旬内股价上升了 4.97%，为五股股价升幅之最。

综观此旬五股股价，有升有降，但趋势是下降幅度已经越来越大。作为龙头股的"深发展"已经带不动大家，而"深金田"作为跌价领头股拖着四兄弟走下坡路。至此，熊市已成定局。

其实，深圳和全国的经济都在蒸蒸日上，股票市场理应与之相符。然而，投资者对深圳股市失去了信心。怀疑，质问，诅咒，流言蜚语，充斥着坊间各种各样的饭局。

禹国刚是一个喜欢文艺的人，中学时代便是黑板报的编辑。平时工作之余，诗歌、音乐、书法，样样都能信手拈来。他记得曾经读过一本外国诗集，集子中有一首诗是奥地利诗人赖内·马利亚·里尔克写的，叫《严重的时刻》，他非常喜欢这个名字。里尔克自称是"一个善良的欧洲人"，一生都在漂泊，许多诗充满悲悯。面对垂危的深圳股市，他觉得《严重的时刻》最能描述他的心情：

此刻有谁在世上某处哭
无缘无故在世上哭
在哭我

此刻有谁在夜间某处笑
无缘无故在夜间笑
在笑我

此刻有谁在世上某处走
无缘无故在世上走
走向我

此刻有谁在世上某处死

无缘无故在世上死

望着我

艰难的抉择

深圳市委、市政府一直非常重视股市。从 1983 年新中国第一家股份制企业宝安县联合投资公司公开发行股票，向全国招股，到"深市老五股"柜台交易，再到 1990 年 12 月 1 日新中国第一个证券交易所——深圳证券交易所率先开始集中交易，其中的每一步，市委、市政府的领导们都高度关注。他们知道自己所担负的使命，更知道深圳经济特区所担负的使命。

深圳经济特区是新中国的第一批经济特区之一。1980 年 8 月 26 日，第五届全国人民代表大会常务委员会第十五次会议通过由国务院提出的《广东省经济特区条例》，批准在深圳设置经济特区。这一天，被称为"深圳经济特区生日"。为什么要建立经济特区？就是为了吸引境外资本，引进境外先进的生产技术，在经济管理体制和政治体制方面不断进行大胆的探索和改革。要知道，把社会主义与市场经济结合起来是前无古人的创新，尤其是在当时，经济特区的发展模式受到了许多人的质疑，姓"资"姓"社"的争议几乎一直没有断过。深圳常常处于舆论的风口浪尖，也正因为如此，市委、市政府的领导清醒地认识到，必须保证深圳的发展有惊无险，保证深圳的定位不会走样，弄潮儿向涛头立，手把红旗旗不湿，是能力，也是使命。

禹国刚记得，很多年前他读过批驳教条主义思想的《矛盾论》。文中说，矛盾对立着的双方，其对立面的统一是有条件的、暂时的、相对的，对立面的互相排斥的斗争则是绝对的；有条件的相对的同一性和无条件的绝对的斗争性相结合，构成了一切事物的矛盾运动；矛盾斗争的两种基本形式是对抗性的矛盾和非对抗性的矛盾，二者在一定条件下相互转化。

其实，让水火不容变得水火相容，也正是中国文化的智慧所在。中华文化的经典《易经》就是在处理阴阳变化的问题，它不是讲述如何让阴取代阳或者阳取代阴，而是让二者达到完美的平衡。《国语·郑语》中说："和实生物，同则不继。"用现代汉语说就是：不同的东西在一起，和谐共处，才能生出万物；反之，相同的东西搁在一起，则无以为继，什么也生不出来。

真正既懂得马克思主义唯物辩证法又了解中国文化的人，必然明白所谓的姓"资"姓"社"的讨论其实是一个伪命题，社会主义与市场经济，一个是制度，一个是手段，市场经济不是资本主义的专利，社会主义同样可以用市场经济的手段发展自己。从这个角度看，也能解释1978年开始的改革开放为什么会发生在中国，并且取得了举世瞩目的成就。

深圳践行改革开放政策，坚持市场经济不动摇，这正是禹国刚的底气。几个月来，他听过太多的讨论，也接收到太多的建议，归拢起来不外乎"救市派"和"放手不管派"。

"放手不管派"认为，应该尊重市场规律，就像英国古典政治经济学之父威廉·配第和英国大思想家约翰·洛克所说的，去依靠那只"看不见的手"。英国经济学之父亚当·斯密一向强调自由市场和自由贸易，在其著作《道德情操论》和《国民财富的性质和原因的研究》中都曾推崇"看不见的手"。他有一段名言被人反复引用：

> 每个人都试图应用他的资本，来使其生产品得到最大的价值。一般来说，他并不企图增进公共福利，也不清楚增进的公共福利有多少，他所追求的仅仅是他个人的安乐，个人的利益，但当他这样做的时候，就会有一双看不见的手引导他去达到另一个目标，而这个目标绝不是他所追求的东西。由于追逐他个人的利益，他经常促进了社会利益，其效果比他真正想促进社会效益时所得到的效果还大。

有的朋友还手捧伯纳德·曼德维尔的名著《蜜蜂的寓言》来找禹国刚探讨，说股市不能管，要信任市场，要相信私人行为可以产生有益的公共影响，尽管行为人自己都不曾预期。

禹国刚知道，这些主张，如果是放在一个经济、金融和证券都很成熟的社会里，也许是成立的，可是深圳股市太稚嫩，太微小了！总共50亿元的规模，在连跌九个月后，已经缩水到35亿元，又如何经得起继续放任自流？让禹国刚不忍心看到的还有千千万万的股民，这九个月来，他们每天眼巴巴地盯着深圳股市的风吹草动，又带着失望结束一天的煎熬。有人是把血汗钱投入了股市，有人是把东挪西借的钱投入了股市，还有人投入的是自己的棺材本。

在20世纪90年代，中国人对股市的了解太少，期望太高，若股市真的夭折，其连带效应将会蔓延到社会各个层面。因此，"救市派"

认为，无论如何必须要救！以深圳股市之稚嫩，必须扶上马送一程。这其实也是禹国刚的观点，只是救市是需要大笔资金的，这些资金如何筹措？而且资金也不是万灵丹。倘若大笔资金投进去，却被股市的黑洞吞噬，又该怎么办？

研究全球股市是禹国刚的基本功课，他对美国股市的历史如数家珍。他记得 1929 年 10 月 24 日，美国迎来了"黑色星期四"，华尔街股市暴跌，金融崩溃，股票一夜之间坠入深渊，价格下跌之快，连股票行情自动显示器都跟不上。几乎所有的股民都在抛售股票，千千万万的美国人眼睁睁看着一生的积蓄化为泡影。当时，美国国民城市银行堪称世界最大的银行，总裁查尔斯·米歇尔迅速与许多银行家联络，企图组织一个强大的联营"拼命托市，买进股票"，但也没能阻止股市的下跌。这是美国证券史上极黑暗的一天，也是美国历史上危害极深的经济事件，影响所及，美国、英国、法国、德国和日本等资本主义国家皆在劫难逃，全球进入了长达十年的经济大萧条时期。

后世研究者认为，大萧条对资本主义世界影响至大。从"一战"结束到 1929 年经济危机爆发前，战胜的帝国主义国家建立了"凡尔赛 – 华盛顿体系"，资本主义处于相对稳定与和平发展时期。1929 年经济危机的爆发引起了严重的政治危机，刺激了右翼思潮兴起，使欧美日各国在 1932 年到 1938 年之间逐渐右翼化；阿道夫·希特勒、东条英机等独裁者崛起，德国、日本相继建立了法西斯专政，成为欧亚的战争策源地。从 1931 年日本侵占中国东北开始，德意日三国疯狂对外侵略扩张，凡尔赛 – 华盛顿体系逐渐解体，最后第二次世界大战终于爆发。

禹国刚还记得，1987 年 10 月 19 日，美国股市在一天之内下跌超过 20%，史称"黑色星期一"。仅当天一个交易日内，标普 500 指数暴跌 20.5%；而道琼斯工业平均指数更是暴跌 22.6%，创下史上单日最大跌幅。幸亏这一次美联储应对得力，救市措施有效缓解了市场恐慌情绪，成功地阻止了股灾演变成更大的经济危机。尽管如此，美股在两年之后才回到 1987 年的高点。

病危通知书

禹国刚来到市政府，在停放自行车的时候，他想起了他的搭档王健，以及当年他和王健一起找张鸿义的情景。

作为主管金融的副市长，张鸿义慧眼识人，不仅把禹国刚从中国银行深圳分行调出来参与筹备证券交易所，更让他去请出了当时正在掌管深圳发展银行的王健，两人兴趣相投，肝胆相照，可谓珠联璧合。当时，王健是深圳市资本市场领导小组成员，禹国刚是专家小组组长。1990 年 12 月 1 日，深圳证券交易所开始集中交易，王健出任法定代表人、副总经理，禹国刚出任副总经理。

可是，才半年工夫就遭遇大波折。

1991 年 7 月 10 日上午，这天是星期三。盛夏的深圳天气很热，连街边派发广告纸的人也躲到树荫里，不再主动拦人，反而是行人主动去要广告纸，当扇子用，边走边扇。与天气相反，深圳股市却彻骨奇寒，股价一天跌过一天。

上午九点，一个关于深圳股市的研讨会在深圳证券交易所按时召开。深圳经济特区体制改革委员会、深圳市综合开发研究院、深圳证券交易所，以及主管机关的代表和多名证券金融领域的专家，济济一堂，希望为奄奄一息的深圳股市找到解毒之方。

这次会议由王健主持。会上的讨论异常热烈，绝大多数人都认为应当救市，否则后果不堪设想。会议开至中途传来消息，中国人民银行总行来了一位副司长。显然总行也很关心深圳股市的情况，这次是专程前来考察。王健继续主持会议，由禹国刚负责接待这位领导。于是，禹国刚陪同他到了深交所交易大堂，考察了股市行情及大堂内的工作情况。

副司长因还有其他事项，没多久便离开了深交所。送走了他以后，禹国刚心里记挂着研讨会，立即返回会场，没想到会场内已空无一人。他以为是散会了。这时，深交所的一位工作人员气喘吁吁地跑过来，有些慌张地跟他说："禹总，您总算回来了。王总病了，心脏问题，已经送去医院了。"

这忽然而至的意外，让禹国刚一愣，半天说不出话来。他摆摆手，示意工作人员先出去，然后一个人颓然坐到了椅子上。

真是福无双至，祸不单行，屋漏偏逢连夜雨。原来，就在禹国刚陪同副司长去交易大堂那一段时间，正在开会的王健情绪激动，心脏出现了异常，阵阵难受。他怕影响讨论，就借口去洗手间，退出了会议室。

连日来，王健已经记不清这是第几次发作了。当时他硬撑着走进洗手间，浑身直出冷汗。他慢慢挪动到盥洗台前，想用冷水洗把脸清醒清醒，可他的手已不听使唤，竟然打不开水龙头！

王健这才意识到问题的严重，默念"不能倒下，不能倒下"，挣扎着一步一步想挪到隔壁无人的 1504 会议室。可是，他的两条腿像灌了铅，胸口像随时要炸裂，脸上冷汗直流，原本是举步即到的1504会议室，此刻他觉得是那样的遥远。正当他要倒下的时候，刚巧办公室主任张桂淑迎面走来，见状不由得大惊。

"王总，王总您怎么了？"

"没……没事！请把门打开。"王健指着1504会议室的门，张桂淑急忙将会议室的门打开，扶着王健走进去，躺到沙发上。

张桂淑看着王健的脸，已经由苍白转为青紫，呼吸也不正常，当即就对工作人员说："快，快叫救护车！快把国际信托公司的医生请来！"

王健当时还清醒，他意识到他的身体大事不妙，但他坚持说："张主任，请告诉禹总，会议很重要，要把会议开完，把救市报告火速送交李灏书记和张鸿义副市长。"

国际信托公司的医生先到了。他们跟王健说："王总，你现在需要安静！什么也不要想，什么话也不要说。"

经医生初步诊断，可能是心脏问题。张桂淑听医生这么一说，连忙叫司机按照医生的要求，去药店买硝酸甘油。

药很快买回来了，张桂淑喂王健吃下。过了一会儿，王健的症状果然大为减轻，大家才如释重负。这时候，医院的救护车也到了，停在大门口。王健原本还希望重返会场，大家硬是把他劝住，让他赶快到医院去做一次全面检查。医生让王健躺在担架上，大家争着要把王健抬上车。王健感觉自己好像没事了，就一边和大家开着玩笑，让大家"别小题大做"，一边和大家乘电梯，最后居然还自己跳上了救护车。

会议室里的禹国刚坐在椅子上恍惚了片刻，迅即恢复了清醒，他立即打电话向市委、市政府——汇报，市里对此非常重视，并要他随时汇报有关王健的病情。禹国刚放下电话，交代了一下工作，立即乘车急奔医院。

此时，王健已经到达医院，被送入急诊室。医生们进行了紧急诊断，并做了心电图。果不其然，是心肌梗死！医生马上说："送急救室！赶紧！"

看医生这么紧张，王健自己还纳闷："我感觉好多了啊，没那么严重吧？"医生说："别开玩笑了，不是一般的梗死，是大面积梗死！幸好及时送来！"果然，当医生把王健送进急救室以后，刚才在会议室的症状又一次出现，王健昏迷过去。医生们迅速展开抢救。

禹国刚守在抢救室外，感觉一阵眩晕。正是因为他的力劝，王健才来了深圳证券交易所，如果不来深交所，不这样殚精竭虑，也许事情不会发生。他想起了跟王健相处的点点滴滴，如烟往事俱上心头。但他很快回到现实。那一刻，抢救室前长长的白色走廊显得出奇的安静。时间一分一秒地过去，王健还在抢救室里。禹国刚马上将他的病情汇报给市政府。张鸿义大为震惊："这么年轻，怎么会得这样的病？"他马上向李灏书记、郑良玉市长做了汇报。两位领导委托张鸿义立即去医院探望，让医院用最好的医生、最好的药物、最好的设备，不惜代价，一定要把王健抢救过来！

王健的病是广泛性前壁心肌梗死，非常危险。医院投入最强的力量，经过一系列的努力，终于把王健暂时抢救回来。据医生介绍，这简直是一大奇迹，因为类似的患者一般很难逃脱死神之手。但情况依然十分危急。抢救工作一直紧张持续了二十多天，因为梗死面积太大，随时都可能再出危险。主治医师对禹国刚说："禹总，你最好每天中午十二点和晚上十二点都派人到王健病房来一下，万一有紧急情况，也好及时通知医生。"

禹国刚说："还是我自己来吧。辛苦你们了！有什么情况随时联系我。"那段时间，禹国刚每天中午踩单车到医院看望王健，晚上则打车前往。当时整个深交所只有一部小车，为了应对突发情况，禹国刚坚持要把小车停在医院。

王健终于渡过了危险期。但是，他的身体很虚弱。为了让他得到充分的休息，医生特意将"谢绝探视"的牌子挂到他床头。除了张鸿义和禹国刚，所有探视者都被挡在门外。王健受尽了折磨，吃喝拉撒都在床上，大便一下不来就得灌肠。然而比起肉体上的痛苦，精神上的痛苦让他更加难受，他本来就是个工作狂，怎么能一直待在床上？看着他思虑重重，在床上辗转反侧的样子，医生生气地说："你这样不行！你必须配合治疗，配合调养，否则会前功尽弃的！"

一天，王健感觉好多了，心情也很畅快。突然他听到了一阵敲门声，原来是市委书记李灏的秘书推门进来，随后李灏也走到病床前。市委书记亲自探望，让他感动不已，他说："书记，我怕是不行啦，干不了啦！"李灏说："别胡说！急性心脏病还是好办的，你会恢复的，我们等你，你还要做一条硬汉子！"

那天禹国刚也去了医院。王健渡过了危险期让他无比高兴，只要有空，他就会跑到医院去陪老友一会儿。王健是个务实的人，他知道自己的身体状况，于是对禹国刚说："老禹啊，这些天让你来来回回地跑医院，真是过意不去。股市处在这个关头，本来我们俩该并肩作战的，但是你看看我现在这样，恐怕千斤重担要落在你肩上了。"

禹国刚说："说啥呢，你能活过来，胜过一切。我跑一千次一万次都值。我再跟你说一遍，你现在什么都别想，把身体养好，就是最大的胜利！"

市政府连开五次会议

王健入院了，股市一天比一天糟。进入 1991 年 9 月上旬，深圳股市已经跌得惨不忍睹，"深发展"已从 7 月中旬的每股 15 元多跌到 14 元。尽管这不像 1929 年的美国大萧条，也不像 1987 年的"黑色星期一"，但禹国刚知道，长此以往一定会出问题。

禹国刚先去找了郑良玉市长和张鸿义副市长，请求他们考虑"救市"。禹国刚焦急地说："眼下趋势还在下跌，如果不采取强有力的措施，后果不堪设想。现在要尽力动员机构入市、公股入市，加强市场的支撑力。"

他又专程去深圳广播电台做了几次节目，从深圳证券交易所负责人和专家的角度，善意告诫广大股民："不要跟风抛股，因为从深圳和全国的经济基本面来看，收获的季节近在眼前，如果抛了，等到股价反弹，岂不是追悔莫及？"

然而遭遇连续下跌的股民们已经很难听得进去。"危邦不入，乱邦不居"，股灾面前他们只想尽快跑出来。当时，股民们之间打招呼，"抛了吗"已经成了口头禅，而回答差不多都是"抛了！都这会儿了，还不抛，那不是等死吗"。

抛！抛！抛！抛股之风弥漫了整个深圳。几家机构尝试着要扭转乾坤，但苦于资金太少，无异于杯水车薪，于事无补。

禹国刚找了很多人，包括深圳市投资管理公司总经理兼深交所监事长董国良先生。他把救不救市的利弊分析得一清二楚，董先生深表赞同，愿意采取措施，共同救市。

1991 年 8 月 19 日，深圳市政府召开了有企业家参加的会议。会议由副市长张鸿义亲自主持，张鸿义向与会的企业家们发出救市呼吁，好话说了一箩筐，然而，新中国的股市毕竟还是个新生事物，企业家们被当时的情形吓住了，不知跌到哪里才算到底。有人说："我个人非常同意救市，何况市政府有这样的要求，但是，我们这点资金，几十万、几百万的，哪里能救得了？说不定还要把自己搭进去。"

8 月 19 日的救市会议，并未能够救市。当天，"深发展"还是16 元 / 股，但两天之后即 8 月 21 日，就跌到 15.75 元 / 股。接下来三天时间，一天下挫一个价位。8 月 21 日、23 日、25 日，张鸿义副市长连续主持召开了三次救市会议，与会的企业家们却依然处于观望状态。

这四次会议，禹国刚都全程参加了。每次散会，从会议室出来，他都感觉步履沉重。1991 年 8 月 26 日，他撰写的《关于"调节基金"入市的建议》定稿，打印后他亲自到市政府，送呈张鸿义副市长。全文如下：

关于"调节基金"入市的建议

市证券市场领导小组：

在我们今年努力实现深圳证券市场"三个转变"的过程中，继万科、金田、安达之后，发展银行也完成了扩股、放价工作。最近，深圳 6 种上市股票的平均市盈率为 15 倍左右，低于发展中国家和地区。深圳股价绝大部分与上市公司业绩趋于吻合。股民投诉明显减少。深圳股市的管理者、经营者和投资者正步入成熟。但值得注意的是：自 8 月 17 日发展股复牌以来，该股价急跌，并波及其他股，在市场缺乏支撑力的情况下，致大市下滑，深证股价指数从 8 月 16 日的 58.8842 点下跌至 8 月 17 日的 50.1489 点，即一日之中，指数下跌了 8.7353 点。市值损失了 6.7 亿元。最近几天持续下滑。有鉴于此，我们认为深圳股市亟待托一托，以稳定大市，保护广大投资者的合法权益，使这项改革持续健康发展，为深圳经济建设做出较大的贡献。

我们的具体意见如下：

一、托住龙头股，稳定大市

发展股为深圳股市的龙头股，8 月 3 日停牌前其市值约为 18.95 亿元（占深圳股市总市值的 16%），8 月 17 日复牌至今约为 12.25 亿元。其股东数目之多居 6 家上市公司之首。只要稳住龙头股——发展股，自可带动万科、金田、安达等股改变局面，稳住大市。

二、托市的操作技术

（1）继续执行市人行深人银发字〔1991〕第 153 号《关于法人股转让问题的通知》，增强法人股的流通性和变现性，增强大市的支撑力，改变个人大户操纵股市的局面。

（2）"调节基金"应在适当的时候入市，拾遗补阙，配合法人股发挥宏观调节作用。咨询小组将与"调节基金"管理小组保持热线联系，及时拿出入市意见，供领导小组正、副组长决策参考。

（3）目前托市的集中点应放在发展股上，无论法人股入市，还是

"调节基金"入市，均应以技术性购进方式（支撑点：发展股15元）委托证券商按指令办事。

（4）因势利导。深圳证券交易所在获市证券市场领导小组批准后，将自近期开始每日发布6家上市公司的市盈率，以利投资者正确抉择。

建议发展银行加强自身的业务开拓和宣传舆论工作，增强股民信心。

必要时，深圳证券交易所以发展股技术性"停牌"方式告诫股民，使其充分消化资料，自调入市心理和行为，促进大市的稳定。

以上建议妥否，请阅示。

咨询小组

1991.8.26

张鸿义副市长阅后，当即在建议书上批示：

同意咨询小组的几点建议。"调节基金"可在近廿天内根据市况适当介入稳定市场。根据确定原则，请金明同志具体运作。要做好、做细，力争达到政策目标。市盈率可予公布，在此实现后，可考虑取消忠告市民之语。请显荣同志阅示。

张鸿义

1991.8.26

这个批示成为禹国刚他们救市的"尚方宝剑"。

1991年9月2日，第五次救市会议。与会者除了一些企业家外，还有深圳发展银行、深圳市投资管理公司、深圳市国际信托投资公司、深圳市保险公司、深圳市财政局、平安保险等单位的负责人。

深圳市委书记李灏一直非常关注股市下滑情况。在四次救市会议仍未能调动深圳企业入市救市的危险时刻，他请郑良玉市长亲自出马，动员救市。

郑良玉市长出马，让大家愈发感到事态的严重。然而，任务太艰巨，只凭一两家企业出资救市，成败完全无法预料，哪个企业也不敢擅入危局，因为一旦有误，不但救市无望，自己的企业也要做无谓的牺牲。会议室内，气氛相当沉闷。没人发言，许多人一支接一支地吸烟。烟雾笼罩着整个会议室，就像是深圳股市的天空。

禹国刚（左一）、王健（左二）为咨询小组成员；金明（右一），
深圳市财政局原副局长，乃"调节基金"负责人。

郑良玉市长见大家沉默，说："我先说几句，李灏同志让我跟大家说，我们机构应当入市。大家想一想，深圳和全国的经济都在稳步增长，深圳股市没有道理一直往下跌，现在的重点是，要扭转颓势，重建股民们对股市的信心，信心有了，股市就会复苏。所以说，大家不要短视，要有长远的眼光。我希望深圳能出几个李嘉诚这样的企业家。"

郑良玉市长继续说道："希望大家能积极入市，现在股价已经跌到这么低，大家买回去多划算啊！短期来看，你们是在救市，功在深圳，功在国家；长期来看，利在股民，也利在你们自己。这可是名利双收的事情。"

道理大家都明白，逢跌入市，有时候反而是最佳的选择。像1929年美国大萧条，股市暴跌，许多人购买了美国福特汽车公司的股票，发了大财。著名富豪洛克菲勒正是在1929年的金融风暴中积极购进股票，成为一代巨富。美国工商巨子保罗·盖蒂，当时购买了大量石油公司的股票，摇身一变，成为盖蒂石油公司的老板，跻身亿万富翁行列。

禹国刚对李嘉诚了解颇多，他是把李嘉诚作为一个商业代表来研究的。李嘉诚可谓是逆市操作大师。在过去几十年，香港发生了至少三次经济危机。第一次是20世纪50年代，第二次是60年代，第三次是80年代。这三次危机，许多港人抛售物业，移民海外，造成香港房价大跌。每一次，李嘉诚都成功抄底，赚了一大笔。

20世纪50年代，李嘉诚还在香港经营塑料厂。当时地产泡沫破裂，李嘉诚的同乡、潮州籍亿万富翁廖宝珊破产。李嘉诚却顺势买下大量土地和物业。危机过后，他的资产翻了几倍，有了这个实力，他才逐渐退出塑料生意，主营地产。

20 世纪 60 年代，大批港人纷纷移民，香港楼市再次崩盘，新房无人问津，旧房大量抛售，许多地产商破产。李嘉诚手有余钱，积极入市，再次购入大量土地和物业。不久，内地局势趋稳，香港楼市与股市齐涨，1972 年，李嘉诚的长江实业在香港上市，市值高达 6 亿多港元。

20 世纪 80 年代，世界性能源危机爆发，波及香港，楼市大跌。早在几年前，李嘉诚的投资已经开始全球布局，但他坚持以香港为根基，大举投资建设四大屋村。当时行情低迷，土地和建筑成本都很低，三四年之后，屋村竣工，香港楼市也开始回暖，这四大屋村让李嘉诚狂赚 200 多亿港元。

当时，中东时局动荡，油价狂跌，许多石油公司破产。加拿大最大的能源公司之一赫斯基能源公司也陷入了经营困境。皇家银行牵线搭桥，希望李嘉诚注资，拯救赫斯基能源。四大屋村项目的完美收官，让李嘉诚手头有大量资金，他当即派人前往赫斯基能源公司调查，发现这家公司的业务并没有大问题，只因油价太低，持续亏损，只要能撑到油价反弹，必可大赚。于是，李嘉诚果断给赫斯基注资 32 亿美元，获得了 40% 的股份，同时，他投资的皇家银行也入了股。多年后，赫斯基能源公司为李嘉诚带来巨大红利。

榜样的力量是无穷的，更何况是李嘉诚这样教科书级别的榜样。禹国刚深知，郑良玉市长拿出李嘉诚的例子，用心良苦。孟子说，穷则独善其身，达则兼济天下。其实这二者有时候是一回事，如果只想独善其身，抱残守缺，未必能独善自保，因为覆巢之下安有完卵；反过来，如果胸怀天下，则不仅自保，在帮助别人的时候也帮助了自己，在成全别人的时候也成全了自己。

然而，话说起来容易，要冒着风险，拿出真金白银参与救市，除了见识、胆魄，还要有实力。会议上，大家抽着烟，继续沉默。会议室的电视屏幕上，公布着熊市的行情。郑良玉市长望着一言不发的大家，从座椅上站起身来，在空地上来回走动……

只有两个亿

第五次救市会议依然无果而终。9月2日晚上，禹国刚约深交所监事长董国良一起前往深圳市常委大院，叩开了市委书记李灏家的门。李灏也正在为深圳股市的暴跌而着急。

还没坐下来，禹国刚就对李灏直言道："李书记，我们都知道您是关心股市的，现在是真的不能再等了！熊市再控制不了，后果不堪设想，到时候，我们落个无能之辈的骂名倒也没什么，可深圳股市是试验探索新中国证券市场的建立和完善的重大改革，若搞砸了，怎么向中央和股民交代？"

这两三个月下来，真的把禹国刚郁闷坏了。李灏见他一脸焦虑，立刻明白了白天会上的难度，说："来，谈谈你们有什么主意吧！"

禹国刚说："眼下，深圳股市已进入决战关头，我们手头却一个钱都没有，怎么能打胜这一仗呢？"

"那你需要多少钱？"

禹国刚说："股票市值有50亿元，我们不要多的，您给2亿元，把股票价格托起来，把股民的信心恢复起来！"

看着他果决的表情，李灏当即说："我同意！由股市'调节基金'管理小组出面，联手深圳市国际信托投资公司和深圳市投资管理公司，各出资1亿元，你们去找良玉、鸿义，赶紧行动起来！"

禹国刚得到深圳市最高领导这句话，感觉走路都更有劲儿了，虎虎生风。他和董国良告辞出门，转身就去找市长郑良玉。此时郑良玉正在客厅里来回踱步，上午的会议效果不彰，让他很是焦虑。禹国刚与董国良来得正及时。禹国刚转达了李灏书记的指示，郑良玉说："我们大家都想到了一块儿，在这个山穷水尽的关键时刻，只能依靠国家财力来进行宏观调控了。"

临告别的时候，郑良玉特地叮嘱："救市行动，要绝对保密，要遵循股市规则，巧妙自然地将股价托起来，唤起广大股民的信心，变熊市为牛市！"

禹国刚说："市长考虑得很周全，一定得保密，不然前功尽弃！"说完，他们马不停蹄，急火火地又赶到分管财政金融的副市长张鸿义家。张鸿义对书记、市长的表态感到兴奋，他当即打电话，张罗着筹措资金。禹国刚说："深圳发展银行那边，我已经谈好了，可以筹措一部分。"

原来，在上午的第五次救市会议上，深圳发展银行的副董事长谢强如坐针毡，他是个老革命，本来可以在会上挺身而出，支持禹国刚的主张，可近期因股市受挫而饱受责难。先是8月初，深圳发展银行扩股，股民一片骂声，有人指名道姓让他下台！到了中旬，艰难的扩股总算完成，可是第一天复牌上市，"深发展"居然从25.25元/股跌到了15元/股，后来经过奋力挣扎，也才勉强保住了13元/股。面对这样的股市，他又感到底气不足。

散会后，心事重重的谢强到深交所去找禹国刚，想请他这个专家讲讲，深圳股市到底还有没有救。自从王健住院以后，禹国刚每天忙得不可开交，见谢强找他，也猜到了几分来意。他说："谢总是无事不登三宝殿，这里人多，不好说话，容我处理一些事情，一会儿到您办公室找您。"

深圳国投大厦三楼，谢强办公室，禹国刚如约而至。谢强说："禹总，会上郑市长号召大家救市，到底是救得还是救不得？救得了还是救不了？"

禹国刚坚定地回答："第一，救得；第二，救得了。您想想，从全球范围来看，宏观上说，股市是经济基本面的反映。咱们中国经济、深圳经济，蒸蒸日上，一日千里！股市出现现在的局面，是股市本身不成熟的表现，因此，我们必须救！您如果参与救市，可以说一举三得。"

谢强听禹国刚这么一说，立马来了精神。

禹国刚说："首先，救市是市委、市政府的要求，作为深圳的领军企业，深圳发展银行责无旁贷。谢总您如果出来救市，毫无疑问，您将是稳定深圳股市的第一功臣。其次，前一段时间深圳发展银行放弃了大量公股，如果出现问题，作为企业领导人，您恐怕有不可推卸的责任。如果利用这个机会去恢复公股，既能保住公股的优势，又能为深圳分忧，岂不是两全其美？再次，如果深圳发展银行以这么便宜的价格吃进股票，就是坐吃利息，也比通过信贷把钱放出去的利益更可观，而且风险还小。因为股权在深圳发展银行，派息分红还在深圳发展银行，哪里还需要像搞信贷那样，既要考核企业的偿还能力，还得考虑贷款的抵押呢？"禹国刚不愧是资本市场的专家，三言两语把事情说得一清二楚。

谢强的眼睛里闪烁起光芒，但这毕竟不是他个人的事情，他必须慎之又慎，于是又问道："禹总，您说的我都同意，茅塞顿开，但我还有两个问题。其一，回购深圳发展银行股票，这算不算犯法？其二，如果不犯法，深圳发展银行股票能够买到一个什么程度？"

禹国刚沉思了一下，说："您问得很好！按照香港地区的法规，的确是不允许回购自己股票的，但是到1991年4月，香港地区也另做规定，允许公司在必要时回购自己股份的10%。目前，对于回购自己公司的股票，内地法规尚未做出规定，也就是说不能算犯法。"

谢强说："那就好，那就好。"

禹国刚接着说："不过，我也必须告诉您，救市并非零风险。1987年，美国华尔街股价狂跌，花了差不多十个月的时间才反弹。更早一些，1929年，经济大萧条，美国股市险情不断，当年10月24日，股价雪崩，狂跌不止，当时美国国民城市银行堪称世界最大的银行，总裁查尔斯·米歇尔迅速与许多银行家联络，合力托市，却也没能阻止股价的下跌。当然，深圳毕竟不是当年的华尔街。当年是美国经济危机投射到股市上，而我们的经济形势大好，只是股市经验不足，法规不全，少数人投机，股民丧失信心而已。"

禹国刚专业又坦诚的分析，打消了谢强的顾虑，他终于打定主意搏一次。

经过几天的准备，2亿元救市资金终于到位。有人对这次救市做了一个简单的描述：

时间：1991年9月初开始实施

实力：深圳股市"调节基金"和几个机构出资的2亿元人民币

方针: 稳住龙头股, 稳住大势

指挥中心: 深交所

决策人: 深圳市委、市政府

现场总指挥: 金明、禹国刚

在着手救市的前夕, 禹国刚又前往医院去看望王健。王健的身体还很虚弱, 这个时候本不该去打搅他, 救市这样的大事, 一颗健康的心脏都不容易承受, 更何况是大病初愈的王健呢? 但是, 没有谁比禹国刚更了解王健, 虽说在医院, 他的心却时刻连着股市, 不告知他他会更着急, 而且此刻禹国刚也需要王健, 需要他的理解和帮助, 需要从他身上汲取应付股市动荡的力量。

王健的眼里闪烁着兴奋的光芒。他说: "终于可以开始了! 但是, 只有2个亿吗? 要对付的可是50个亿的市场。我们来好好分析一下深圳股市。"

禹国刚说: "你还是不要太操心了, 好好休息! 等着我们的好消息! "

王健说: "我没问题。你不在这里, 我还不一样要想东想西? 你马上要上战场了, 准备越充分越好。《孙子兵法》说: '夫未战而庙算胜者, 得算多也; 未战而庙算不胜者, 得算少也。多算胜, 少算不胜, 而况于无算乎? '"

那天在医院里, 两个好友像围棋打谱一样, 对深圳股市进行了认真而详细的分析。他们注意到: 7月下旬到8月17日前, 龙头股"深发展"进行扩股并召开股东大会, 在这期间, 其他几只股票并没有多大波动。在这段持续跌泻的日子里, 唯有"深发展"扩股那段时间, 股市显得异常平稳, 同时, 股民的抛售风势似乎也在减弱。然而等到

8 月 17 日"深发展"扩股之后复牌，股市寒风再次骤起。到 8 月 31 日，除"深宝安"一只股票持衡以外，其他几只都在随势下跌，下跌率分别是"深发展"4.76%，"深万科"2.94%，"深金田"2.33%，"深安达"1.22%，"深原野"最惨，为 5.35%。面对如此惨状，股民自然人心浮动，抛风又起。这说明什么？这说明"深发展"对整个股市的起落有着极其强大的左右能力！

两人说到兴奋处，双手紧紧握在一起。他们都明白，此仗不胜，他们所苦苦追求的事业将像一个硕大的、闪着美丽光彩的肥皂泡一样破裂，他们为之奋斗了四年之久的资本市场一旦崩盘，也将成为一场闹剧，成为中国证券史上的笑话。

王健说："以少胜多，以弱胜强。你还记得奥斯特利茨战役吗？也就是三皇会战，拿破仑对战俄国沙皇亚历山大一世、神圣罗马帝国皇帝弗兰茨二世联军，最终以少胜多；还有我国的赤壁之战，孙、刘五万联军，打败曹操二十万大军；淝水之战，东晋以区区八万军力，打败前秦苻坚八十万军队，留下'八公山上，草木皆兵'的佳话。"

禹国刚知道，这是好友在为自己壮行，便说："此战胜负难料，但我有信心，也必须有信心。正像周总理的一首诗：大江歌罢掉头东，邃密群科济世穷。面壁十年图破壁，难酬蹈海亦英雄。"

王健点头说："以 2 亿元来应对 50 亿元，纵然失败，深圳市政府、广大股民乃至全国关心股市的同胞，都会给予理解；但如果赢了，你将一战成名，在中国证券史上留下光辉的一笔。放手去干吧！"

救市大决战①

这是一次绝对秘密的行动。

郑良玉市长深知关系重大，三令五申，必须严守机密！他说："如果有人泄密，这次苦心安排的救市战略将前功尽弃，股市将会出现崩盘。到时候，泄密者就是杀一千次，一万次，也无法换回中国股份制改革的春天，一代人的奋发努力，到头来将成为一场大梦！"

郑良玉是 20 世纪 60 年代中国人民大学历史系的高才生，后来又进入上海复旦大学学习西欧经济，曾在复旦大学资本主义国家经济研究所（现为世界经济研究所）从事西欧经济研究八年。因此，他不光是经济专家，也有历史学家的视野和高度。他是从这两个维度来理解和看待深圳股市的，对深圳股市之关心，使他被媒体称为"股票市长"。

2010 年，在深圳经济特区建立 30 周年之际，郑良玉接受《深圳商报》记者专访，回顾了深圳探索和创立证券市场的详细过程。他感慨地说："我们当时是冒着巨大的政治风险进行改革的，只要软一下、退一下，中国资本市场的试验就可能中途夭折。"

那时，股民们并不知道有人在救市，还是一个劲地抛、抛！对于这样的乱象，媒体发挥正面的引导作用，以专业公正的分析，力劝股民不用跟风抛售，期望减缓股市的压力。而这时，不知哪里传出了消息，说是即将有新股上市，股民的抛风愈演愈烈。

---

① 本节内容参看禹国刚：《深市物语》，海天出版社 2000 年版，第230—246页。

股票市场上，有一个有趣的测验题：

有一只股票，股价为 30 元 / 股，两年内一定涨到 60 元 / 股，但是在此之前，又一定先跌到 20 元 / 股以下。你会赶快买进，还是会把已持有的卖出，等 20 元 / 股以下再买进？

选择前者的适合炒股，选择后者的则不适合，因为他无法承担股价下跌的风险。然而，当时深圳股市所反映出来的，恰恰是后者的炒股文化。大家都期待入市大赚一笔，却没有理性分析要承担的风险。但说到底，还是因为在那个年代，股票是新生事物，股民们了解不多，而且，大家都还在慢慢走向富裕，一点血汗钱来之不易。

9 月 3 日，龙头股"深发展"股价直逼 15 元 / 股。

9 月 4 日，"深发展"收盘价连下三个价位，跌到 14.85 元 / 股。

9 月 5 日，"深发展"收盘价比前一个交易日又下跌了五个价位，仅 14.6 元 / 股。深证股价指数由基日（1991 年 4 月 3 日）的 100 点跌至 45 点，股市总市值已跌去 15 亿元。

9 月 6 日，"深发展"收盘价已经跌到 13.7 元 / 股。这天曾创下过 13.4 元 / 股的最低纪录。虽然这价格持续不到一小时就回弹到 13.7 元 / 股，但也足以让人冷汗浃背，面色焦黄。

股民们哪见过这阵势？"抛！抛！抛！"的喊声接连不断，弥漫在深圳的上空，连太阳都失去了几分灿烂。对他们来说，似乎到了诺查·丹玛斯所预言的人类末日。

1991 年 9 月 7 日，救市行动正式开始。

这一天，"深发展"的开市价仅 13.7 元 / 股，最低时跌到了 13.4 元 / 股。这是深圳股市有史以来极为昏暗的一天。刚巧，主管金融的张鸿义副市长出国访问。临行前，他和禹国刚说："记得我们的使命和责任，放手去做！"

禹国刚当机立断，指挥深圳股市"调节基金"开始买进。9月8日不营业，中止一天，大家几乎感觉不到"调节基金"入市所带来的细微变化。9日再度开市，"深发展"股价仍然又回到13.7元/股。但是，"深万科"股价却比前一个营业日仅下挫了一个价位，一开市就是4.3元/股。"深金田""深原野"以及"深宝安"情况稍好，但开市也都停留在前一个营业日的水平上。"深安达"一开市就下跌了一个价位。很明显，只要"深发展"没有长足的长进，其他几只股票或下挫，或停滞不前，股市就没有一点生气。

禹国刚全神贯注地盯着股市的动静。他以每天5000手又5000手（"深发展"股票1手 =100股）的频率吃进，稳住龙头股"深发展"，让"深发展"保持在13.7元/股。在他的心目中，这个价位是一道防线，必须严防死守！只要"深发展"不再跌落，熊市慢慢就会有所改观，即使不可能急速反弹，也能让股民有一些信心。然而，说起来容易，做起来难，禹国刚很清楚，除了2个亿，他们再无一兵一卒的增援。此时，张鸿义出访在外，王健卧病在床，他有一种只身入战阵的孤独感，但也激起了一种"虽千万人吾往矣"的勇气，不惧放手一搏。

炒股大户们也一直在紧盯股市的变化，力图发现最佳切入点，随时准备杀入杀出。救市行动的保密工作做得十分出色，股市里虽然早有谣传，炒家们最多将信将疑，并没有发现什么蛛丝马迹。然而，慢慢地，有人发现，股票价格的跌速变得缓慢了，显得有些徘徊。一些玩股老手马上意识到，有人在救市！但到底什么时候开始的？谁在救市？他们一无所知。他们好像有意要试探一下救市者的实力，你不是收吗？好！我们抛！

抛出千把手，投石问路，对那些大户来说根本不在话下，也不会伤到什么。但这种举动的可恶之处在于，它带动了许多小股民跟风。倒霉的是小股民，他们高价位入市，却在股价最低时抛出，损失惨重，痛不欲生！此时，股市里的谣言更像是凛冽的寒风。许多初涉股市者，无论是股票方面的知识，还是股票交易中的经验，都无从谈起，听风就是雨。这就更加给那些炒股大鳄提供了兴风作浪的机会。他们分析，对于龙头股"深发展"，救市者最多能守到 15 元 / 股。根据是 8 月下旬"深发展"始终没有跌破过 15 元 / 股，即使是到了 8 月 31 日当月的最后一个营业日，收盘价格还依然雄踞 15 元 / 股而不落。

禹国刚听到这样的说法，心里想：他们的分析很有见地，真是非同凡响啊，挺厉害的！但是，他们注定要犯一个致命的错误，因为他们不知道，我禹国刚有禹国刚的战术。这个战术的基本原则是，深知自身实力有限，因此以打游击的方式进行，机智灵活，伺机而动。"调节基金"会捍卫龙头股，但不会死守某个价位。

为了配合行动，禹国刚特地坐在了深圳广播电台的播音室里，直接向全市股民讲话，耐心而详细地阐述盲目跟风抛售的危害。他说："桃树是你们栽的，果实当然要你们来收获。然而，眼前的事实是，你们自己栽下了桃树，却把果实拱手让给了别人，这怎能不令人痛心？"

禹国刚苦口婆心，一次次地去电台讲。其实他千言万语，最想讲的可以归结为一句话：亲爱的股民们，党和政府不会放任股市惨跌的，我们来救市了！然而这又是一句最不能说的话。天机不可泄露，一旦泄露，救市行动的目的将成为梦幻泡影。

让我们详细看一下当年救市的日程——

9月7日，深圳股市"调节基金"入市，将龙头股"深发展"股价托到13.85元/股，而其他几只股票仍然在下跌。

9月8日，停止营业。

9月9日，深交所再度开市时，"深发展"开市价仍然停在13.7元/股。深圳股市"调节基金"便5000手挂入，很快5000手就吃尽。再挂！炒股大户们不知救市者究竟有多大胃口，股民们仍然抛股不止，但是到这天收市时价格回升到13.9元/股。

9月10日，"深发展"的开市价格再次回落到13.7元/股。炒股大户无法摸清这到底是怎么一种打法，还是带头抛股，以探虚实。这些大户成了股民们的晴雨表，只要有人带头抛，他们也跟着抛。深圳股市"调节基金"照样5000手又5000手地吃进，简直是一场厮杀，到这天收盘时，"深发展"居然回到了13.95元/股的价位。

9月11日，深交所一开市，"深发展"就挂出了13.85元/股的开市价格。这暗示着什么？只有股民们最清楚，但是"新股上市"的消息仍使他们惊恐万分。虽说跌势见缓，谁又能断定不是这两天的好光景？以前这种短时间的回升不是没发生过，但最后又都是溃不成军尸横遍野。如果新股上市，老股肯定要受到冲击，所以晚抛不如早抛。还有些股民则认为，新股价格肯定要比老股价格低，抛尽老股买新股，日后可以赚大钱。诸如此类的想法，给救市带来巨大的障碍，但禹国刚知道，必须迎难而上。

9月12日，"深发展"在不声不响中爬上14.5元/股的高价位。

9月13日，"深发展"股价虽然有些波动，但到收盘时仍然雄踞

14.5 元 / 股。终于，有些股民有点相信股市有望了，不过他们还是将信将疑，继续观望。

9 月 14 日—29 日，股市再也没出现过像过去那样的大起大落！股民们的信心终于树立起来了。禹国刚他们当初定下的"稳住龙头股，稳定大势"的方针，经过二十多天的实施，真的灵验了。

初战告捷！

9 月 21 日—24 日，深圳股市处于窄幅起落的"牛皮态"，有些胶着。

9 月 25 日—29 日，在龙头股"深发展"的带动下，多数股票的价格都纷纷回升，但成交数量未见跟上，旬末股价五升一降，深证股价指数为 46.8672 点，比上旬回升 0.8856 点。这对于一度危在旦夕的深圳股市来说，简直是一个了不起的奇迹。

但是，禹国刚他们一点也不敢大意。深圳股市只是稳住了大局而已，这不是他们的最终目的，他们要坚持到最后一秒钟，把股市恢复到正常水平。为了救市成功，加强证券业务部的管理非常重要。为加强对金融机构开办的非独立法人的证券业务部的管理，中国人民银行深圳经济特区分行发布了相关管理规定，各金融机构开办的非独立法人的证券业务部必须与其他金融业务分业管理，在经营、业务、人员、营运资金、财务及营业设施等方面实行相对独立的管理原则。各证券业务部应根据有关法规制定分业管理办法及业务规则。其营运资金、财务、人员、营业设施及营业场地不得相互交叉，上级公司不得随意调拨。金融机构在本单位证券业务部买卖有价证券，须按法人委托买卖程序及有关规定办理。

9 月 30 日是国庆节前的最后一个营业日，"深发展"股价已经恢复到 14.95 元 / 股。交易并不活跃，深圳股市"调节基金"仍然支撑着。尽管如此，股民们普遍心理上都已经稳定了。

10 月 1 日享受假日快乐之际，也给了股民们思考的时间，他们有点回过味儿来了。

10 月 2 日，深圳股民们自发召开深圳股市沙龙会议，他们经过探讨发现，原来深圳股市没有他们想象的那么糟，那么可怕！有些人隐隐约约想起，深圳广播电台请专家反复分析过深圳股市的美好前景，对，是禹国刚，人家讲得有条有理，清清楚楚，可是，咱们为什么就听不进去，还一个劲地盲目跟着抛？这才几天的时间，13.7元 / 股抛出的"深发展"，市价就已经接近 15 元 / 股！

大家都后悔抛快了、抛早了，聚集在一起，一边捶胸顿足，互相倾诉衷肠；一边鼓足勇气，准备风云再起。

10 月 3 日，一开市，"深发展"就挂出了 14.95 元 / 股的价格。一批胆大的股民率先杀回了股市，"涨！"股民们心里默叨着。当天"深发展"的最高市价曾冲到 16.1 元 / 股。

10 月 4 日，"深发展"的开市价曾达到 15.85 元 / 股，以后几天一路上扬。

10 月 7 日，16 元 / 股。

10 月 8 日，18.7 元 / 股。

10 月 9 日，21.5 元 / 股。

其他几只股票，除"深原野"之外，全部都跟着上涨。股民们的心情由阴转晴，又鼓足了勇气。10 月上旬，深圳股市的升跌率几乎全部冲出谷底。"深发展"涨幅为 52.88%，"深万科"为 74.47%，"深金田"荣登榜首，创下了 101.55% 的最高纪录。"深安达"与"深宝安"

也都分别达到了 67.09% 和 63.38%。"买进！买进！"的喊声此起彼伏。股民们悬吊九个月的心此时才落了地。过去愁眉苦脸的股民们此时脸上也绽放出了笑容。深圳股市在熊市中度过了痛苦的九个月之后，牛市从天而降，股市又沸腾起来了。

股市的一路高歌为股民们增添了无尽的信心。各个酒店、大排档的饭局，在觥筹交错之间，大家又开始眉飞色舞，大谈深圳股市的神奇魅力了。那些曾经骂着"剁手"的老股民们，无法抗拒高收益诱惑，更无法抗拒股市由落到起给人带来的那种紧张、刺激的欢愉，又挥师入市了。10 月 2 日的深圳股市沙龙会议，虽然是自发的自由聚会，但它在深圳证券历史乃至我国证券历史上写下了美妙而风趣的一笔。

据行家分析，10 月 3 日一开市，在成交量并不大的情况下，股价急速往上升，令人惊诧。不少外行人士都看不懂这种行情，认为下午就会回落。可是 3 日收市时，股价仅出现小回落，"深市老五股"价格的算术平均涨幅为 6.685%，许多人都认为这种行情很怪，其实它恰恰是牛市青年期行情开盘战的典型特征。

10 月 4 日与 5 日，股市稍稍整理，股价小降之后回升。用技术分析来说，属青年期开盘战第一根阳线的范围。所谓"阳线"，就是股价开盘低收盘高的图像形态，"大阳线"就是收盘价比开盘价高出许多的情况。发动这次攻势的主力是内行大户，但也有一些敏感的中小户。

通过周末的深思熟虑与精心策划，7 日一开市，一批精明的股民又发起了凌厉的买盘攻势，卖盘节节败退，全线崩溃。当日五种股价的算术平均涨幅为 15.04%，拉出了开盘战的第二根阳线。看似不太正常，其实这很正常。如果在开盘战时拉出一根根阳线，短线定会偃旗息鼓吗？卖盘会宣告投降吗？持续三个多月的大盘局势会突破吗？看到 7 日股价的良好表现后，许多人明白盘局已经突破，牛市已然起步，此时应勇往直前，因为此乃难逢的良机，此时不入货，更待何时？于是杀进股市。另一些"空手道"朋友与盘局中受挫的"短线"投资者，看到再不跟着入市，恐怕连小鱼都吃不到，也匆匆跟进。但是在 7 日买到股票的人毕竟不多，许多人因填的价不够高而两手空空。他们意识到追涨要有提前量，而交易渠道的不畅通与低效率又将这种提前量放大了许多倍。

8 日，股市温度更高了，买盘像怒涛汹涌而至，股价狂升，当日成交金额为 3685 万元，创下 1991 年全年最高纪录。9 日，成交量猛增到 5378.28 万元，刷新了深圳股市的历史纪录，打破了 1990 年 11 月 23 日的 5195.80 万元的最高成交纪录。持续下跌了九个月的"深原野"股价也开始回升，成交额高达 96 万元。深圳股市再现一片生机，溢满了欢乐之声。有人宣称深证股价指数很快会突破 100 点！10 日，开盘后众股价格仍承前几天的劲头向上猛升。

十点钟之后，五种股价又迅速回落。有人把十点钟后股价的跌落归咎于谣言。

但海外股市专家认为，牛市青年期开盘战中，拉出三四根阳线后，股价一般会自然回落整理。深圳股价在短短的四天内平均上涨六七成，也应该休息一下了。如果继续这么热下去，用不了一周，新一轮的牛市不是也要结束吗？当日，"深发展"与"深金田"约下跌 15%，"深万科"下跌 3%，"深安达"与"深原野"上涨。是日许多股民获利回吐，但股市承接力仍很强，成交额再创历史新纪录，高达 5594 万元。

这时，张鸿义副市长问禹国刚："大势稳得住吗？"

禹国刚答："可以稳得住！"

10 月 10 日，"深发展"股价涨到 26 元 / 股。

11 月 14 日，深证股价指数最高升到 136 点。

从 1991 年 9 月 7 日开始救市，到 1991 年 10 月 3 日的转折，短短二十多天，在深圳股市"调节基金"的统一调节下，市国投证券部按照深圳发展银行副董事长谢强与禹国刚达成的默契积极入市，由当时分管市国投证券部的深圳市国际信托投资公司陈正蓉副总经理等人与禹国刚、金明直接指挥操作，成为"调节基金"旗下的一支救市劲旅。谢强功不可没，他承诺的 1 亿元救市资金，占了救市总资金的一半。陈正蓉副总经理及市国投证券部伍经理等人，在救市大决战中，与"调节基金"管理小组配合得非常默契。市国投公司是深圳股市的救市大功臣，同时在不到三个月的时间内获取了丰厚利润。风险与利益共担，这才是险中获胜。为此，谢强特意跑来找禹国刚，紧紧地拉着他的手说："老禹，你太厉害了！这个险冒得值！"

这一天，禹国刚前往医院，看望病床上的王健。两个人见面，相视一笑。禹国刚说："不用说，你天天关注，情况也都了解了。"

王健说："是的，太棒了！不仅是不辱使命，更是建了奇功。好！"

王健的身体依然很虚弱。他说："老禹啊，仗也打完了，我也放心了。我还是找个地方治病吧。你是理解的。"

后来，王健到澳大利亚做了心脏搭桥手术。由于身体情况，他主动请求不再担任深圳证券交易所一把手，并再三推荐禹国刚接任。

1992 年 7 月 2 日，深圳市委常委会决定，由禹国刚担任深圳证券交易所一把手——主持全面工作的副总经理（法定代表人），王健任副总经理。

1993年3月6日，市委再次决定，由禹国刚继任深圳证券交易所一把手，柯伟祥任副总经理，罗显荣任理事长，王健任副理事长。

1994年6月13日，由于身体情况，王健提前退休。

禹国刚和王健从在中国银行深圳分行一块儿工作，到共同创办深圳证券交易所，并主持深交所的重要领导工作，其间九年有余，共同的事业将他们两人紧紧连在一起。

这一段绝密救市的历史，是新中国证券交易史上的一段传奇。也许再过一些年，不会有人再记得，但它在那个风起云涌的大时代，对中国股市和中国经济的影响不会被埋没。

不管赞同还是反对，新中国第一次政府救市是利用经济杠杆调节股价，符合国际惯例，极大地恢复了股民对股市的信心，维持了深圳股市稳定，达到了政策目标。在救市前，深交所率先取消了涨跌停板这个"紧箍咒"，为救市时大势急速翻转提前做好了技术上的准备，极大地缩短了熊市时间，使深圳股市新一轮牛市大步流星地走来。深圳股市的管理者在这次救市中经受了锻炼，也为中国股市的发展提供了经验。经受了股市狂涨暴跌锻炼的深圳股民，虽然有人在此次股市暴跌时交了些学费，但在这新一轮牛市中不仅又赚到了钱，皆大欢喜，还极大地增强了投资的风险意识。

禹国刚，那个从安康的崇山峻岭里走出的少年，兜兜转转，风云际会，多年后站在了新中国稚嫩的股市面前。历史选择了他和那一群时代的精英，他们也书写了历史。

第二章

故乡安康

　　英雄不问出处，但每个人都有他的出处。越过莽莽苍苍的岁月，禹国刚从他的故乡陕西安康一路走来。匮乏的时代，贫穷的家庭，坎坷的童年，以及为养育八个子女而辛勤劳作的爹娘……这一切，形塑了一个坚强而奋发的青年。他曾含泪辍学，也曾差点病死，但这些都不曾动摇他求知的决心。他始终相信一个简单的道理：知识能够改变命运。

安康禹家

安康位于陕西省东南部，北依秦岭，南傍巴山，一条发源于秦岭南麓的汉江，以沮水为北源，漾水为中源，玉带河为南源，流经安康，穿城而过。如果以安康为中心，沿南北两边的秦岭和长江画一个圆圈，则圆圈之内，东有襄阳，西有汉中，南有荆州，北有西安。这四座城市在中国漫长历史的某个阶段或瞬间，都曾担任要角，甚至决定历史的走向。和它们相比，安康显得有些籍籍无名，它更像是一个旁观者，默默地注视着历史的阴晴圆缺。

清朝顺治初年，有一个叫禹开云的男人携家带口，从禹家世代居住的今关中渭南市临渭区交斜镇兴禹村，翻山越岭，长途跋涉，迁移到今安康县恒口镇越岭关，定居下来。从此，禹家在这里繁衍生息。三百多年里，禹家的后人们又相继搬迁到今安康县城关和恒口街，以及紫阳、旬阳、石泉等县。其中有一位叫禹金生的，定居在安康老城当铺巷。

禹金生在儿子禹富岁三岁时就不幸去世了，其妻靠着给人家缝补浆洗衣服，含辛茹苦把禹富岁养大。禹富岁后来娶妻马秀莲，于

1944 年 2 月生下了他们的第一个孩子，取名禹国刚。

禹国刚的出生给禹家带来了极大的欢乐。禹富岁的母亲守寡多年，终于看到儿子有了后代，老人心里高兴至极，当即给去世多年的禹金生的牌位上香，含泪相告。接下来马秀莲又相继生下了三个儿子和四个女儿，人丁兴旺带来传宗接代的喜悦的同时，也让家里的生活一天比一天捉襟见肘。八个孩子八张嘴，嗷嗷待哺，如何养活啊？连邻居们都为禹家感到担心。

禹家虽然贫穷，却重视教育。当年禹金生去世前，就反复叮嘱妻子，让儿子禹富岁念点书，能识文断字。禹富岁的母亲咬着牙，把儿子供到小学毕业。解放初期，小学毕业的禹富岁算是文化人，他参加了革命。禹富岁为人正直善良，在当地有很高的威信。他做事板板正正，一丝不苟，从不计较。拿扫地来说，他从来不是只扫自家门口，而是扫一条街，把周围的地都扫了。有一次，他扫完自己家门口，突然有事，就喊禹国刚帮着继续扫。禹国刚就说："爸，咱的门口已经扫了啊。"他说："不行，两边都得扫。自己累一点，有啥关系？整条街干干净净、亮亮堂堂的，多好！"虽然是非常小的事情，但禹国刚却记忆深刻。

新中国成立初期，物资极度匮乏，粮食按计划供应。三年困难时期，城市居民的粮食定量再度压缩，副食品供应也严重不足。到 1961 年，市场凭票供应的商品达到上百种之多，吃饭要粮票，买烟要烟票，买酒要酒票，就连一分钱买一盒火柴，也得用火柴票。而且，即使有票，也不一定能买到。

当时全城老百姓都是去粮店买粮，队伍总是排得很长，粮店的工作人员要反复细算每种粮食的数量、价格，由于买粮的人多，等久了，人们很不耐烦。禹富岁每次去之前，一定会把粮本和钱预先准备好，绝不多一分，也绝不少一分。他觉得这样做可以节省粮店工作人员的时间。时间长了，连粮店的工作人员都知道禹家的粮钱不用复算，禹富岁比谁都算得清楚。禹富岁买米很少带着禹国刚，他心疼孩子，不想让他累着。但是，偶尔也会让他去应急帮忙，每听到粮店工作人员对父亲信任的赞誉，禹国刚都充满了自豪感。

多年以后，禹国刚自己也做了两个孩子的父亲。他深深地明白，教育孩子，身教甚于言教。正因为有父亲的垂范，禹国刚一生严谨，求知做事精益求精，同时默默为善，宽以待人，绝不给别人添麻烦。

那年月，禹家的日子过得紧巴巴的。禹富岁当时在陇县森林经营所工作，家里十多口人，八个孩子，就靠他一个人的工资，每月四十块钱。禹富岁难得回家一次，妻子马秀莲一个人承担了操持家庭的重任，她每天要外出打工干零活贴补家庭，晚上回来还要给禹国刚兄妹几人缝补浆洗，时常点着煤油灯，一直到深夜。每天早晨一睁开眼，想的都是如何让孩子们吃上饭，不至于饿着。

孩子们一天天长大，饭量一点点增多。马秀莲变着法地做出各种能替代粮食的伙食。当年家里常吃萝卜蒸饭，一锅饭里放三分之二的萝卜，三分之一的米，因为米很金贵，而萝卜便宜多了。就这样，将就一顿算一顿，虽然吃不好，但也算能填饱肚子。

即便是这样的日子，禹富岁也常对马秀莲说，无论如何，再穷也得供孩子们上学，家里至少要培养一个大学生。

辍学当文书

森林经营所的所长张思让是一位体恤下属的领导，他看到禹家生活很困难，就对禹富岁说："你们家老大现在念几年级了？"

禹富岁说："老大叫国刚，十五岁，念初二了。"

张思让说："要不你看这样，所里现在需要一名文书，就让老大来给我当文书吧。"

禹富岁本来并不想让孩子辍学工作，但那个年代即使高中毕业，找个好工作也不易，这是个非常难得的机会，既能为禹家救急，又能解决孩子的工作，一举两得。他明白张所长这是在帮他，心里一阵发热，感激地说："张所长，您对我们禹家有恩。"

那是 1959 年，禹富岁做出了一个艰难的决定，打算让长子禹国刚辍学，去森林经营所工作。尽管如此，禹富岁还是要征求一下儿子的意见。那天他从森林经营所回到家里，对禹国刚说："国刚，我要跟你说个事。"

禹国刚从来没见过父亲跟他说话这么郑重。他说："爸，你说。"

禹富岁犹豫了一下，终于对他说："国刚，森林经营所张所长缺一个文书，他对咱家好，想让你去当文书。"

禹国刚的成绩很好，他热爱学习，对求知充满热情。他想都没想就说："爸，我要上学，我不想当文书。"

禹富岁沉默了一会儿，说："国刚，你也长大了，咱家的情况你知道，这么多人吃饭，只有我一个人拿工资。你读书就是为了将来工作，现在你去当文书，就等于一下子有了工作。你再想一下。"

当天晚上，禹国刚失眠了。他躺在床上辗转反侧，好像突然长大了一般，明白了从来没有考虑过的道理：原来要吃上饭，才能上学。家里这么多人，作为老大，应该为父母承担一份责任。这样想着，眼泪默默地流了下来。第二天早晨，他跟父亲说："爸，我听你的，我去当文书。"

禹富岁看着儿子，鼻子有点发酸。儿子已经懂事了，只是因为缺少营养，人很瘦，两只眼睛显得特别突出。他对禹国刚说："国刚，你过来。"

禹富岁把孩子叫到身边，摸着儿子的头，说："孩子，你都念初二了，比爸有文化，到了所里，你是有用武之地的，咱家也会慢慢好起来。"

禹国刚很快就适应了新的环境。森林经营所不是什么大机构，文书的工作比较简单，关键在于心细、有条理。禹国刚对所里的同事都像对老师一样尊敬。张所长说："国刚，你现在不是学生了，不用那么拘谨。"

就是这句"你现在不是学生了"，让禹国刚差点哭出来。他有好长一段时间都不愿意相信，自己已经辍学。那时候书很少，森林经营所里除了《人民日报》之类，倒是有几本书，传来传去，也不知道是谁的，像果戈理的《彼得堡故事》、吴强的《红日》、袁静的《小黑马的故事》、凡尔纳的《八十天环游地球》等，禹国刚很快就全部看了一遍。他还偷偷带上了自己的课本，不想让别人知道，哪怕是父亲。工作之余，他总是见缝插针拿出来看。

张所长对禹国刚的工作非常满意，他发现这个小文书特别爱看书，眼睛看到字纸就移不开。

有一天，张所长找到禹富岁说："富岁，我改变主意了。"

禹富岁问："张所长，您改变什么主意了？"

张所长说："你注意到没有？国刚这孩子是块读书的好料，我观察来观察去，总觉得还是得让他去读书，我是舍不得他走，但是，让他在我们这里待着，可惜了。"

禹富岁看着张所长，心里再一次充满感激，能遇上这样真心为你考虑的领导，是一种福气。他知道国刚辍学的难过，心里一直自责对不起孩子。见张所长也这么说，于是他同意让禹国刚重返学校读书。然而那时候，禹国刚已经失去了学籍，按照规定是不能再进入学校学习的。

张所长说："我来想办法。"刚好他和陇县文教局的薛局长是临潼老乡，他们俩都是从省城西安调到陇县工作的。张所长给薛局长写了一封信，交给禹国刚，让他拿着信去见薛局长。薛局长也是个爱才的人，看了信后，立即开了一封介绍信，请陇县中学的尚涤非校长安排禹国刚插班学习。

战伤寒死里逃生

多年后，禹国刚已经名满天下，成为中国证券界的重要人物，每当有人问及他的成长往事，他总是思绪万千，想起那片梦中的森林，想起和蔼惜才的张思让所长。

2013年，禹国刚撰写了一本股市著作《深市老五股典藏》，他很忙碌，没时间回陕西，特地委托弟弟将书带给了张思让老所长，以表达他的感激之情。老所长非常高兴，他还记得禹国刚当年的样子，他对禹国刚的弟弟说："你哥哥真了不起，做了这么一件大事，不光是光耀门楣，还贡献国家，我们大家都与有荣焉。"

禹国刚的弟弟说："我哥哥一直在念叨，说是多亏了老所长您。如果不是您让他重返学校读书，也不会有他的今天。"知恩感恩是禹家的家风，这么多年来，禹国刚对每一个帮助过他的人，都不敢忘怀。

禹国刚重返校园以后，有好长时间都像做梦一样，感觉如此美好，都不敢相信。校园里的一切都是熟悉的，比如黑板上的各种知识和教室里的琅琅书声；一切又都是陌生的，因为是新的学校、新的老师和同学。他特别珍惜这来之不易的学习机会，比谁都努力，初中毕业后，他以优异成绩考入陇县中学高中部。

1962年秋天，禹国刚读高二。一天他突感身体不适，就到陇县医院去看门诊。那位医生大大咧咧，没当回事，开了些大黄苏打片，就把禹国刚打发了。禹国刚回到学校，身体一直没有好转，几天后，他开始发高烧，浑身发冷，上吐下泻。尚涤非校长发现后，非常关心，亲自指派几个同学推一辆架子车送禹国刚紧急前往陇县医院。行前，他亲自帮禹国刚盖好被子，目送他们离去。

禹国刚住进陇县医院后，医生立即开始抢救。禹国刚躺在病床上，身上盖着两床被子，浑身冷得直打战，感觉整个病床都在颤抖。当时，陇县医院的条件很差，禹国刚到底得了什么病，医生一下子难以诊断，只知道很严重，让学校赶紧通知家长来医院。

禹国刚的父母星夜兼程六十里路，直到第二天早晨才赶到医院。禹国刚住院十来天都不见好转，武医生断定禹国刚得了肠伤寒。他很担心禹国刚会发生肠穿孔，一旦肠穿孔，那就麻烦了。

肠伤寒是由伤寒沙门氏菌引起的，这是一种毒性很强的侵袭性肠道致病菌，只有人类会被感染。这种病在当年缺医少药的情况下非常危险。

武医生对禹富岁夫妇说："孩子病得很重，需要注射青霉素和链霉素，咱们医院没有，你们看能不能到别处想办法买几十支。"

当时，正值我国经济困难时期，各种物资都非常紧缺，西药更是难得。就在两年前，《中国青年报》上发表过一篇文章，《为了六十一个阶级弟兄》，是说那年春节刚过，山西省平陆县有六十一位民工集体食物中毒，生命垂危。当地医院没有解救药，最后是辗转联系到了中央，动用军用运输机，空投药物，才把六十一名民工救活。可谁有这样的本事啊！

马秀莲听医生这么一说，一下子哭出声来。她抓住丈夫的手摇晃着说："富岁，这可怎么办啊，可怎么办啊，你一定要想办法，救救孩子！"

尚涤非校长很喜欢禹国刚，得知医院急需青霉素、链霉素救禹国刚的消息，立即在全校动员起来，要求各位老师向各个班级的同学们询问，看看有没有家长能弄到青霉素和链霉素。也是吉人自有天相，竟然真有一位同学的爸爸帮忙弄到了药。

经过一番生死搏斗，禹国刚总算出院了，但身体非常虚弱，竟然不能站立了。六十里路程，禹富岁夫妇不辞劳苦，用架子车把儿子拉回家休养。谁知祸不单行！禹国刚从医院回到家里一星期后，又患了右侧胸大肌炎症。父亲又送他去离家更远的宝鸡市康复医院治疗。待身体基本恢复后，禹国刚回到陇县中学抓紧补习功课。1963 年初，他随同母亲回到安康，转入安康高中读书。

　　1964年，在经历了各种磨难以后，禹国刚以优异的成绩顺利考入西安外国语学院（今西安外国语大学）。禹家终于出了一个大学生。

第三章

青春岁月

　　禹国刚考上西安外国语学院俄语专业，在中苏关系破裂后，改学日语。当时西外尚无日语专业，因为禹国刚的强烈恳求，学院借师于外校。教日语的胡秋金教授对聪明勤奋的禹国刚极为器重，禹国刚也不负厚望，日语成绩在全班遥遥领先。大学毕业后，禹国刚在煤矿当了一年井下工人，之后，又到兵器工业部、第三机械工业部、第四机械工业部下属的工厂工作。1981年春节，他带着一家四口和变卖家电得到的六百多元钱，来到深圳，人生从此改变。

走进大学

2019 年 4 月 16 日，暌违多年以后，禹国刚又一次走进了他的母校——西安外国语大学。

这次，他是应邀重返母校，向学校领导和广大师生讲述中国资本市场发展的故事。

母校当年还叫西安外国语学院，同学们都亲切地称它"西外"。禹国刚在母校的大门前伫立良久，努力回忆当年的时光。半个多世纪过去了，他已经很难寻觅到一丝旧迹。从前的校门，简单，朴素，掩映在青葱的树丛里，旁边的黑瓦平房隐约可见；而现在的校门，宏大，巍峨，气宇轩昂。道路和建筑也早已升级换代，不复当年的模样。

久有凌云志，

重上井冈山。

千里来寻故地，

旧貌变新颜。

…………

2019 年 7 月 5 日，禹国刚应邀再次回到母校西安外国语大学，代表校友在该校 2019 届毕业典礼上致辞。

毛泽东的《水调歌头·重上井冈山》涌上心头。他们那一代人，几乎熟悉毛泽东的每一首诗词。恍惚之间，禹国刚好像看见一个瘦小的安康少年，走在校园里，或是杂花生树的春天，或是蝉噪如蛙的夏日，或是落叶满地的秋晚，或是大雪纷飞的冬夜。

五十年过去了，人非物也非。禹国刚想，母校就是祖国的缩影，天翻地覆，沧海桑田。在莽莽苍苍的岁月深处，是他已无处安放的青春。

西外是新中国最早建立的四所外语院校之一，也是西北地区唯一一所主要外语语种齐全的高校。1951 年，经中央人民政府教育部批准，组建西北俄文专科学校——西安外国语大学的前身。

1952 年初，中共中央西北局书记习仲勋、西北军政委员会教育部部长江隆基等领导同志亲临西安南郊勘察，为学校确定地址，组建学校领导班子，并将中共中央西北局党校俄文班并入西北俄文专科学校，开始为国家培养本科层次外语人才。1958 年，西北俄文专科学校更名为西安外国语学院，周恩来总理签署任命书，任命张治平为西安外国语学院党委第一书记兼院长。2006 年，又更名为西安外国语大学。

当年，西外的根基是俄语，禹国刚的专业正是俄语。

然而，国际形势永远会直接或间接地影响个人的命运。中苏之间在 20 世纪 50 年代就时有摩擦。60 年代中苏关系恶化，1960 年苏联单方面撕毁同中国签订的合同，撤走全部在华专家，带走了全部图纸、计划和资料，并停止供应中国建设急需的重要设备及关键部件，使中国许多项目的建设停顿，给中国经济建设造成了重大损失，加重了中国的经济困难。

在禹国刚考入西安外国语学院的 1964 年，全国有几千个专职俄语翻译面临改行。禹国刚发现，他的那些青年俄语老师们，白天教俄语，晚上却自发去进修英语。他心里想，连老师们都对自己的专业前途没了信心，那他们这些学生该怎么办？还继续学俄语吗？那些年，报纸、电台反复都在讲日益恶化的中苏关系，谁都明白，两国的关系暂时是回不去了。在没有苏联人到来的情况下，又怎么会需要俄语呢？

国家也意识到了这个问题。当时，教育部门下发通知，允许外语院校俄语专业的学生改学别的语种。禹国刚的很多同学都改学了英语、法语等语言，他却想改学日语，但学校还没有日语专业。

当时的学校领导找到他："禹国刚同学，你为什么要学日语？谈谈你的想法。"

禹国刚说："以前大家一窝蜂地学俄语，中苏关系出了问题，结果都无所适从；现在大家又一窝蜂地学英语、法语，将来又会怎样，也值得思考。我从书上看到，鲁迅、郭沫若都是到日本学医，又都弃医从文，走上了革命道路。孙中山本来也学医，也多次到过日本。1868年日本实行明治维新，差不多的时期我们也在搞洋务运动，但日本很成功，走上了工业化强国之路。它虽然是个小国，却在甲午战争中打败我们，后来又侵略我们。所以我就想学日语，通过日语直接了解日本，看看为什么中国那么多精英要去日本，日本到底有什么地方值得我们学习。"

禹国刚的一番话，让校领导两眼放光。他没想到，这位貌不惊人的同学，竟然有这样的见识，而且胸怀大志！于是说："那好，但是，最终行不行要看两点：第一，看看我们西安城里有没有日语老师，能不能请到学校来；第二，看看有几个同学报名日语专业，至少要达到十个人。"

当时没有几个同学会想到报名学日语，禹国刚就给他们做工作，经过一番周折，报名的人数终于凑够了。然后，他们打听到，西安公路学院有一位日语老师，名叫胡秋金，是个日语奇才，非常厉害。西安外国语学院请他来兼职，他答应了，于是，西安外国语学院日语专业就这样在极为简陋的条件下诞生了。

后来，禹国刚在许多场合谈起过他的读书时代，每次他都会想起胡秋金老师。

胡秋金，台湾桃园人。1950 年毕业于日本名古屋中华交通学院。

1951 年来大陆，任西安公路学院教授、基础课部副主任，陕西省翻译工作者协会副会长，陕西省人民政府首席日语翻译。当时是陕西省最棒的日语老师。

胡秋金老师只是借调，人事关系都还在原单位，但他准备教案和授课都极为认真，并尽力依每一位同学的特点，因材施教。除了教日语，他还亲自编写一些课外阅读教材，扩大同学们的知识面。每节课下课后，他都要征求同学们对教学的意见，积极改进教学方法。他对学生非常关爱，他的一个眼神，一个笑容，一句鼓励的话，一次课余的诚恳谈心，都会对学生产生长久的影响。

禹国刚本来就好学，有了这样的好老师，他更加用功。由于成绩优异，禹国刚享受全额助学金——国家每月发给他 15.5 元生活费。这笔钱现在看不起眼，对当时的禹国刚来说却是一笔巨大的生活经费来源。为了省钱，寒暑假他连家都舍不得回去，不敢回，因为一个来回需要一二十块钱，差不多是一个月的生活费。平时，他要买点文具或书籍，还得靠弟妹们给点资助。那时禹国刚的大妹妹已经工作，每月工资不到三十元，但还时常给他五元。这些钱禹国刚是舍不得轻易用的。他特别喜欢陈涛主编的《日汉辞典》，定价十三元。每次到新华书店，他都跑到放《日汉辞典》的位置，眼巴巴地反复看。等他凑够了十三块钱，立刻到新华书店把这本辞典买了下来，那种激动的心情无以言表。如今半个世纪过去了，他仍然清楚地记得他买书的那天是 1968 年 8 月 18 日。1983 年，他到日本留学时，还把这本大辞典带到了日本。

禹国刚是日语班的班长。胡秋金老师的午饭都是他去食堂帮打的，打好了一起吃。胡老师精力充沛，中午从不休息，饭后会给禹国刚讲授一些课外的日语知识。日积月累，他的日语知识及水平高出同班的其他同学许多。他跟胡老师学到的不仅是语言，还有看待各种事物的方法和见地。那时候，他的日语在班上最好。

有一天吃过午饭，胡老师问禹国刚："歌剧《白毛女》中有首歌，叫《北风吹》，你会唱吗？"

禹国刚脱口而出："会唱！"

胡老师说："这样，你唱一句中文原唱，我唱一句日语。"

禹国刚就唱了起来："北风那个吹，雪花那个飘。"

胡老师当即用日语唱："北風吹いて，雪ちらちらと。"

禹国刚再唱一句："雪花那个飘飘，年来到！"

胡老师接着唱："雪ちらちらと，年はもう近い！"

就这样，一个午休的时间，禹国刚学会了胡老师翻译的日语版《北风吹》这首歌。

禹国刚通过歌曲学日语的习惯，就是那个时候养成的。他至今仍能完完整整地唱出日语版的《北风吹》。

周日，胡老师有时带上禹国刚到西安交通大学去见教日语的顾明耀老师，有时带他去见在西安高校教日语的矢口久老师（日本人）。每次，他们都用日语交谈，天上地下地神聊，有时候还有意鼓励禹国刚插上几句话，通过交流有意识地培养他的口语、听力，禹国刚受益无穷。

1966 年，禹国刚读大三，"文化大革命"开始了，西安外国语学院的正常教学秩序遭到严重破坏，许多受人尊敬的老师一下子变成了反动学术权威遭到批判。同学们群情高涨，投入大批判当中。胡老师叮嘱禹国刚，不要放弃学业，多读些书，掌握了知识，才能够安身立命，"革命"也是需要文化的。禹国刚的父亲曾跟他说，学会一技之长，才是立身之本。古往今来，历朝历代，什么时候不需要知识呢？

禹国刚一开始拒绝参加任何组织，只想当个逍遥派，也没有兴趣与人讨论和评价。他的基本想法是，你们有你们的活动，我有我的书。直到有一天，独处的安静被打破了。他看见了一张大字报，是学校里的造反派组织临委会贴的，内容是说：禹国刚，如果你再不参加活动，我们就断了你的助学金。这让禹国刚着实有点为难，因为一旦助学金被断掉，他就没饭吃了。于是，禹国刚自己赶紧贴了一张大字报：本人禹国刚，从今日起，加入临委会！很快，临委会再贴了一张大字报：热烈欢迎禹国刚同学加入！

就这样，禹国刚除了学习，也做一些宣传的工作。他说他当时有三层保护色，一是《红外院》报纸的编辑，二是"红外院广播台"的编辑，三是"红外院美术组"的组长。这三个身份让他相对比较自由，每天把工作干完以后，他就找个没人的地方，悄悄地念他的日语。

后来禹国刚说，许多同学的大好时光浪费掉了，什么专业都没学好，很可惜。

禹国刚很感激胡老师当年给他的指点，胡秋金老师不仅传授他知识，也是他的人生导师。

1971年，在参加工作后的第二年，禹国刚用从仅有的那一点工资节省出来的钱，买了一些木耳、黄花菜等，专程从铜川到西安看望胡老师，表达对恩师的感激与思念。胡老师在"文革"中受到冲击，有人诬陷他偷听敌台，通敌。当时处境艰难，一些人对他避之唯恐不及，禹国刚却不惧这些，大老远地跑回西安去看他，让他感到别样的温暖。

1976 年，粉碎了"四人帮"，"文革"结束，胡老师得以平反昭雪，从 1978 年到 1987 年连续两届被选为全国政协委员。1983 年，禹国刚成为新中国第一批选派到日本学习证券和证券交易的留学生之一。当时胡老师的儿子正在日本留学，禹国刚利用假期时间，专程从东京到神户去看望，也是因为对恩师的感念。

1989 年，胡秋金去世，禹国刚非常悲痛，他一边流泪，一边一遍遍地用日语唱着《北风吹》。在那朴素哀婉的曲调里，胡老师的音容笑貌宛在眼前，仿佛一切都回来了：西外的美丽校园，动荡的岁月，他的青春时光……

工厂岁月

禹国刚在西安外国语学院度过了六年。当时，67、68 级的毕业生基本都分配了，但到了 69 级却都压在学校不能及时分配。

禹国刚直到 1970 年才得以正式毕业，参加工作。

他被分配到了铜川矿务局。他学的是日语，但当时中日尚未建交。那个年代，大学生要接受工人、贫下中农再教育，西安外国语学院的工宣队刚好是铜川矿务局委派的。念大学期间，禹国刚是校报和广播台的编辑，又是美术组的组长，铜川矿务局工宣队的人都认识他，对他印象很好，所以点名要了他，准备让他一个学日语的去创办《铜川矿工报》。

铜川矿务局位于三秦腹地陕北高原与关中平原的过渡带，是一家国有大型煤矿企业，三十多万人的规模，就像个小社会，医院、学校、印刷厂、建材厂，应有尽有。禹国刚觉得，既然要办矿工报，就必须了解煤矿，了解矿工。他主动要求从局机关下到矿井体验生活。不久，他被分配到王家河煤矿，干了一年。这一年，让禹国刚见识了煤矿工人的伟大与艰辛，也让他感受到，死亡有时候离自己多么近，近在咫尺，近在一瞬。

王家河煤矿位于荒山峻岭之中，矿区的条件非常艰苦。他们住的简陋工房就建在半山坡上，通向矿井的土路，雨天变成泥水路，晴天则是扬灰路。要是遇到下雪天，下坡时稍不注意，就会跌跟头。

而矿井下面则完全是另一个世界。从地面下到矿井下面，要通过一个垂直通道，行话称为"竖井"，有五百米深，乘坐"罐"（矿井提升装置）下到底，才真正到了井下。在井下大巷道的地面上，铺有小轨道，轨道上有小矿车来往通行，运煤运人。采煤区叫"掌子面"，采煤由近及远，"掌子面"会越来越远，乘坐小矿车几十分钟才能到达"掌子面"附近。虽说煤矿非常注重安全生产，但处在那样的环境中，风险仍然存在。

"掌子面"由许多根矿柱支撑。一个正规的"掌子面"一般有四个出口，万一有一个出口被堵住，还有三个出口可以跑出来。那年月，煤矿上的条件还比较差，"掌子面"的煤采完，就由八级老矿工"虎口拔牙"，把矿柱一根根敲掉回收再用，只留一个洞口，好让人出来。这个洞口被称为"老鼠洞"。"老鼠洞"很矮，只有1.3—1.4米高。

有一天，禹国刚和矿务局印刷厂的印刷工小韩下矿劳动，被分配到同一个"老鼠洞"。小韩比禹国刚年轻，他跟禹国刚说："老禹，我昨天晚上做了一个梦，不太好，今天咱俩下去可要提防着！"

禹国刚说:"你少胡说!"他虽然嘴上制止小韩,心里也一样毛毛的。那天,两人从"老鼠洞"进到"掌子面",大约进了二百米,开始作业:八级矿工打眼放炮,把煤给炸下来,用水浇湿落下的灰尘,然后留下禹国刚与小韩两人用铁锨把煤攉到"溜子槽"(电动传送带)上面。由于空间太小,铁锨的柄很短,用起来很是别扭。"溜子槽"不停地来回滚动,把煤从"掌子面"输送到大巷道,倒进一辆又一辆小矿车里。

他们俩正在攉煤的时候,发觉不远处的顶板上开始掉石渣,接着一块一块的石头往下掉,行话叫"冒顶"。小韩一见这种情况,二话没说,扔掉铁锨就往外跑,禹国刚也跟着往外跑。但是,"老鼠洞"毕竟只有一米多高,必须猫着腰,不然磕磕绊绊的,头很容易蹭到顶板。他们一边跑,一边听到大石头在身后"咚咚咚"往下掉。还好他们俩跑得及时,很快穿过"老鼠洞",跑到了洞口。八级老矿工见到他们俩的狼狈样,夸奖说:"你们挺机灵,幸亏跑出来了,不然就窝在里边了。"

此后很多天,禹国刚每想到井下那一幕,都感到后怕。据八级老矿工分析,万幸是从最里边开始"冒顶"的,如果反过来,从洞口开始塌陷,把洞口堵死,谁也跑不出来。

井下采煤危险性很高,大约经过八九个月的井下锻炼后,八级老矿工说:"小禹,你就不要挖煤了,你来给大伙送吃的吧。"

"大伙"共有三十六个矿工,伙食是一人两个烧饼一杯水,没有菜。禹国刚的任务就是从食堂拿上烧饼,装到一个大布袋里,再背上一个装满水的扁平壶送到井下。有一回,禹国刚把烧饼、水都背上,坐着小矿车在一个早已废弃的大巷道口下了车。从这个道口往里走到他们采煤队的"掌子面",大约还有一公里路。但就在他前行了大约三百米远的时候,他的矿灯突然没电了,巷道里漆黑一片,比最黑的黑夜还要黑。矿井里边到处是岔道,万一走偏了,误入岔道,死在里边都没人知道。当时,禹国刚进退两难,害怕极了,但当他想到大伙还等着烧饼和水时,他很快冷静下来,鼓起勇气,继续前进。禹国刚想到,在他脚下这条废弃的大巷道里,当年铺设的小矿车铁轨还没拆掉,他就用脚探着小轨道,一点点前行。本来正常情况下二十分钟就可以走完的路,那一次,他走了一个多小时。又渴又饿的矿工们见到禹国刚后,纷纷抱怨:"小伙子,你这是干什么去啦?怎么这么晚才来?我们不饿死,也得渴死。"

禹国刚一边说"对不起",一边指着自己的矿灯说:"你们看,我是摸黑蹚过来的。"

众人一看,是矿灯没电了,立马明白过来,他们都知道没有矿灯有多危险,于是反过来夸禹国刚:"你可真行,摸黑蹚了这么远!"

还有一次是差点瓦斯爆炸。当时矿下瓦斯的浓度都已经超限了,大家还在攉煤。幸亏瓦斯检验员赶到了,他大声疾呼:"瓦斯随时会爆炸,危险!快跑!"禹国刚和工友们才及时跑了出来。

禹国刚初下井的时候属于机关干部连,后来调到交通运输连,每天的工作就是和司机师傅一起运煤运人。运煤时,他们把停在大巷道的装满煤的小矿车一辆一辆串连成"小列车",再开往几公里甚至十几公里外的"罐"跟前。这一辆一辆装满煤的小矿车,最后由另外一班拉"罐"的矿工每次一辆推进到"罐"里,再由矿用提升机将其提升五百米,直达地面。

每一次,从黑暗深处到重见天日,禹国刚都有一种回到人间的奇妙感觉。他每天工作八小时，还要倒班，很辛苦，从井下上到地面，全身除了牙齿是白的，其他地方全是黑的。但他觉得，毕竟是下基层锻炼，和那些常年在井下采煤的矿工比起来，自己幸运多了。

一年的矿井生活对禹国刚的影响太大了，对意志的磨炼，对苦难的体会，对矿工生活的理解，都刻骨铭心。他对矿工们尤其充满敬意，他想自己只是干了一年，人家要干一辈子，太伟大了！他更进一步想，在那个年代，国家的发展就是无数像矿工一样默默无闻的人干出来的。

一年后，禹国刚回到矿务局机关。在这一年中，他每次给家里写信，都是告诉父母和弟弟妹妹们，自己过得如何如何好，从来不提井下的危险，怕他们担心。《铜川矿工报》在他们的努力下很快办起来。那时候，他已经结婚，生了孩子。妻子跟他不在一个单位，离得又很远，他不能两头兼顾。1972年，禹国刚选择调入了妻子的单位，位于陕西省铜川市王益区王家河街道办的国营东风机械厂。

东风机械厂属军工厂，始建于1965年，由西安金属结构厂105车间和南京307厂援建。因为其通信地址为"铜川市二号信箱"，所以也叫"二号信箱"。东风机械厂是省属"小三线"，隶属当时的第五机械工业部陕西省第五机械工业局，曾生产过六十毫米和八十二毫米的迫击炮。东风机械厂有职工两千人，厂区位于王家河一条狭长的山谷中，绵延五公里左右，建筑依山而建，布局在王家河两侧。那时的东风机械厂，就是一座功能完备、设施齐全的山中军工城，办公楼、职工宿舍、医院、职工食堂、招待所、托儿所、礼堂、灯光球场、澡堂、图书馆、职工夜校等应有尽有，还有厂徽、厂服、厂歌。

改革开放后，该厂还生产过"骊山"牌面包车、"玉兔"牌自行车、"路遥"牌小型轿车前后桥等民品。如今的东风机械厂旧址闲置，庞大建筑群沉淀着昔日的荣光。

禹国刚在东风机械厂工作期间，曾是该厂政治部的工作人员。他会美术，会摄影，会放电影，隶书和艺术字都写得漂亮，文笔挺好，又特别勤快，深受大家的欢迎。他除了做好本职工作以外，还经常到热处理车间、机械加工车间、水压机车间、总装车间参加劳动。在热处理车间，工人们把很长的无缝钢管截成炮管的长度，放进热处理炉内烧红，经过一定的时间后再拖出来，放进油槽里"淬火"。军工企业管理流程的严谨与质量检验的严格令他记忆深刻。

2019 年，禹国刚回到陕西，在阔别了几十年后，他专程让他的侄儿开车载他到那个兵工厂去看一看。但它已经荒废掉了，新厂搬到铜川市的一个工业区，与一家汽车厂合作，生产汽车零部件。禹国刚心里有一种说不出的滋味。

1974 年，禹国刚的第二个孩子出生。他和妻子都要上班，一个孩子已经难以照顾，如今又添了老二，搞得夫妇俩顾此失彼，手忙脚乱。假期回老家探亲，禹国刚的七妹把他叫到一边，跟他说："哥，跟你商量个事，你看现在父母也老了，你们的孩子也没人照顾，你能不能考虑调近一点，找一个离家里近的单位上班？这样父母和我们也可以偶尔帮着带孩子，老人看了也开心。"

听七妹这么一提醒，他的心思活了。人到中年，上有老下有小，捉襟见肘的，离家近一些，还能尽尽孝心，于是他再次申请调动。

1977 年下半年，禹国刚调回汉中，在群峰机械厂工作。群峰机械厂隶属 012 基地，该基地始建于 20 世纪 70 年代，是大三线建设时期航空工业部在陕西汉中建立的一个军品生产基地，下面有几十个工厂，分布在汉中周围五个县的大山里，近十万人的规模。

禹国刚一开始是搞政工，他主动申请调到技术科的科技情报室，翻译资料。在外人看来这个工作很枯燥，但禹国刚觉得正好让他的日语有了用武之地。技术科赵希恩科长对禹国刚的才华非常欣赏，不久就让他担任了科技情报室主任。

禹国刚的专业是日语，他利用自己所长尽力帮助专家们解决难题，比如翻译各种新技术、新工艺、新材料。他发挥自己日语好的优势，努力学习航空知识和日本航空工业技术，还配合锻造车间进行了一项技术革新，获得了 012 基地技术革新三等奖。

群峰机械厂的生活条件非常艰苦，每个人每月供给一斤肉、四两油，还往往拿着肉票买不到肉。有一天，包括禹国刚在内的技术科的四条汉子商定，星期日半夜起床，大家会合后集体行动，在五点钟天亮前赶到离群峰厂五里远的老道寺集镇，排队买肉。为了防备恶狼袭击，他们每个人手持一根长长的木棍。当他们赶到老道寺时，买肉的队伍已经排得很长了。八点半钟肉店开门，排队的人巴望着快点轮到自己，前面的人一个个欢喜地拎着肉离开，终于轮到禹国刚了，肉店的服务员说："肉卖完了！"他一脸的沮丧，别提多难过了。

那时候，各种食品的货源还不充足，他们经常空手而归。大人倒也没什么，忍忍就过去了；苦的是孩子，正在长身体，一年到头却见不着几次荤腥。山里生活条件差，孩子们也得不到很好的教育，望着这两个日渐长大的孩子，他总是若有所思……

"中国的旧金山"

那些年，虽然置身深山之中，禹国刚却一直关注着时局的脉动。他有一个矿石收音机，这是他接收外界信息的宝贝。所谓矿石收音机，现在人们已经不大了解了，它是用天线、地线、基本调谐回路及检波器组成的无源收音机，是极简单的无线电接收装置，主要用于中波公众无线电广播的接收，因最初是用矿石来做检波器而得名。禹国刚用他的矿石收音机来收听国际广播电台《北京放送》。除了听《北京放送》，还读日文版的《北京周报》，禹国刚通过这两个途径，一方面练日语听力，保持词汇量；另一方面了解世界动态。

1970年离开学校以后，禹国刚从来没有放松过日语学习，对他来说，什么都能丢，专业不能丢，这是他的看家本领。虽然工作的地方都比较偏僻，他却养成了关注时局变化的习惯，因此看问题往往有独特的视角。比如说，1971年4月，美国乒乓球代表团访华，打开了关闭二十二年的中美交往大门。当时禹国刚就预感到中美关系将发生重大变化，中美关系一变，整个世界也将随之改变。果然，1972年2月21日，美国总统尼克松访华，一周后中美两国在上海签署《中美联合公报》。同年9月25日，日本首相田中角荣来华访问，之后两国发表《中日联合声明》，宣布正式建交。这消息太让他振奋了，多年学习的日语很可能有用武之地了。

1978年12月，党的十一届三中全会做出把党和国家工作中心转移到经济建设上来，实行改革开放的历史性决策，动员全党和全国各族人民为社会主义现代化建设进行新的长征。1979年7月，党中央、国务院批准广东、福建两省实行"特殊政策、灵活措施、先行一步"，并试办出口特区。

1980 年的一天，禹国刚收到一封来自广东的信，有个亲戚劝他去深圳。禹国刚对深圳并无印象，只是记得报纸上说这是新中国成立后的第一批经济特区之一。当时，禹国刚每月工资 58.5 元，在陕西已经算是较高的水平。亲戚信中一句很有远见的话引起了他的兴趣："别看现在的深圳很荒凉，它将来会是'中国的旧金山'。"

亲戚的话令禹国刚心动不已，他决定到深圳闯一闯。他是雷厉风行的人，说走就走。当时没有路费，他变卖了家里的一台三洋收录机和一台十四英寸黑白电视机，加起来卖了六百多块钱。1981 年春节假期，他们一家四口便踏上了南行的路。

那一年，禹国刚三十七岁，正值壮年，怀揣着改变命运的梦想，扬起了筑梦的风帆。

禹国刚到深圳以后，进了爱华电器公司，这是他在深圳的第一个工作单位。爱华电器公司成立于 1979 年 12 月 8 日，是原电子工业部在深圳经济特区投资创建的中央企业。他担任公司党委秘书兼日语翻译。

20 世纪 80 年代的深圳，连一座较高的小楼都没有，到处是荒田和水沟。深南路弯弯曲曲，坎坷不平，最宽的地方也只能让两辆解放牌大卡车勉强并行。晴天尘土飞扬，雨天泥泞不堪。广大干部群众披荆斩棘、埋头苦干，用四十年时间走过了国外一些国际化大都市百年走完的历程。深圳是改革开放后党和人民一手缔造的崭新城市，是中国特色社会主义在一张白纸上的精彩演绎。

位于旧金山湾区的拥有百年历史的硅谷是美国高新技术产业重镇，被称为"新经济的基石"。

如今，位于粤港澳大湾区的深圳是电子信息产业名城，被誉为"中国的旧金山"。

"科学技术是第一生产力"，与人们的日常生活也休戚相关。因此，中国的深圳和美国的旧金山，都非常引人瞩目。

第四章

问学扶桑

禹国刚是新中国第一批被选派到日本学习证券和证券交易的留学生之一。日本的先进与繁华给他留下了深刻的印象。他认为，若追求国家进步，国民应该先进步起来，因此他努力学习证券理论和操作经验，还与日本朋友结下了深厚友谊。那期间，有日本记者说他来自社会主义国家，学习证券无用。这更加激起了禹国刚的雄心。

初识冈崎嘉平太先生

一切都是从那一场完全没有准备的考试开始的。

1983 年的春天，正在上班的禹国刚突然接到共青团深圳市委书记余晖鸿打来的电话。禹国刚在爱华电器公司工作之余，也时不时地帮市里做一些日语翻译工作。那时候，市里经常要接待一些日本来宾。就这样一来二去的，禹国刚跟市里同志也熟络起来。

余晖鸿在电话里说："广州有一个考试，是招考人才去日本留学，学习证券和证券交易。"

禹国刚有点忐忑地说："感谢余书记的好意！但是我没什么准备，也没什么信心。广州是藏龙卧虎之地，我哪里是人家的对手，就不去献丑了吧。"他心里的确是这么想的，而且，这些年东奔西走的，过得也有一些动荡，如今终于在爱华电器公司安顿下来，就不想再折腾了。

余晖鸿说："有那么多顾虑干什么？你去考一回，试试看，考不上状元，还有秀才在，你又不损失什么。"

禹国刚想想也是，就在周六悄悄开了一份介绍信，赶去了广州。团省委给他安排到一个叫黄金海岸的招待所。他心想，这个名字好，是个好兆头。

考场设在广东省迎宾馆。周日上午，禹国刚前往考试地点。一进考场吓了一跳，里边坐了四十多个考生，而本次考试只招两个人。他也不多想，既然来了，就好好考吧。他开始答题，比预想的顺利，时间还没到一半，就全部做完。他是个追求完美的人，卷子上有点涂抹，于是就举手。监考老师走到他跟前。他小声说："老师，可不可以再给一份空白的卷子，我重新誊写一遍，这样老师阅卷也方便。"

没想到监考老师毫不犹豫地同意了。禹国刚很快又誊写了一遍，等到交卷，才发现监考老师就站在他后面看着。慢慢大家也都交卷走了，监考老师却拍了拍禹国刚的肩膀说："你跟我们到二楼进行日语口试。"

口试很顺利。多亏他毕业后的十年不辍之功，而且来深圳以后又做日语翻译。面试老师说："你的日语很好，没问题，接下来就看第三关你能不能过。"

第三关是考金融、证券基础知识。这在当年可是非常冷门的，连资料都找不到。但禹国刚喜欢读书，涉猎比较广泛，到了深圳以后，读过一些海外出版的金融证券方面的书，对此并不陌生，没想到现在派上了用场。当天，面对金融证券方面的问题，他对答如流，滔滔不绝。

面试老师非常满意，当场说："我们终于找到了一个合格人选，太好了，可帮我们大忙啦！你是唯一一个我们当场拍板的，你的任务是说服你的单位，放你去日本留学。至于其他人的卷子，我们要拿到北京去审阅，如果有合适的人选，就会有一个人陪你去；如果实在找不着，就派你一个人去日本。"

禹国刚也没想到自己这么顺利就被选中了，心中一阵窃喜，一方面给了派自己出来参加考试的余书记一个满意的交代，另一方面自己有机会去日本留学，可以开眼看世界。

后来他才知道，此次派人去日本留学背后有一段中日友谊的佳话，得益于一位日本老人——冈崎嘉平太先生的提议。

1972 年中日邦交正常化之前，中国和日本没有正式的外交关系。20 世纪 50 年代，中日两国先后签署了四次民间贸易协定，但是 1958 年"长崎国旗事件"后，中日贸易全面停止。为了打破僵局，1962 年 11 月 9 日，两国签订《中日长期综合贸易备忘录》（简称"LT 贸易"），其中，冈崎嘉平太和廖承志、松村谦三、高碕达之助等起到重要的推动作用，"LT 贸易"的雏形就源于"冈崎构想"，"LT 贸易"这个简称则取自廖承志和高碕达之助两人名字的首字母。"LT 贸易"为中日邦交正常化奠定了基础。

2018 年 7 月 24 日，我国驻日大使程永华出席"冈崎嘉平太与那个时代——日中友好的掘井人"展览。

程永华大使在致辞中表示，早在 20 世纪 50 年代中日两国尚处于战后隔绝对抗时期，两国有识之士本着"民间先行，以民促官"的精神，致力于通过民间往来推动两国政治关系转圜。冈崎先生为开展中日民间交流、促进两国经贸往来付出了毕生心血，他和高碕达之助先生、松村谦三先生同中方开创的两国备忘录贸易在中日交往史上留下了一段传奇。在两国实现邦交正常化后，冈崎先生还以高度的远见卓识大力推动两国青年交流。周恩来总理称赞冈崎先生是"中日友好的掘井人"。

冈崎投身中日友好事业与中国留学生有关。初中时，他认识了中国留学生陈范九，受其人格魅力感染开始关注中国；高中时，冈崎和后来成为抗日报人的中国留学生龚德柏结下深厚友谊，他开始对中日问题产生浓厚兴趣。

冈崎嘉平太和周恩来总理友情深厚，他生前曾经来华访问上百次，周总理亲自会见他多次。冈崎非常敬佩周总理"毫不利己，专门利人，尊重他人，无私奉献"的高贵品质。

在冈崎先生的不懈努力下，1983 年，中日友好协会、中华全国青年联合会决定选派两名青年，赴日学习证券和证券交易。为此，由中华全国青年联合会牵头，组成了招考班子，跑遍北京、天津、上海，没有选拔到合格人选，才又南下广州，最终选中禹国刚与蔡靖华两人。

禹国刚和蔡靖华到达日本那天，八十六岁的冈崎嘉平太先生在日本东京新桥第一酒店亲自为他们接风。禹国刚上台致辞，表达对冈崎先生的衷心感谢。冈崎先生对禹国刚的日语致辞和自信的风度非常满意，希望他们好好努力，为将来的中国证券事业做出贡献。

股票及证券市场

1949 年，随着新中国的成立，股票市场在中国内地逐渐被取缔。

禹国刚去日本留学的那个年代，在中国内地，许多人还不清楚证券、股票为何物。有人看过作家茅盾的小说《子夜》，对股票有浮泛的了解，但同时也觉得那是资本主义的产物，如洪水猛兽般恐怖：一夜之间就令人家财空无，逼得人跳楼自杀。禹国刚到了日本以后，有了更多的时间和机会对股票进行系统的了解，他发现过去人们对股票有很多误解，看法太过片面，股票的历史是人类经济和商业文明进步的历史。他记得在看过的一本书中，对股票是这样定义的："代表着企业的具有风险的那部分资本，是持有者作为企业所有人的证明，股东们共同享受企业的利润，但同时也共同承担企业经营失败的风险。"

两千多年前的古罗马就有了股票和股票交易市场。当时，政府通过招标形式，把公共服务包给私人公司。这类公司直接把股票卖给投资人，股票持有人可以把股票拿到股票市场上交易，古罗马的克斯托神庙就是股票交易的场所。古希腊历史学家波力比阿斯曾写道："当时，几乎所有公民都持有股票。"古罗马执政官西塞罗还曾提到过当时因为价格过高发生的"股票危机"。

荷兰首创了现代股市制度。1602年3月20日，总部设在阿姆斯特丹的荷兰东印度公司首次发行股票，共有上千人认购，除荷兰人之外还有德国人、比利时人和卢森堡人等不少外国人。这只股票在阿姆斯特丹证券交易所进行交易，报纸每天刊登股票的价格，万众争谈。

太阳底下无新事。现在股市上常用的一些不正当操作手段，当时在荷兰已经出现。比如"做空"，就是高价位抛出，低价位回购套利；"洗盘"，就是合谋做空引发股市恐慌，诱导股民低价抛售，等价格跌到极低再回购；"对敲"，就是通过多个账户买卖自己的股票，或几人串通互购，以此操作股价和交易量，制造市场假象；"坐庄"，就是囤积股票，造成供不应求假象，抬高股价，等股价到一定高位再出货，低买高卖套利。当时，为防股市混乱，荷兰政府开始监管，禁止一系列不正当操作。

荷兰东印度公司被荷兰议院授予各种特权，拥有军事、司法、审判、与外国统治者签订条约、发行自己的货币、建立殖民地等权力。该公司成为当时人类历史上最富有的私人公司。在整个 17 世纪，荷兰东印度公司从它在亚洲的垄断专营中获得了巨大利润。

许多人不一定了解的是，美国纽约也是荷兰人创建的，以前叫"新阿姆斯特丹"，1664 年被英国人夺取，才更名"纽约"。而华尔街的英文"Wall Street"直译为"墙街"，因为荷兰人统治纽约时，那里的确有一堵防御墙。

17 世纪初期，资本主义蓬勃发展，股份制经济在英国、荷兰、西班牙、葡萄牙、法国等国家相继出现。17 世纪中期，意大利北部的一些城市，如威尼斯、米兰等城市成了欧洲和近东之间的贸易中心，出现了邀请公众入股的城市商业组织，股东中有商人、王公、廷臣、教授以及城市居民。

欧洲人对美洲大陆的"地理大发现"，使 16 世纪的国际贸易转到大西洋，英格兰成为更重要的贸易中心。在当时重商主义的政策下，英国出现了一批具有垄断特权的以国际贸易和殖民为目的的贸易公司（也称独占公司），如 1553 年成立的莫斯克尔公司，1600 年由英女王伊丽莎白一世特许成立的东印度贸易公司等。

17 世纪英国詹姆士一世统治时期有个重大突破，即确认了"公司"作为一个独立法人的观点。1657 年，英国出现了一种较为稳定的公司组织，股本趋于变为不可退回的长期投资。股息定期发放，股票可以出售，并出现了股票交易市场，传统的股份制度便逐渐过渡为现代的股份公司，完成了企业形式从独资、合伙到股份公司的发展过程。

现代股份公司一经确认便得到了相当迅速的发展。18 世纪末，股份公司已成为人们熟悉的组织形式。

19 世纪中叶，特别是新兴工业的出现和工业结构的变化，客观上要求巨额的资本积累。这就使得创办一个新企业所需的资金和生产要素已经不能全靠独资、合伙满足了。在这种情况下，1855年英国认可了公司的"有限责任制"，1862年颁布了"股份公司法"，促使股份公司得到了飞速发展。由于股份公司的优越性，加之一次次经济危机的威胁，不少独资和合伙的企业也纷纷改组为股份公司。于是以股份公司为主要形式的股份经济，便成为资本主义股份经济的典型形态，到20世纪初，股份经济在各个主要资本主义国家的国民经济中占据了统治地位。

"二战"以后，科技飞速发展，促进生产力的空前发展，进而促进生产和资本的国际化。跨国公司的发展是资本国际化的重要特征，而股份公司发展成为跨国公司的基本组织形式，购买他国公司的股票也成为国际投资的重要形式之一。资本国际化在一定程度上促进了世界经济的发展，而股份公司在市场经济中的作用也得到了进一步加强。

禹国刚的心里还装着一部从晚清到民国时期的中国证券史。这部证券史，短促而芜杂，却反映了一个国家的沧桑。他有时候会想，如果不是战乱，国家的发展不被各种内忧外患打断，那又该是怎样的光景呢？

中国的证券业也是从股份公司发端的。1872年，中国第一家股份有限公司招商局诞生。随后在不到十年的时间里，从一家变成了三十家，包括招商局开的煤矿、上海机械织布局，以及牛奶、电灯、铜矿、保险、铁路等行业的公司。后来，一些外商在我国组织股票掮客公会，专门从事外国股票的交易业务，这是中国最早的股票交易市场。

当时，梁启超等人倡议组织股份有限公司，并制造舆论，提高人们对股份有限公司的认识，扩大其影响。我国工商界中的较大企业逐渐采用股份有限公司的形式。随着股份有限公司的发展，股票日益增加，股票持有人便出入于茶馆进行股票交易，于是，茶馆便成了股票交易市场。这是一种自发的市场。这种市场最早于宣统年间出现在上海南京路的惠芳茶楼，1914年迁至四马路（今福州路）。交易者多为茶商、丝商及洋行轮船买办。其后，股票交易日渐增多，并出现了专门经营股票的商人。

据许纪霖、陈达凯主编的《中国现代化史》记载，从1912年到1927年，中国创办资本在万元以上的工矿企业有1984家，投入资本总额约为4589万元；创办近代新式银行311家，投入资本总计约11943万元。中国近代工商业的发展进入了黄金时期，第一次为中国证券市场的发展提供了一定的产业经济基础，而近代新式银行及其他金融机构的兴起与发展，又给中国证券市场扩大规模和功能辐射提供了极为便利的条件。

证券交易的兴盛，使得创设证券交易所的呼声越来越高。1913年，刘揆一出任工商总长，召集全国工商巨子在北京开会，讨论设立交易所的问题，会议最后拟定在通商大埠酌量分设证券交易所。

1914年实业家张謇担任农商总长，对设立证券交易所更是积极推动，并于当年年底颁布了中国第一部《证券交易所法》，中国证券交易所开始进入筹建时期。

1916年冬，孙中山、虞洽卿等根据《证券交易所法》，联名向政府农商部呈请设立上海交易所股份有限公司，因意见不一，一直未获农商部核准。在上海交易所申办处于胶着之际，北京证券交易所顺利获得农商部批准，于 1918 年 6 月 5 日率先开市，成为中国开办的第一家证券交易所。日商也乘机利用治外法权，于 1918 年底抢先在上海设立"取引所"（即交易所），此事对华商刺激很大。

1919 年 3 月，虞洽卿等通电政府，要求政府核准所请。6 月，农商部终于准其所请。1919 年 9 月，该所修订章程，正式定名为"上海证券物品交易所"，并于 1920 年 7 月 1 日正式开市。随后，经农商部批准，上海股票商业公会改组为上海华商证券交易所，于 1920 年 11 月成立，次年 5 月 20 日正式开市。京沪两地三个证券交易所的成立，标志着中国证券市场进入了有组织的证券交易所时代。随后宁波证券交易所、中国股票推进会、汉口证券交易所相继成立。到 1921 年底，仅上海一地开设的交易所竟达 140 家之多，信托公司也有 12 家。设立交易所之风很快又由上海吹到全国各地，在汉口、天津、广州、南京、苏州等地设立的交易所有 52 家。

总体而言，中国近代工商业、金融业蓬勃发展，但北洋政府的财政状况却每况愈下，只得举债度日。1912—1926 年，先后举借外债 387 项，借款总额 12 亿多元。其中许多外债由外国银行在市场上发行金币公债予以募集，于是在伦敦、巴黎、纽约等金融市场和上海众业公所出现了一个中国金币公债市场。

1927 年南京国民政府成立，先后实行了一系列的经济金融变革，其中整顿财政、发行公债、改革币制、着手建立国家垄断金融体系以及开展国民经济建设运动等举措，对中国证券市场发展的影响极为深远。这一时期，公债市场迅速扩大是证券市场继续发展最显著的标志，并出现了繁荣的局面。然而国内战争连绵不断，军费开支巨额增长，尤其是 1931 年日本侵占东北后，南京国民政府财政更加困难。

为了弥补巨额财政赤字，南京国民政府大举发行债券，在 1927—1936 年的十年间，共发行公债 26 亿元，是北洋政府十五年发行公债的四倍多。

1937 年卢沟桥事变后，抗战如火如荼，上海华商证券交易所奉命停业，公债市场陷入停顿。后来南京国民政府不得不于 1939 年 2 月公布非常时期公债停止还本付息，公债交易一落千丈，彻底停顿。

南京国民政府退守西南、西北后，实行战时经济统制政策。在缺少税收手段的情况下，军政费用等财政支出主要依靠举借内外债和货币财政发行。1937—1945 年，举借外债 21 次，共计 7 亿多美元；发行国内公债 19 次，共计法币 223 亿元。这时的国内公债，除"救国公债""军需公债"和"同盟胜利公债"等直接向社会发行外，其余的没有在证券市场公开发行，而是以总预约券的方式向银行抵押，由银行垫款，实际上是变相的货币发行。

与全国的艰难时局形成对比的是，1937 年淞沪会战后，日军占领上海，上海租界形成了畸形的和平孤岛，中外银行得以继续营业。南京国民政府留在租界的经济机构及相当的经济力量，依托西方势力，继续开展活动，仍然控制着上海的金融市场。而民族资本工商业则视租界为逃避日寇掠夺的"避难所"。随着日军对上海附近各省的占领，社会资金从四面八方流入上海租界。1939 年第二次世界大战全面爆发，下半年从新加坡等地回流资金达 15 亿元；到 1940 年，从各地流入上海租界的游资增加到 50 亿元以上。另一方面，1938 年 3 月南京国民政府实行外汇审核办法后，法币的官方汇率难以维持，外汇黑市出现，外资股票价格因汇价变动而迅速上升，投机外汇与投机外资股票无异。在此推动下，长期被冷落的华商股票重新又为市场所青睐。

日军侵占中国东北、华北和华中等大片国土后，对沦陷区进行殖民经济掠夺，造成沦陷区工商业萎缩不振，物价飞涨。为了保持币值，社会游资起初抢购商品，日伪对此查禁后，又转向华商股票的买卖，股票交易逐渐活跃。上海、天津等沿海大城市专营股票交易的股票公司激增，1940年股票公司仅有10家，到1942年，上海的股票公司已有70多家，天津的证券行最兴盛时曾多达上百家。

抗战结束后，南京国民政府接收了敌伪财产20亿美元，手中还握有大量黄金和外汇储备，法币流通区域也第一次覆盖全国。南京国民政府却恃此财力，执意内战，造成军费开支急剧增加。南京国民政府转向银行透支，借助战前建立起来的法币制度，滥发纸币，用财政发行获得收入，致使恶性通货膨胀。1949年5月上海解放，上海证券交易所停业。半殖民地半封建社会的证券市场从此结束。

值得一提的是当年革命根据地和解放区的证券活动。1927—1949年根据地、解放区各政府先后发行过69种公债，其中包括用于支援革命战争的、用于经济建设的、用于赈灾的，等等。发行股票是根据地组织银行、合作社和公营企业资金来源的重要手段。

新中国成立之初，我国的经济基础十分薄弱，面临的问题非常复杂，在金融及经济领域突出表现为金圆券崩溃、物价飞涨、市场混乱等。1949—1952年，国家在金融领域采取了一系列措施，其中最关键的措施有两条：一条是迅速用人民币占领货币市场，肃清伪币；另一条就是改造和利用证券市场。

此前，为了更好地疏导游资，经上级批准，天津市军管会决定成立天津证券交易所，并且于1949年6月1日正式开市。天津证券交易所是在接收原来天津证券交易所官僚资本部分并在原交易所旧址的基础上建立起来的。经纪人 39 家，总计资本 8452 万元，平均每户 216 万元。

北京证券交易所于 1950 年 2 月 1 日正式开市，当时只有经纪人 22 家，参加证券市场交易的主要是新中国成立前的一些投机分子、囤积商人、旧官僚、旧银行家等。因此，证券市场具有很大的投机性。例如，1950 年和 1951 年，交割总额分别只占成交额的 13.05% 和 28.5%。北京证券交易所从 1950 年 2 月开业到 1952 年停业，时间只有两年。

随着金融和物价趋于稳定，以及资本市场结构不配套等多种原因，证券市场在交易活跃了一段时间以后开始趋冷。1952 年 7 月，天津证券交易所关闭，并入天津投资公司。至此，证券市场在中国内地消失多年。①

关于这半个多世纪的中国证券业，可以提一下两个人和一本书：梁启超和蒋介石，茅盾的小说《子夜》。

梁启超是中国近代著名思想家、政治家、教育家、国学大师，是戊戌变法的领袖之一，但他同时也是一位高明的股票玩家。他一共育有九个子女，几乎个个杰出，包括诗词研究专家梁思顺、建筑学家梁思成、考古学家梁思永、革命家梁思忠、图书馆学家梁思庄、经

---

① 关于晚清到民国的中国证券史，参看张春廷：《中国证券市场发展简史（民国时期）》，《证券市场导报》2001 年第 5 期；宋士云：《民国初期中国证券市场初探》，《史学月刊》1999 年第 5 期；刘慧宇：《论民国时期证券市场监管的行政作为》，《党史研究与教学》2007 年第 6 期；范端：《抗战时期上海证券市场研究》，《中国证券期货》2008 年第 9 期；朱南兰：《南京国民政府时期证券市场发展进程》，浙江财经大学 2013 年硕士论文。

济学家梁思达、社会活动家梁思懿、共产党员梁思宁、火箭控制系统专家梁思礼。子女们的非凡成就得自良好的教育，而良好的教育是有前提条件的，这除了因为家学渊源，梁启超自己是大学者、大教育家，也因为他的理财能力远远超过一般知识分子，保障了优渥的家庭生活和子女教育支出。

梁启超在 1912 年 12 月给女儿梁思顺的信中说："吾若稍自贬损，月入万金不难。"而当时北大助教的月薪约五十元到八十元，一般教授约二百元。1917 年 1 月陈独秀致信胡适，邀他到北大任教，信中称"学长月薪三百元，重要教授亦有此数"。

梁启超的收入来源，一是任职收入，1925 年任清华国学院教授时月薪四百元，任政府官员时收入更高；二是稿酬，他的著作多在商务印书馆出版，稿费都是最高的；三是各种演讲和讲课费；四是股票及投资，他是天津中原公司的股东，也曾往企业投资。1928 年他在给女儿的信中透露："有二万内外资本去营业。"1925 年他曾得意地对大女儿讲："今年家计总算很宽裕，除中原公司外，各种股份利息都还照常。执政府每月八百元夫马费，已送过半年，现在还不断。商务印书馆售书费两节共收到将五千元。从本月起清华每月有四百元。"正因为有这样的经济实力，梁思成、林徽因去美国留学，他满口答应；梁思永要自费考古实习，他坚决支持；梁思成要赴欧洲旅游结婚，他提前汇款；梁思忠要从美国到法国深造，他在信中说："忠忠去法国的计划，关于经费这一点毫无问题，你只管预备着便是。"

作为理财高手的梁启超对股市有独到而深刻的理解。当年的中国股市曾有三次崩盘，分别是 1872 年、1910 年、1921 年。1910年 11 月 2 日，在第二次股市崩盘时，梁启超撰文《敬告国中之谈实业者》分析原因："第一，股份有限公司必在强有力之法治国之下乃能生存，中国则不知法治为何物也……第二，股份有限公司必责任心强固之国民，始能行之而寡弊，中国人则不知有对于公众之责任者也。"这两点思想，一是关于依法治市，二是关于信托责任，即使在当时的世界上，也是相当超前的。美国在 1929 年股市崩盘后，于1934 年拟定相关证券交易法，其核心精神竟和早于其二十多年的梁启超的主张相合。

蒋介石早年混迹上海滩，主要身份是证券交易所的商人。1919年，他与戴季陶、张静江等人在上海组织秘密社团"协进社"，聘请江浙财阀虞洽卿、赵家艺、盛丕华、洪承祁等人为社员，以扩大力量。1920 年上海证券物品交易所宣告成立，蒋介石、陈果夫、戴季陶等人成了创办人，也是经纪人，牌号是"茂新号"。茂新号只是上海证券物品交易所的经纪机构之一，由于财力有限，他们不是上海证券物品交易所的股东，而是该交易所经纪机构恒泰号的股东。股东中的"蒋伟记"就是蒋介石的代号。在合同上各股东都在自己的名下盖章，只有蒋介石没有盖章，仅在"蒋伟记"名下签了"中正"的名字。蒋介石在其中占了 4 股。他的 4000 元股本，是由张静江代交的。

上海证券物品交易所一时成为投机者的乐园，起初营业额很好。交易所股票称为本所股，也加入证券市场买卖。开始时每股价格在 30元左右，随后飙升至每股 50 多元，等到《物品交易所条例》颁布后，本所股市价涨已涨到每股 80 元，至年终时每股涨到 120 元。蒋介石等人所赚颇多。陈果夫、戴季陶、张静江等人，也都成为蒋介石朋友圈的核心。茂新号所赚的钱，一部分作为革命党人的活动经费，资助孙中山的护法运动，还经常寄给革命烈士的遗孤；一部分由蒋介石、陈果夫等人自用。

后来，交易所的一些人认为股票价格已经登顶，难再发展，于是纷纷撤资走人，另投他处。蒋介石、戴季陶、张静江他们持有股票 4 万股，每股 120 元，自觉实力雄厚，继续交易。1921 年初，本所股每股市价已由 120 元抬高至 160 元，到年终时竟涨到每股 200 多元，简直像是洪水决堤。

见到交易所得利既快又多，于是大家一窝蜂地都来创办，新的交易所如雨后春笋纷纷冒出，1921 年夏秋时达到顶峰，终于物极必反，酿成 1921 年的"信交风潮"，许多交易所纷纷倒闭。上海证券物品交易所也不例外，几经挣扎，到 1922 年 2 月宣告关门大吉，大量的股票都变成废纸，大批的富翁都变成穷光蛋，蒋介石也在劫难逃。

据哈佛学者、原美国驻华外交官陶涵（Jay Taylor）的著作《蒋介石与现代中国》记载，蒋介石在经历了大赚与崩盘之后，其亏损大约为 20 万银元。债主们纷纷上门讨债，孙中山帮忙还了一部分，不过大部分是由青帮大哥黄金荣出面摆平。据黄金荣说，蒋介石的五十多位债主看在他的面子上自愿将债务一笔勾销，蒋介石还因此拜在黄金荣门下。

这次经历改变了蒋介石的一生，从此他转投军政，成为影响中国数十载的政治人物。

《子夜》是中国较早的描写股市的长篇小说，作者是茅盾。

茅盾原名沈德鸿，中国现代著名作家、文学评论家、文化活动家以及社会活动家。他被视为中国新文化运动的先驱者、中国革命文艺的奠基人之一，小说《子夜》是其代表作。

《子夜》以 1930 年间的旧上海为背景，以民族资本家吴荪甫为典型，描写了处于大动荡、大危机和大转变之中人们的生存状况，特别是有关股票交易市场的情节，生动的描述给读者留下深刻的印象。在大资本操纵下的股票市场，随着股价涨跌起伏，有多少人像小鱼小虾被榨干、吃尽。无硝烟的战场上的角逐看得人惊心动魄，令人对股票不寒而栗。

股票在梁启超手下成了理财的工具，用于改善生活，补贴家用；在蒋介石手里则如过山车般，财富从无到有，从有到无；在吴荪甫手里是直接导致其破产的神秘之物，其面目本质愈发引起了禹国刚的兴趣。

禹国刚到日本后，不但把东京证券交易所（后文简称"东证"）的历史、现状和未来发展的趋势搞得清清楚楚，而且把在东证上市的证券种类、上市标准和交易交收规则等都弄得明明白白。同时，他还认真研究了东证的章程、组织管理以及各项业务运作程序等。

东证于1878年6月1日开始集中交易。"二战"时东证曾暂停交易，1949年5月16日重开。

"二战"前，日本的资本主义虽有一定的发展，但由于军国主义向外侵略，重工业、兵器工业均由国家垄断经营，纺织、海运等行业也由国家控制，这是一种战争经济体制，并带有浓厚的军国主义色彩。那时，即使企业发行股票，往往也被同一财阀内部的企业消化。因此，证券业务难以发展。日本战败后，1946年在美军占领下，交易所解散。后随着日本战后经济的恢复和发展，东证也发展繁荣起来。到1983年，在东证上市的公司有1800多家，其中外国公司110多家，市场资本总额超过50000亿美元。东证以业务性质分为正会员 (regular member)、经纪会员（才取会员 saitori member) 及特别

会员 (special member)。正会员可从事委托买卖或自营买卖。经纪会员只可在东证交易大堂依交易规则对正会员之间的买卖报盘进行撮合成交，不能接受客户委托，也不能自营买卖。特别会员则是接受非会员的委托，即联系来自地方证券交易所委托的、东证接收不到的特殊业务。

东证的交易模式有以下几种：

市场第一部

在东证市场第一部有 225 只交易量巨大的股票挂牌买卖。其报价的方法有两种：一种是正会员通过自己营业部的专用电话，把买卖报盘传送给本公司驻东证市场第一部交易大堂的出市代表，再由出市代表口头向经纪会员驻东证市场第一部交易大堂相关交易专柜的撮合员发送该买卖报盘；另一种是正会员通过设置在自己营业部的与东证市场第一部电脑系统联网的终端发送买卖报盘。不管是以哪一种方法发送的买卖报盘，都被输入东证市场第一部电脑系统，由经纪会员驻东证市场第一部的撮合员依电脑终端显示的买卖报价，按交易规则予以撮合成交。

市场第二部

除在市场第一部交易的 225 只以外的本国股票和外国股票的买卖，是通过东证市场第二部电脑辅助交易买卖室进行的。市场第二部是在 1983 年开设的。正会员通过设置在自己营业部的与东证市场第二部电脑辅助交易系统联网的终端来完成买卖报盘、成交回报、行情揭示和查询等事项。大堂经纪会员派驻东证市场第二部电脑辅助交易室的撮合员，依电脑终端显示的股票买卖报价，按交易规则予以撮合成交。

市场第三部

在市场第三部交易的债券，其买卖方法有三种：第一种是在债券交易大厅，通过人工撮合成交；第二种是通过电话方式买卖；第三种是利用东证债券电脑交易系统买卖。

市场第四部

在东证，除了股票和债券的现货交易外，还有在市场第四部进行的股价指数期货合约及股票期权交易、债券期货及期权交易。参与市场第四部交易的成员，除正会员之外，还有被授予"特别参与者"资格的非会员证券公司。债券期货及期权交易成员中，还增加了被授予"特别参与者"资格的银行等金融机构。

日本证券市场的发展在 20 世纪 80 年代末达到顶峰，但进入 90 年代后，随着日本泡沫经济的崩溃，日本股市急转直下，陷入持续低迷，截至 1999 年底，其市值已跌去近一半。

尽管这一时期日本证券市场一直没有大的起色，但投资者结构正在发生变化。总的特点表现为：第一，机构投资者交易份额上升，个人投资者交易份额下降。从东证统计的交易情况看，个人投资者股票交易量占市场比重由 1994 年的 15.4% 下降到 1998 年的 9%，机构投资者比重则上升，其中银行由 1994 年的 17.8% 上升到 1998 年的 22.7%。第二，外国投资者交易份额与持股比例明显上升。1998 年外国投资者股票交易量占市场比重达到 26.2%，比 1994 年的 18.4% 上升了 7.8%，持股比例也较前几年明显上升。东证在关闭交易大堂前，其实行的人工喊价传统交易模式有百余年的历史，交易大堂内的出市代表有两千余人。

东证在关闭交易大堂前后，共花了近五年的时间才解决了这些出市代表的出路问题。2000 年，东证推出电脑网络自动撮合交易系统。

1983 年，禹国刚在东京学习证券和证券交易。

1993 年，是深圳证券交易所自 1990 年 12 月 1 日开市以来的第三年。这一年，禹国刚推动深圳证券交易所实现了跨越式发展，即在全球股市中第一个同步实现"四化"——交易电脑化、交收无纸化、通信卫星化、运作无大堂化，深交所证券交易系统技术水平至今一直处于全球领先地位。

这不仅是中国股市的奇迹，也是世界股市的奇迹。

日本记者之问

禹国刚还记得他到达日本那天在东京大街上看到的情景。在他的印象中，日本太先进了。他眼前的东京，的确是一座极其现代化的国际大都市：新宿是东京非常繁华的地段，高楼鳞次栉比，街上行人如织，人们穿着整洁，彬彬有礼，行色匆匆。那场面是他在日本电影《追捕》中看到过的，日本的繁华令他大开眼界。

日本的发达程度远远高于中国。这更促使他感到要努力向日本学习。

在日本，有一位名叫阿部政司的老师。阿部老师在日本证券界很有名气，证券理论功底深厚，实践经验丰富。他教授禹国刚与证券和证券交易相关的一系列课程：日本公司法、证券交易法、证券投资信托法、证券交易所章程、证券业协会章程、股票发行与交易业务、债券发行与交易业务、证券信托业务、金融财政业务、财务报表与企业分析、证券投资计算、证券税制、证券投资者合法权益保护，以及股指期货合约、股票期权、债券期货、债券期权等衍生工具交易。

进入实习阶段，阿部老师说："禹国刚君，你不要觉得这样学习很简单。我来证券公司工作之前，就是先学习好证券和证券交易理论，然后在证券公司一个部一个部学习操作的，每个部我都干过。后来，我担任公司的总务部长，哦，你不一定了解，日本公司的总务部兼管人事、财务等，负责人需要有综合能力。因为我了解每个部门的情况，所以任何事情都瞒不过我的眼睛。这也是我对你们的要求，绝对不能有半点懈怠！"

阿部老师的话给禹国刚留下了深刻的印象。禹国刚非常珍惜这难得的学习机会，每天八小时，丝毫也不敢放松。实际上八小时以外也不能放松，因为他住得比较远，每天要乘地铁往返，途中手不释卷，回到宿舍以后，简单吃点东西，接着预习明天要实习的业务的讲义。如此一来，每天的学习时间至少有十二个小时。

日本的证券业在世界上名列前茅，禹国刚能在这里学习证券和证券交易，真可谓千金难买。他不愿意浪费一点点时间。他也越发感激中国的老朋友冈崎嘉平太先生，如果不是他不懈的努力，这一切恐怕都不会发生。

在学习过程中，禹国刚更进一步体会到，股票交易并非一种赌博，也并非一种有钱人的游戏；相反，对于一个社会来说，它是极佳的融资方法，价值非凡。

阿部老师还说："证券交易所的负责人很难当，假如有一天你也当了证交所的负责人，一定会明白这一点。"这句话对禹国刚启发良多。数年后，禹国刚真的成了深圳证券交易所的创始人之一，也真的成了深圳证券交易所的负责人，他时常想起阿部老师的话。

证券市场是经济发展的"晴雨表"，在证券市场的架构中，证券交易所就是"龙头"，是市场第一线的组织者和监管者。证交所既要对自己的会员单位（证券公司）进行自律性管理，又要对上市公司进行稽核监管，还要和各种中介机构以及新闻媒体保持协调。既要做好这方方面面的工作，又要加强证交所自身的建设和市场的建设，这绝非易事。

禹国刚他们到日本学习证券交易的事，很快引起日本新闻界的关注。

"中国人也学证券和证券交易了！"

日本新闻界希望近身接触中国留学生，面对面地一探究竟。然而，东证纪律森严，任何人或机构都不可以在证交所内进行采访。《读卖新闻》和《朝日新闻》是日本两大权威性新闻机构，他们为能采访到中国留学生煞费苦心。

《朝日新闻》的记者想到一个办法，既然不能在东证大堂内做采访，就去日中友好协会，跟他们提要求，采访中国留学生。

经过日中友好协会的努力，记者与东证达成协议：尽量缩短记者在交易大堂的滞留时间，只许拍照，不得进行实地采访。《朝日新闻》记者当场答应了全部条件，那天他们带上三部照相机，对着禹国刚拍了许多照片，然后对禹国刚说，另找其他地方，为他做一个专访。

由于有日中友好协会的引荐，禹国刚并没有拒绝记者的要求，但他还是忐忑不安，《朝日新闻》可是有全球影响力的媒体，向世界各地

《朝日新闻》对禹国刚（左一）的专访报道。该报道的题目是：《在资本主义的中枢东京学习股票专业的中国留学生，理论出众，但他们回国后会有施展的地方吗？》。

发稿。他不知道记者会提什么问题，万一回答得不好，有损中国留学生的形象，甚至造成不良影响，那就"兹事体大"了。

是福不是祸，是祸躲不过。既然已经答应，就要坦然面对。再说，事情都有两面性，说不定这也是一次展现中国留学生风貌的机会呢。这样想着，当记者又一次出现在禹国刚面前时，他反而从容不迫了。那位记者介绍了《朝日新闻》在国际上的地位，还说他刚从驻纽约记者站回国，听说中国留学生在世界排名第二的东证实习，特地赶来采访。

寒暄过后，记者便进入了正题："禹先生，我们都知道，股票交易是资本主义国家的事情，而中国是社会主义国家，现在派留学生来学习股票交易，难道也会成立证券交易所吗？请禹先生谈谈。"

这的确是一个棘手的难题，说实话，走在东京的街头，禹国刚心中曾多次浮起一种难以排遣的困惑：学成之后回国，真的有用武之地吗？

但此刻面对记者的提问，他觉得多少有点陷阱的味道。日本记者有没有这个意思，不知道，但对禹国刚来说却两难。怎么回答呢？如果回答说：是，中国是社会主义国家，走共同富裕的道路，不会发行股票，不会搞股票交易。那么记者马上就会问：既然不搞，为什么还派留学生来学习？这不是浪费吗？如果回答说：中国将来一定会搞股票交易，发展股份制企业。可是，谁授权他这么说呢？

于是，禹国刚淡然一笑，说："您问的问题非常好，学习总不会白学的，您说呢，记者先生？"他用这种反问式的方法，巧妙地回答了记者的提问。记者也笑了。

第二天，《朝日新闻》发出了对禹国刚的专访，并配上他们在东证的照片，引起了国际的关注。1984 年 3 月 22 日，中国《参考消息》转载了这则报道。世界各地的有心人士，本能地预感到中国将会有一次史无前例的深刻变革。

故乡洪水漫城

安康市是南北高、中间低的地形，长江最大的支流汉江在汉滨区穿城而过。因为有水，这里便有了灵气，但也潜藏着危险。

1983 年夏，安康地区阴雨连绵。

7月上旬，陕南普降大雨、暴雨。安康以上汉江流域各县降雨量超过 100 毫米。7 月末，安康暴发洪灾。

10 月 16 日，禹国刚在东京从一张旧的《人民日报》（海外版）看到了相关报道，顿觉一阵眩晕，整颗心都悬了起来。

不久，焦虑的禹国刚终于收到弟弟禹国强的回信："家中一切安好，勿念。我们家里的人没有'私'字，大哥在外努力读书，给我们家里增添了光彩。"

禹国刚顿感释然。后来，直到他回国以后才知道，当时倾盆大雨下个不停，城墙多处大决口。

幸运的是，他们家在洪水到来之前，听从政府的动员命令，及时搬迁到了安全地带。弟弟禹国强作为安康供电所所长，仍然坚守工作岗位，在即将被洪水吞噬的紧急关头，他爬上了安康教研室大楼。第二天，由于供电所找不着他，以为他被洪水冲走，也误将他统计到了死亡人员名单里。

在家人生死攸关之际，自己却远在天边，甚至过了很久才得知消息，这让禹国刚感到亏欠他们太多。他妹妹说："哥，自古忠孝不能两全，别老想着家里，你把你的工作做好，这才是最重要的事情。"

禹国刚心里一阵暖流涌动。他想起毛泽东的《七绝·改西乡隆盛诗赠父亲》：

孩儿立志出乡关，学不成名誓不还。

埋骨何须桑梓地，人生无处不青山。

　　这位西乡隆盛，是日本江户时代末期的政治家，"维新三杰"之一，在日本有很高的威望。西乡隆盛有一个著名的座右铭，是中国南宋思想家陈亮的名言："推倒一世之智勇，开拓万古之心胸。"

▼

第五章

股份制的威力

邓小平南下锚定了深圳经济特区的定位和未来的发展前景。他为深圳题词:"深圳的发展和经验证明,我们建立经济特区的政策是正确的。"这一伟大的判断让千千万万闯深圳的人安心。留日归来的禹国刚终于进入金融领域。与此同时,深圳的股份制改革高歌猛进,成为孕育深圳证券交易所的土壤。

留学归来后

波音 737 从东京成田机场升入空中，很快就到了云端之上。在辽阔的无云处，可看到下面一望无际的太平洋。禹国刚透过舷窗，看着清澈的海水，心潮起伏。他本想休息一会儿，却并没有睡意，就拿出一本日文版的松下幸之助传记来看。禹国刚对这位日本的"经营之神"非常钦佩，认为他无论是做人还是创业经商，都达到了很高的境界。松下幸之助家道中落，从学徒工做起，逐步走向人生巅峰，工作到八十岁才退休。他有一句名言："人的生存意义不在于赚多少钱，而在于你为你的民族做了多少事。"这句话让禹国刚大为触动，他知道，日本正因为有一批这样的企业家，才在"二战"后快速崛起。中国倘若要实现复兴，一样需要无数具有深厚家国情怀的精英。禹国刚记得，1978 年，中国社会主义改革开放和现代化建设的总设计师邓小平访问日本，其幽默与睿智让日本人印象深刻，在日本刮起了"邓小平旋风"。那一次，邓小平就曾访问了松下电器，松下电器也成为第一家进入中国的日本企业，在北京生产松下显像管。后来，松下在中国的业务包括从电子材料到零部件，从部品到整机，从家用电器到工业机器，技术合作项目一百六十多项，建立合资独资企业五十多家。

飞机飞了大约三个小时，很快就到了北京首都国际机场。日本一直被称作"一衣带水的邻邦"，禹国刚心想，真的是很近啊，从北京飞深圳也是差不多的时间。

那是 1984 年秋天，禹国刚和蔡靖华终于完成学业，回到祖国。

在日本，他们的勤奋和聪慧，给日本的师友们留下了深刻的印象，包括冈崎嘉平太先生和阿部政司老师。当时已经八十七岁的冈崎先生看着学业有成的两位中国年轻人如释重负，好像完成了一项毕生的使命：他终于亲手为中国培养了一批证券专业人员。虽说所谓的一批不过两个人，但以后的事实将会证明，这是新中国向资本市场迈出的第一步，而且是历史性的一步。

禹国刚回到北京，稍作停留，便风风火火地赶回了深圳。他明白，他的宏图大愿将在那里展开。那年年初，他就从日本报纸上得知了邓小平视察深圳的消息。邓小平对深圳的看法令他振奋。

当时深圳经济特区已经建立数个年头，在中央的支持下，深圳按照自身的发展逻辑，取得了明显的建设成绩。到 1983 年，深圳已经和外商签订了 2500 多个经济合作协议，成交额达 18 亿美元。与 1978 年相比，1983 年深圳工农业总产值增长 11 倍，财政收入比创办经济特区前增长了 10 倍多，外汇收入增长 2 倍，基本建设投资比新中国成立后三十年的总和增长 20 倍。

尽管如此，国内关于改革开放的争论、围绕经济特区的非议依然此起彼伏。

在这种背景下，1984 年春节前夕，邓小平决定亲自到广东去实地考察。他说，办经济特区是我倡议的，中央定的，是不是能够成功，我要来看一看。在视察深圳的过程中，邓小平说的话很少，主动发表意见也很少，主要是看，提问，思考。他说，这个地方正在发展中，你们讲的问题我都装在脑袋里，我暂不发表意见，因为问题太复杂了，对有些问题要研究研究。

1984年1月24日下午4时40分，邓小平一行登上罗湖商业区二十二层高的国际商业大厦的天台，俯瞰建设中的罗湖新城区。满目所及，很多高楼正在建设中，到处是吊机伸出的长长巨臂。当时已近黄昏，高高的二十二楼上寒风袭人，八十岁高龄的邓小平却毫不在意，他兴致很高，脸上不时露出满意的笑容。随行人员几次要为他披上大衣，都被他拒绝了。后来他回到北京说，这次我到深圳一看，给我的印象是一片兴旺发达。

陪同邓小平参观深圳市容的途中，深圳市委负责人告诉邓小平，现在深圳三天就可以盖一层楼房。邓小平问，都是国内的工程技术人员吗？负责人回答说，基本上都是。

1月26日，邓小平为深圳经济特区题词："深圳的发展和经验证明，我们建立经济特区的政策是正确的。"

1月28日晚上，邓小平在中山温泉宾馆会见了霍英东、马万祺等人，他说，办经济特区是我倡议的，看来路子走对了。

2月14日，邓小平在上海说，我们的建筑施工速度慢得很，像蜗牛爬。深圳蛇口因为采取责任制，建筑速度快，几天一层楼。建筑队伍还是那些人，只是办法改了一下。我们的一些制度要改，吃"大锅饭"不行。

深圳的发展让他坚定了改革开放的信心，他说，现在看，开放政策的问题不是收，而是开放得还不够。你们要加快速度，条件可以放宽一些。

后来回到北京后，邓小平再次强调，特区是个窗口，是技术的窗口，管理的窗口，知识的窗口，也是对外政策的窗口。我们建立经济特区，实行开放政策，有个指导思想要明确，就是不是收，而是放。他提出，除现在的经济特区之外，可以考虑再开放几个港口城市，如大连、青岛。1984 年 3 月 26 日至 4 月 6 日，中央召开沿海部分城市座谈会，决定将厦门经济特区扩大到全岛，进一步开放十四个沿海港口城市。

禹国刚再次踏上深圳的土地，内心莫名地感动和欢喜。虽是秋天，深圳却没有一丝凉意，在依然灼热的南方阳光里，他从进了车站就开始搜寻熟悉的面孔。第二天，他前往市委组织部报到，除了办理必要的手续，也看看组织部有没有新的安排。然而什么安排也没有，他又悄悄地出现在了爱华电器公司。这就是当时的现实，深圳只有"深宝安"一只股票，还没有证券市场。他必须从哪儿来就回到哪儿去，先在原单位待下来。

当时，爱华电器公司有职工四百多人。但是由于无拳头产品，公司处于亏损之中，四百多张嘴眼看着就没有饭吃。公司党委找到禹国刚，让他出任经理。禹国刚同意了，但也提了一个条件："我必须有全权！"

这下党委为难了。"你们如果不答应，我也无回天之力。这是深圳，竞争这么激烈，如果我在人、财、物、产、供、销等方面没有决策权，要层层报批的话，等批下来，黄花菜都凉了，什么也做不成。"

商场如战场。那时候，人们未必都能理解这句话的意思，但深圳人却有过各种各样的体会。商机是稍纵即逝的，一觉醒来，情况也许已与昨日不同。爱华电器公司党委知道这个道理，因此认真讨论禹国刚的意见。实际上，这还只是企业的运行机制问题，是办好企业的前提。有了这个前提，还得考虑企业的战略规划，要决定做什么和怎么去做。

几天之后，党委批准了禹国刚的要求，同意授权。禹国刚正式走马上任。虽说他暂时扫清了公司管理和运转方面的障碍，但现实的难处显而易见。做经营要以成败论英雄，说到底是要赚钱的，赚不到钱什么也别谈。

禹国刚到任以后，不爱天天坐在办公室里喝茶看报纸，他喜欢去看市场。他要认认真真地从一线了解到底有什么可做。功夫不负有心人，某日，走在商业街上，他注意到一群人围在一台电视机旁，电视里正在播映黄日华和翁美玲主演的《射雕英雄传》。那是一台彩色电视机，而不远处，一台黑白电视机也一样在播映，却没有什么人围观。他灵机一动，心想，对啊，爱华电器公司可是国家电子工业部投资成立的央企，技术能力很强，何不生产彩电呢？为了稳妥起见，他决定与日本合作生产十四英寸和二十一英寸的遥控彩电。说干就干，一边生产，一边联系销售，找订单。效果比想象的还好，订单纷至沓来，其中有个客户一订就是十万台！禹国刚算了一笔账，除去各项成本，一台彩电能净赚四五百元，十万台就是四五千万元！

1985 年 1 月 4 日，时任国务院副总理李鹏视察深圳，也去视察了爱华电器公司。禹国刚向李鹏副总理汇报了生产情况。

生产遥控彩电的成功，让爱华电器公司赚了不少钱，扭转了颓局，大家一片欢欣鼓舞，《深圳特区报》等媒体也纷纷进行报道。然而禹国刚却高兴不起来。一方面，他一直惦记着在日本所学的证券和证券交易业务，不知道何时能有用武之地；另一方面，正因为亲眼见识了资本市场的魔力，他更加觉得，中国的实体经济需要资本市场，需要借助资本的力量，来让实体经济升级换代，脱胎换骨，比如融资、股份制改造、建立现代企业制度等等。就拿他所在的爱华电器公司来说，投产对了产品当然很好，但如果想要长久立于不败之地，就得不断地更新技术、更新设备、培训工人、优化管理，然而这一切都需要钱！钱从哪里来？照爱华电器公司的效益来看，银行贷款还不成问题，但长此以往，工人将会失去危机感。"大锅饭""铁饭碗"诸如此类的弊端，在平时倒也显现不出，但等到真正出现风险的时候，工厂一定会深受其害。爱华电器公司尚且如此，全国那么多国营企业又何尝不是？

禹国刚是个爱想事的人，除了公司的规划和布局，他还会思考诸如资金、国家税收、财政赤字、深化改革等问题。各种各样的念头无时无刻不在他的脑海里翻腾。

一道徐徐打开的门

1985 年，禹国刚在《特区经济》杂志上发表了短文《股票投资的魅力在于股票交易》。文中有这么几段话："我认为只要条件进一步成熟，深圳特区设立股票交易所势在必行。""深圳特区要积极地利用股票市场，多元化、多渠道地筹措资金，使特区各项事业顺利发展。此外，只要把工作做细，还可通过股票市场更好地了解资本主义经济活动的规律，不断提高同国际资本打交道的本领，掌握在国际经济斗争中的主动权。"

那段时间，仿佛有两个禹国刚：一个是做实业的、在现实的世界里管着几百人生计的禹国刚；一个是倾心证券领域的、在想象的世界里纵横捭阖、擘画未来的禹国刚。

一日，禹国刚接到一个陌生的电话。打电话的是中国银行深圳分行张鸿义行长的秘书，说是张鸿义行长请他过去一叙，问什么时间方便。禹国刚安排了一下手头的工作，很快就与张鸿义见了面。

张鸿义是一位相当优秀的金融专家，1970 年就任职于中国银行广州分行，还曾到全球金融业数一数二的伦敦学习过两年，1982 年6 月才调至中国银行深圳分行，先后担任副行长、行长。

张鸿义平易近人，完全不会给人居高临下的感觉。他话不多，言简意赅，总是直接切入事情的核心。这是禹国刚对张鸿义的第一印象。当时张鸿义问他："老禹，听说你是国家选派到日本留学，专门学习证券专业的，但你现在从事的是实业，你愿不愿一展所长？"

禹国刚笑着说："当然愿意。"

张鸿义说："好，既然你愿意，你就来我们行工作！"

禹国刚说："从广义上说，证券专业也算是金融领域，但跟银行还是有点不同。如果我调入贵行，不知道是否真的能学以致用？"

张鸿义说："你问得很好！你越是慎重，说明你越认真。你也知道，深圳是经济特区，'特'的意思就是与内地不同，要进行不同的尝试。早在 1982 年 1 月，深圳就引进内地首家外资银行南洋商业银行，这是内地没有的吧？之后，国家专业银行的改革就在这里率先启动了。还有，中共十二届三中全会通过了《中共中央关于经济体制改革的决定》，确定了城市改革的方向、性质、任务和方针政策。深圳经济特区作为我国改革开放的'窗口'和'试验田'，要义不容辞地在国企改革和金融改革等方面承担起探索者的责任。"

"我注意到了，很受鼓舞。"

"是啊，探索，就是寻找各种有价值的可能性。"

张鸿义行长的话点燃了禹国刚那颗跃跃欲试的心。

好事从来多磨，谁知爱华电器公司拒不放人。原因很简单，禹国刚从日本回来，创意迭出，别开生面，为公司带来了可观的效益。公司怎么舍得放走这种人才？

无奈，张鸿义只好亲自出马。

一天，张鸿义直接造访爱华电器公司董事长，表明了来意。董事长说："老禹愿意走还是留，本应由他自己来拿主意，但是，目前爱华的确需要他，找不到替代人选。"

张鸿义单刀直入："您说的话我理解，但是，银行离不开企业，企业也离不开银行，对吧？"

董事长说："那当然，这些年我们爱华也多亏了贵行的支持。"这不是客套话，爱华电器公司曾从中行贷了多笔外汇。

董事长看出来了，中行是下了决心"抢人"。企业需要人才，也需要资金，时下经常少不了银行的外汇贷款，看来人是留不住了。于是，他当即表态："我们一定会支持中行的工作，我立马放人！"

1985 年春天，禹国刚离开他来深圳后的第一家工作单位，调入了中国银行深圳分行。

1986年1月26日，中国银行深圳分行行长张鸿义（右）带上助手禹国刚（左），在香港与相关证券公司、银行谈判，筹组中国国际财务有限公司。出师告捷，二人愉快留影浅水湾。

　　他感觉像有一道他期待已久的门正在徐徐打开，通向另一个波澜壮阔的世界。这不光因为他终于进入了金融领域，更因为他生活的这个城市，每天都在朝着他理想中的方向发展。

　　从1985年到1988年，禹国刚曾先后担任中国银行深圳国际信托咨询公司发展部部长、行长办公室副主任、国际金融调研处副处长等职务。

新中国的第一只金融股

20 世纪 80 年代的深圳，是一片开发的热土，到处是开工动土的工地，哪怕是才隔了几天上街，也总能发现又有高楼拔地而起，或者又有脚手架伸向半空。禹国刚记得，1981 年春节他携家带口初来深圳时，从罗湖区到福田区还没有一座高楼。1982 年，市政府启动国道扩建工程。到 1985 年，从蔡屋围到上步 2.1 公里的 107 国道的碎石路面已经铺上了沥青，由此横贯经济特区的"深南路"正式诞生，人们甚至慢慢忘记它曾是 107 国道的一部分。1994 年，由深南路延伸而成的深南大道全线贯通，全长 25.6 公里，成为这座城市的地标。

禹国刚更重视的是那些看不见的深层次变化，比如深圳股份制企业的发展。早在经济特区建立之初，深圳就成立了多种形式的股份制企业。1981 年，恢复宝安县级建制，新县城的建设急需资金，而政府财力有限，于是就有人提出了搞股份制企业的想法。1983 年 7 月，宝安县联合投资公司以县财政为担保，首期集资 1300 万元，其中国家股 200 万元，法人股 160 万元，个人股 940 万元。1983 年 7 月 25 日《深圳特区报》刊登了《招股公告》，后来股东遍布全国。参照股份制企业的运作方式，宝安县联合投资公司建立了董事会、股东大会制度，印制了股金证、股东手册，每年根据经营情况分红派息。

1991 年 6 月 25 日，"深宝安"股票开始在深圳证券交易所挂牌集中交易，成为深交所第六家上市公司。

禹国刚注意到，深圳的股份制企业主要有以下几种形式：中外合资股份有限公司、内联股份有限公司、几家企业合股建立的股份有限公司、国营企业股份制改造的股份有限公司、私营股份公司（包括民间科技企业）、新组建的公开发行股票募集股份的股份有限公司。

1986 年前后，深圳已形成了公有制为主导的多元化所有制结构，三资企业、有"三来一补"项目的企业效益都较好，国营企业要同这些企业竞争，就要改变那种产权不明、利润主体不明确的状况，加上当时国家财政困难，银根紧缩，国营企业要有发展，就要有较多的资金投入，因此，股份制改造正式提上议事日程。1986 年10 月，深圳市政府颁布了《深圳经济特区国营企业股份化试点暂行规定》，对企业进行股份制改革的范围、内容、劳动人事制度、税收和分配、股份制改造程序等做了规定，并选定 10 家国营企业作为股份制的试点。企业组建董事会、监事会，由投资管理公司委派董事长，实行总经理负责制，自主经营、自负盈亏、责权利挂钩，收到较好效果。到 1991 年底，深圳共有规范化的股份有限公司 136 家，其中通过股份制改组的有 45 家，新建的有 91 家；从分类来看，公众公司 17 家，内部股份公司 119 家。当时，深圳股票市场上所讲的股份有限公司，仅指公开向社会发行股票，并在证券市场挂牌交易的股份有限公司。

1987 年 3 月，深圳市政府决定筹建一家股份制的信用银行，拟在原有农村信用社的基础上改制而成。同年 5 月，向社会公开发行股票。因当时社会对股票缺乏认识，认为既不能退股又不能还本，也没有市场转让，因此认购并不踊跃。

1987 年 12 月 28 日，深圳发展银行成立，之后召开第一次股东大会。深圳发展银行以三个"首创性"特点引起社会关注：它是新中国第一家允许个人入股的银行，是第一家公开挂牌上柜交易的金融机构，是第一家发行外汇优先股的银行。

　　组建深圳发展银行，首要任务就是对信用社进行股份制改革。因此，上任后的深圳发展银行领导班子第一个任务就是设计新银行的组织架构，发行股票。由于当时中国人民银行不同意把规模搞得太大，深圳信用银行由经济特区内 21 个信用社缩编为 6 个信用社组成，同时更名为深圳发展银行。深圳发展银行是在特殊环境下组建的，尽管法律、规章不健全，它却是当时按国际惯例组建的真正意义上的股份制银行。章程规定，凡投资 100 股（每股面值 20 元）以上者便可参加股东大会；股东大会推选董事，董事会推举董事长，任命总经理。深圳发展银行股票在发行之时举步维艰。究其原因，是许多年轻人根本不了解股票为何物，而老人们但凡了解股票，马上就会联想到万恶的旧社会，联想到赌博、跳楼、倾家荡产……深圳发展银行本来计划筹集 1000 万元作为企业的周转资金，没想到股票乏人问津，只好动员员工购买。尽管深圳发展银行的领导和员工们使出了浑身解数，也只发行了不到原计划的一

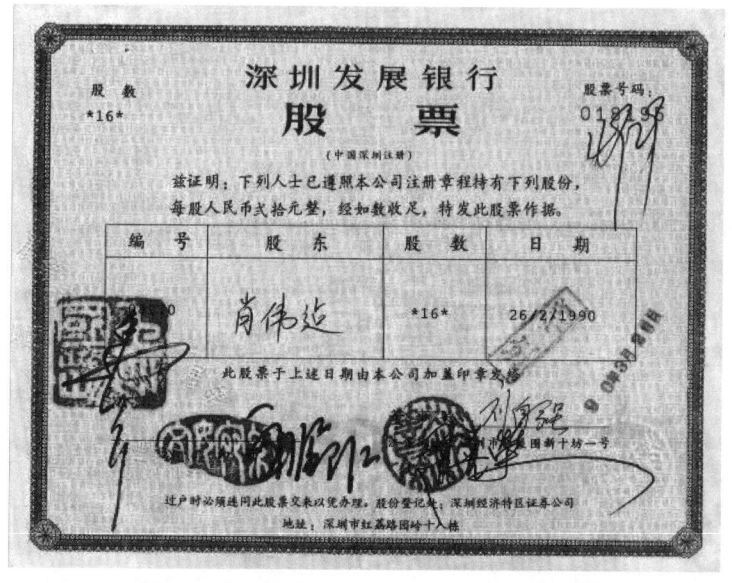

1989 年深圳发展银行发行的普通股股票。

半。为了解燃眉之急，市政府不得不动员市属的几个国营企业——投资管理公司、国际信托公司、中航国际电子工贸公司等投资入股。

1985 年 9 月，经中国人民银行批准，中国人民银行深圳经济特区分行独资试办深圳经济特区证券公司。1987 年 9 月，该公司改为由 10 家金融机构出资合办的股份制企业。公司正式注册营业，经营金融业务，成为新中国第一家证券公司。

1988 年 4 月 1 日，"深发展"首先在深圳经济特区证券公司的柜台上交易。

股份制显神通

深圳发展银行的稳步发展给外界留下了深刻的印象，其内部所迸发出的股份制活力增强了深圳市委、市政府的信心。事实明摆着，两种机制两重天，深圳发展银行的效益翻着跟斗往上蹿，就像是被压在五指山下的孙大圣挣脱束缚，终于显出了神通。深圳发展银行用事实证明了股份制改革的必要，虽说各项工作并非尽善尽美，但这个开局令人耳目一新。在深圳发展银行完成扩股之后，深圳市政府又陆续批准了万科企业股份有限公司、深圳原野实业股份有限公司等四家公司发行股票，并上柜交易。

一些买股票发大财的传奇故事在社会上也渐渐传播开来，激发着人们对股票的热情。深圳著名爱心人士陈观玉的故事便是其中一个。1987 年，"深发展"股票发行时，陈观玉最初只想着自己是共产党员，应该带头支援国家建设，就把香港亲戚给她治病的钱全部买了股票。没想到过了三年，意外获得了 45 万元的投资回报。根据他们家庭会议的决定，陈观玉马上用这笔钱帮助了有困难的人。

几乎是一夜之间，人们不约而同地发现了一条充满刺激的生财之道，它不要求你的身份，也不要求你的学历，不管你是干部还是群众，不管你是农民还是医生、教师、工程师，一视同仁，只要你投入资本，就有可能挣到一辈子甚至几辈子都挣不到的钱。

深圳当地报纸曾刊登过这样一个故事。某单位有两个处长，每人摊到 2000 元的购入股票额度。但两人都不敢做主，因为他们虽然在单位里是领导，在家里却又被夫人"领导"。甲处长的夫人通情达理，听了丈夫的汇报之后，知道他为官不易，凡是救灾扶贫，捐物捐款，都要带个头。于是她对丈夫说："既然要求买，你就买吧，不然怎么要求别人？"甲处长用 2000 元买下了深圳发展银行 100 股股票。乙处长回家请示，还未汇报完毕，就遭到夫人一顿臭骂："你吃饱了撑的呀？花 2000 元钱去买一张纸！"乙处长第二天垂头丧气回到单位，编造了一大堆借口，最终没有买下那张"纸"。三年过去，甲处长提心吊胆地度过一千多个日夜，其间又追加了新股的认购，一共拥有深圳发展银行股票 6000 股。在 1990 年的股价狂涨中，深圳发展银行的股票再次升到每股 80 元，甲处长的股票市值达到 48 万元。这让甲处长的夫人窃窃欢喜，也让乙处长的夫人懊恼不已。许多人都在议论，原来通情达理真的是无价之宝。

发展股份制企业，逐步建立证券交易市场，为机构和个人提供了一条投资途径，后来禹国刚总结，它的意义还在于：

第一，它是更大规模吸引外资的有效渠道之一。到 1990 年，深圳经济特区建设十年，贯彻以发展外向型经济为主的方针，卓有成效，共成立三资企业 2000 多家，产品外销产值占深圳工业总产值的 60%。然而，仅仅靠优惠政策鼓励外商直接在境内设厂，以投资实业的方式吸引外资的路子具有一定的局限性。因为直接投资实业从项目的可行性调查分析、谈判报批到投产后的经营管理，是一件较为复杂的事。外商的投资一旦转化为固定资产，再要转换形态，将十分困难。

投资实业不仅风险、代价很高，而且需要对市场、营销有专业的知识与经验，长期采取这种单一的方式，实际上是将境外对产业经营陌生的众多私人、团体、机构拥有的规模庞大的资金拒于门外。如果我们能按符合国际惯例的方式建立一个规范的证券市场，境外资金能以证券投资的方式进来，这样，深圳必将吸引更多更广泛的境外投资者，境外更多的投资基金或互助基金进入深圳也将成为可能。同时，还将为深圳的企业步入国际市场及筹资、直接参与国际竞争架设便通的桥梁。

第二，它是增强投资者信心、创造良好投资环境的一项措施。由于证券市场与千千万万投资大众的产权、利益捆在一起，它可以吸引民众关心市场，关心企业发展，关心经济特区建设，这对于稳定社会、繁荣经济将有着积极作用。

第三，它是深化改革的重要举措。据当时官方统计，深圳企业的自有资本占资本总额的比率仅约 22%，其余的资金来源主要是向银行借贷。因而，在中央实行"双紧"政策和提高利率以后，许多企业借贷困难，利息负担加重，资金周转不太灵活，经营陷入困境。发展证券市场可以为企业向社会直接融资开辟渠道，将改变和调整企业对银行过分依赖的状况，使企业对长期资金的需求逐步转向证券市场，推动深圳企业运行机制和宏观经济调控机制改革的完善和深化。

证券市场的发展将有助于理顺企业的经营机制。股份制企业以证券市场为依托，企业的经济效益通过市场来评价，企业的财务在市场上公开，把企业置于社会的监督下，市场压力有助于增强企业的动力和活力，促使企业建立自我发展和自我约束机制。

证券市场的发展要求企业在管理方面形成一套统一公开的规范和标准，使投资者可以依此判断企业的经营效益和产业结构的发展趋向，自行选择投资的方向，从而促进资金向急需发展的行业部门和高效益的企业流动，以提高投资效益。证券市场的发展还将使投资者可以收购股票的方式实现对企业产权转让或兼并，从而为现有企业存量资产的合理调整提供了更方便的途径。可见，证券市场将形成一种动态的自动调节机制，使新增资产与存量资产能根据经济发展不同阶段的要求、国内外市场变动的趋势和政府经济政策的引导，处于一个不断调整的合理化过程，从而促使深圳产业结构优化。

第四，它是缓解通货膨胀的较为有效的措施。消费基金膨胀、企业过分依赖银行造成的信贷失控，是通货膨胀、物价上涨的一个重要原因。通过发行股票、债券，把居民手中的部分现金和短期存款、部分企业的剩余资金转化为经济特区生产建设的长期资金，可以一定程度压缩消费和企业购买力；将企业对长期资金的需求引向市场，可以一定程度上硬化企业的预算约束。这些都会对通货膨胀起到较为有效的缓解作用。

第五，它是保证深圳证券市场健康发育的前提，为全国的经济改革积累经验。处于初级阶段的深圳证券市场，由于缺乏统一的市场法规、有组织的交易机构和权威的管理机构，再加上柜台交易的局限性，难免出现内幕交易、哄抬哄压价格、欺诈投资者等不正当的市场行为，不同程度地损害投资者的利益，搅乱市场秩序。证券市场能否成功地吸引广大投资者，关键在于其能否公平交易，取信于民。为了使深圳证券市场在创立之初就保持良好的形象，参照香港地区与国际上的成功经验，建立证券交易所集中交易，加强对市场的组织与管理，实现公开、公平、公正交易已成当务之急。同时，深圳作为全国改革的试验场，为了给全国股份制改革积累经验，创造较为完备的市场环境，迫切要求证券市场能有更大的发展。

第六，它是在市场经济条件下宏观调控的必然要求。既然深圳以市场调节为主，就要建立与之相匹配的市场机制。而股份制正是市场机制中的一环。

从深圳经济特区的实践来看，股份制企业确有如下几方面好处：

股份制使企业经济效益大增。尽管深圳股份制企业规模还不够大，但从已经上柜交易的五家股份制企业来看，经济效益远比股份制前有长足发展。

基本建立了自我完善、自我发展、自我约束机制。股份制企业产权归股东所有，整个企业的经营发展和财务分配均被监控在广大股东眼皮之下。企业经理既对上（董事会）负责，也对下（职工）负责，形成双重监督与监管，企业建立起自我约束、自我发展机制。同时，股份制企业坚决实行按劳分配，大奖大罚，摆脱了当时国营企业要"照顾同行业及本企业大多数职工的平均意识与观念"的"大锅饭"作风。

股份制改革的推进为经济特区利用外资开辟了一条新渠道。实行股份制要求建立一套按国际惯例运行的管理体制，规范了投资各方面的权利和义务及稳定经营的机制，使得股份制产生了其他企业体制难以比拟的吸引力。这对吸引外资、发展外向型经济将起到重要作用。

柜台交易初具雏形

经过探索与实践，深圳证券市场取得了一些实质性发展。

证券转让日益活跃。1990 年，股票上市量和交易量日益增加，继深圳发展银行股票之后，又推出万科、金田、安达、原野，日交易量从 5 万元、10 万元直升到几十万元、几百万元、上千万元。随着发行量的增长，交易量也相应扩大。

如果仅就发行股票而言，那时共有 83 家股份有限公司，其中 13 家是股份制改造公司，70 家是新建股份公司。就注册资本而言，83 家中 300 万元以上的有 21 家，其中 6 家达到 1000 万元以上。国有资产参股 41 家，纯私营参股 4 家。已经公开发行上柜交易的五家公司总市值近 50 亿元。另有不少企业已在申请公开发行股票并上柜交易。

继"老三家"证券部（深圳经济特区证券公司、深圳市国投证券部、中行证券部）相继开业之后，深圳已有 16 家公司正式经营证券业务。

在 1989 年 4 月 14 日深圳市资本市场领导小组、专家小组、顾问小组联席会议上，深港两地人士一致认为，发展深圳资本市场是十分必要的，有利条件很多，当时的工作重点是考虑筹组深圳证券交易所，实现"三公"（公开、公平、公正）交易原则，通过股市更有效地吸引珠江三角洲和其他地区的资金以及外资，搞得好的话，极可能使深圳成为珠江三角洲地区的商业和金融中心，带动深圳经济向新的高度发展。

深圳市政府加快了筹建深圳证券交易所的步伐。专家小组集中力量，在翻译境外证券市场的公司法、证券法、证券交易法、投资者保护法、会计制度、会计准则、证券交易所章程、各项业务规则，以及国际股市的历史、现状、未来发展趋势等资料的基础上，草拟了与之对应的证券法规草案、章程和各项业务规则。

1989 年 9 月 8 日，资本市场领导小组向深圳市政府提交《关于筹建深圳证券交易所的请示》。

名满天下的"深市老五股"

深圳发展银行股份有限公司

1987 年 11 月 28 日在广东省深圳市登记注册。1987 年 12 月 28 日正式开业。注册资本为人民币 4850 万元。深圳发展银行业务发展迅速。到 1989 年，各项存款 12.98 亿元，比成立之初的 1987 年末增长 236%；各项贷款 11.87 亿元，比 1987 年末增长 254%；实现利润 6748 万元，比 1987 年末增长 687%，人均创利达 13.5 万元。在 1987 年至 1989 年的两年多时间里，共向国家和地方上缴各项税款（包括营业税）4200 多万元。仅 1989 年一年就上缴 3200 万元，人均缴税 6.07 万元。1990 年扩股增资后，自有资金达 1.34 亿元，比 1987 年增加 5.32 倍。

2009 年 6 月，中国平安保险股份有限公司并购深圳发展银行股份有限公司。11 月，银监会颁布《商业银行投资保险公司股权试点管理办法》，标志着我国金融混业经营步入一个崭新的时代。

如今的"中国平安"已经发展成为集保险、银行、投资等金融业务为一体的整合、紧密、多元的综合金融服务集团，曾名列世界 500 强企业第 29 位。

万科企业股份有限公司

1984 年成立，是由全民所有制企业改造成中外股份制的工贸企业，注册资本为人民币 4133 万元。1988 年 12 月 28 日，向社会公开发行 2800 万股股票。为了推销股票，董事长王石曾亲自带队上街，在深圳的闹市区摆摊设点，有几次甚至跑到菜市场里和大白菜摆在一起叫卖。1991 年 1 月 29 日，万科 A 股以 14.58 元的价格挂牌深圳证券交易所进行集中交易，它是在深圳证券交易所上市的第三只股票。

如今的万科企业股份有限公司，也是世界 500 强企业之一。

深圳市金田实业股份有限公司

前身是深圳市纺织工业公司下属的一家国营企业，1988 年 2 月改造为以公有制为基础的股份制企业，1989 年 2 月 8 日向社会招股，增发 52.2 万股，面值 10 元 / 股。由于发行股票时宣布的方案显示到期分红十分可观，因此认购十分踊跃。1991 年 1 月 14 日，股票在深交所上市，简称"深金田"。

蛇口安达运输股份有限公司

前身是 1981 年成立的招商局蛇口工业区汽车运输公司，1989 年 10 月经广东省人民政府批准改组为股份公司，1989 年 12 月在深圳公开招股。出售股票的前一天就有人排队，因而规定每人限购 3000 元，原准备发售五天的股票一天就告罄。深安达是在深交所上市的首家公众公司。

深圳原野实业股份有限公司

前身是成立于 1987 年 7 月的深圳原野纺织股份有限公司，由香港、深圳的企业及个人等五名股东发起，是国营股份制企业，1988 年 12 月转为中外合资股份制企业。1990 年 1 月更名为深圳原野实业股份有限公司。1990 年 3 月 3 日，"深原野"发售面值 10 元的新股 245 万股（其中原股东及职工认购 80 万股）。深圳原野实业股份有限公司注册资本人民币 9000 万元，1990 年 12 月 10 日在深交所上市。

第六章

▼

深交所诞生

任何伟大的历史都不是一个人创造的，而是一群人。他们生长于不同的地方，素昧平生，年龄不同，专长不同，生命际遇不同，却在冥冥之中同时听到了时代的召唤，然后，各自克服了自己的万水千山，聚集到同一个时空，各得其所，各显其能，互相砥砺，互相成全，合力打一场开创新局的灿烂之战。由于有深圳市委、市政府的坚强领导，在禹国刚等人的努力下，深圳证券交易所终于诞生。

李灏："这次我是上前线了" [①]

1985 年，禹国刚终于进入金融领域，这年他四十一岁。三十五岁的南开大学才子王健也来到了深圳，五十九岁的李灏更是从北京"空降"深圳。历史的巧合推动了时代的巨大进步，这真是天意。

1985 年 8 月 12 日，时任国务院副秘书长、国务院机关党组副书记李灏到达深圳，担任这个崭新城市的一市之长。当时，经济特区还是个百业待兴的新生事物，甚至有境外媒体将它描绘成中国历次运动中的一次，预言经济特区热闹一阵也会收场。在去深圳之前，有一些朋友劝李灏不要蹚这趟浑水，不要到深圳去"送死"，然而多年的工作让他有一种近乎本能的使命感，只要国家有需要，哪怕是天大的困难他也不会退缩。他唯一顾虑的是，国家搞经济特区，寄望极高，他能不能做得更好。临行前，一股风萧萧兮易水寒的豪迈之气在他的心中

[①] 本节内容参看李灏:《主持深圳工作的八年》,《百年潮》2011 年第 1 期；樊鹏、江湘平、唐火照:《李灏在深圳：一个改革者，一个明白人》,《红广角》2011 年第 8 期；黄磊、金城:《改革者，要明白事理，更要奋不顾身》,《中国产业》2008 年第 5 期；高海峰、申晓旭:《老特区 新作为——访中共深圳市委原书记、市长李灏》,《中国城市经济》2008 年第 1 期。

升腾，他对家人说："你们都不要去，这次我是上前线了。"

也许只有"上前线"这个词，能够说明李灏当时从北京"空降"深圳的心境。李灏，1926 年生于广东省电白县（现茂名市电白区），未成年时父母就先后病逝。他的二姐李嘉、二姐夫梁之模和表哥郑奎都是中共地下党员，从 1941 年开始直到 1949 年新中国成立，中共茂电信地委和电白县党组织就以李灏家为秘密据点开展工作，战乱的时代环境及姐姐、姐夫的工作对他的思想产生了深刻的影响。

1943 年，李灏高中毕业，本来打算去昆明投考西南联大，因为筹措不来路费，他只好在当地找事做，先后在两个乡村小学担任校长。1946 年，李灏的三位亲人被国民党残忍杀害。国难家仇，对李灏触动很大。当时他还不是共产党员，但在党组织的影响和安排下，积极配合党组织做了许多工作。

1946 年初，李灏从家乡到广州，参加了北京大学、中山大学、岭南大学、广西大学等院校举行的招生考试，由于成绩优异，报考的学校全部录取了他。他就近选择了中山大学农业系，师从著名水稻专家丁颖教授。大学期间，李灏在投身学校各种进步活动的同时，还与刘积昌、李卓儒等成立"电白留穗同学同乡会""秋白社"，秘密出版《电风》《电声》刊物，同时多方筹款、筹物运送到茂电信游击区。1947年他参加了党的外围组织地下学联，1949 年 2 月加入中国共产党。不久，由于李灏的身份暴露，党组织决定让他从学校撤出，调到粤桂边区茂电信地区工作。

1950 年，粤桂边区全境解放，李灏调回电白县工作，参加支援前线、民主建政、恢复经济和土地改革等工作，先后任电白县政府党组成员、秘书、科长及土改工作队队长、代理区委书记等职务。1953 年，国家开始实施第一个五年计划，需要大批技术干部归队，李灏奉调北京，让他没想到的是，这一去就是三十二年。

1978年5月，中国政府派出由国务院副总理谷牧率领的中国政府代表团，考察了法国、丹麦、西德、瑞士和比利时，李灏是代表团成员之一。回国后，经谷牧指定，李灏作为起草人之一，与王全国、王维澄一同撰写了《西欧考察报告》。

1979年7月，李灏参加由谷牧主持的广东、福建两省会议，参与会议文件起草工作。不久，党中央、国务院批准广东、福建两省实行"特殊政策、灵活措施、先行一步"，并试办出口特区。

1979年8月，为适应对外开放的需要，成立了国家进出口管理委员会和国家外国投资管理委员会，李灏任"两委"的副秘书长和专职委员，从事对外经济工作。

1980年，广东、福建两省会议在广州召开。不久中央和国务院颁发了1980年41号文件。李灏参加了会议文件的起草工作。这次会议把"出口特区"改为"经济特区"，实质上扩大了特区的功能和任务。

1981年，广东、福建两省会议和经济特区工作会议在北京召开，这次会议制定了中共中央1981年27号文件，对经济特区的重大政策做了较全面的规定。李灏参加了会议文件的起草工作。

1982年，国务院各部委机构调整，李灏调任新组建的国家经委委员、秘书长。

1983年5月至1985年7月，李灏任国务院副秘书长、国务院机关党组副书记，组织参与国务院常务会议、中央财经领导小组会议，列席中央书记处会议。其中1984年，李灏参加由国务院与中共中央书记处联合召开的沿海部分城市座谈会。这次会议讨论了沿海地区开放政策，并决定开放天津、大连、青岛、上海、宁波、福州、广州、湛江、北海等十四个沿海城市。

李灏同志全程参与了经济特区的筹划工作，对中央的政策和意图也非常清楚。多年的中央机关工作经验，加上对农业、工业、交通、建设、外经贸等行业的了解，他谙熟国家经济运行的机制，也培养了非同一般的宏观经济观察能力。所有这一切，似乎都在为他的南下深圳做准备。据李灏回忆，到深圳上任前，万里、胡乔木、姚依林、尉健行、田纪云、谷牧等多位中央领导人都找他谈过话，有的领导还不止一次谈话。一个副部级干部的调动，惊动这么多中央领导，非常少见，由此可知中央对于深圳经济特区的高度期许。

多年以后，李灏撰文说："人生有很多变数。1985 年，中央决定派我到深圳工作，许多人没有想到，我自己也感到有点突然。当时，我还在北京担任国务院副秘书长、党组副书记。对这个调动，我确实没有思想准备，同时也觉得自己不合适去深圳工作。当时深圳经济特区刚刚起步，对这个新事物，境外有些传媒把它说得一无是处，内地对深圳的非议也不少，有些同志好心地劝我不要去那个地方。但是，作为一个有着多年党龄的干部，组织决定还是要服从。田纪云当时是国务院副总理兼国务院秘书长，是我的顶头上司。他说，好几个部门要你，我们都没有放……

"后来我了解到，派人到深圳，对深圳班子要做一些调整，是中央高层下的决心。1980 年深圳经济特区建立后，建设日新月异，取得很大成就。但由于摊子铺得太大、经济秩序不够好等等，各方面的批评也比较多。内地则对深圳利用特殊政策'倒买倒卖'赚内地的钱不满。1984 年，邓小平同志到深圳视察，他说这次来只看不说。他给深圳的题词'深圳的发展和经验证明，我们建立经济特区的政策是正确的'，是离开深圳五天后在广州补题的。回到北京，小平同志还曾说到，深圳是一个试验，成功当然是好事，不成功也是一个经验。这说明小平同志对深圳充满期望，同时也不无忧虑。"

工欲善其事，必先利其器。中央希望李灏到深圳兴利除弊，李灏上任之前的第一件事，就是要"改革权"。李灏回忆说："有了这个改革权，我觉得来深圳就'有点意思'啦……不久，中央发出通知，派我作为广东省副省长候选人到深圳经济特区工作，并任深圳市市长。随后，在广东省人大会上，我被选为广东省副省长。"

当时，深圳正面临一场悄悄袭来的危机。深圳经过最初几年的高速发展，经济急剧升温，逐渐超过了自身的承受能力。当时，人们对于经济结构、外汇收支等缺乏经验，未能引起警觉。由于前五年超高速的发展，潜伏着的问题终于在1985年下半年暴露出来。深圳基建规模过大，资金全面紧张，也给市财政不断增加压力。不得已，市财政只有向银行贷款用于基建，几年下来透支近8亿元。基建规模过大，投资结构不合理，外汇和财政收支不平衡等一些问题浮出水面。这些问题引起香港媒体注意。香港学者陈文鸿发表《深圳的问题在哪里？》，引发香港媒体对深圳的非议。1985年初，香港《信报》连续刊登多篇评论文章，认为深圳建立在"假大空"基础上，把经济特区建设所取得的成就说得一无是处，深圳已到了"内寒外热，百病缠身"的境地。同时，深圳与其他地区，特别是周边地区的关系比较紧张。李灏提出，深圳是全国的深圳，如果不在练内功上下功夫，而是利用特殊政策赚便宜，有悖建立经济特区的初衷。李灏到深圳的第三天，就去蛇口搞调研，专门拜访了袁庚，向他传达了中央领导对深圳的指示。

　　李灏来到深圳后，大部分时间是下去摸情况，搞调研。那时候，深圳还没有人大和政协，他觉得政府决策得有制度才行，于是首先建立市长办公会议制度。在9月底的市长办公会上，他提出四项改革措施，成立四个机构。

　　第一项措施是成立外汇调剂中心。这是一项大的突破。根据当时的外汇管理条例，企业出口创下的外汇只能到银行去结汇，进口只能去银行按照牌价购买外汇。1979年美元公开挂牌价是1.5元，就是100美元兑换150元人民币，内部结算价是2.8元，外汇结算实行双轨制。由于换汇成本不断上涨，几年涨到三四元，对进口有利，但对出口不利甚至亏损。为了大量进口，牟取暴利，深圳有的企业就想方设法搞外汇，导致外汇紧缺，黑市外汇甚至炒到五六元以上。当时中纪委几十人，加上广东省的同志，一支近百人的队伍，浩浩荡荡地来到深圳，打击外汇黑市买卖，还抓了一个贸易公司老总。李灏认为，老总个人没有从中牟利，不能抓。如果不改变鼓励进口、压制出口的外汇政策，深圳发展外向型经济就搞不成，因此深圳要尽快建立新制度，使其合法化。经过几个月的紧张筹办，1985年11月，深圳经济特区外汇调剂中心成立，由中国人民银行深圳经济特区分行具体操作。行长罗显荣到北京汇报，总行分管外汇管理的领导苦笑说："老罗，你怎么接这么一个任务？你知不知道这是违法的？"李灏听说此事，劝罗显荣不要担心，改革是会遇到阻力的，此事是市政府决定的。这是全国第一家外汇调剂中心。这项改革后来得到了中央的首肯，1987年国家外汇管理局正式下文确认合法。

　　第二项措施是成立投资管理公司。李灏调查发现，深圳各级政府机构没有不办企业的。市领导只能说清楚当年财政收入多少，负多少债，但是全市有多少企业，企业有多少资产、多少负债，谁也说不清楚，连资产负债表的概念都没有。李灏深知其中的风险，提出成立深圳市投资管理公司，所有市属国营企业通通归它管理，一个投资管理公司管100多家国营企业。这一改革，同样遭到政府相关部门的抵触。经过一年多的努力，1987年7月全国第一家国有资产管理机构——深圳市投资管理公司才正式挂牌成立。

第三项措施是成立监察局。这也是全国首例。李灏刚到深圳不久，就接待了新加坡总理李光耀。李光耀问李灏："你们这里有没有贪污？"李灏回答说："深圳也是整个社会的一部分，怎么可能完全没有！再完善的社会也有，不过深圳不严重就是。"李光耀又问："你们怎么对付？"李灏说："我们准备参考你们的做法，成立监察局，新加坡有反贪局，香港有廉政公署，但我们不一样，不能照搬。我们的监察局有三个方面的职能：第一，监督执行党的路线、方针和政策的水平，这是政治性；第二，监督党风和政风，监督党和政府与人民群众的关系，是不是实行民主集中制；第三，监督党政官员的操守，这才是监督重点。纪委应该站在更高的位置上，制定政策，使用干部，监督执行，应该超脱些。"

在李灏决定成立监察局几个月后，开市委常委会，他问监察局筹备简报怎么不发了，近来无声无息了，怎么回事。当时大家鸦雀无声，都不说话。最后市委负责人说："有人不赞同搞这个东西，说是胡闹嘛。"李灏说："谁说我是胡闹？得说出个道理来，我是认真地做改革试验，怎么是胡闹！"1987年5月，深圳市监察局终于正式成立，时任监察部副部长何勇专程发来贺电。当时对监察局的干部要求很严，李灏主张同级别的干部加一级工资，各方大力反对，后来只加了半级。

第四项举措是成立规划委员会。规划是城市发展的龙头，但那时深圳还没有国土局，市长必须把城市规划权抓在手里，否则就会乱套。1986 年 1 月，深圳市规划委员会成立，李灏兼任主任，聘请建设部副部长周干峙做首席顾问，另外还有包括来自英国皇家规划学会、日本东京大学、澳大利亚堪培拉规划局在内的三十位中外规划设计权威人士担任规划委员会顾问，规定每年都要召开一次大型的规划委员会工作会议，审议和批准涉及土地开发、城市规划的重大事项。有一次，规划委员会开会讨论旧城改造，英国专家提出，旧城改造把什么都拆掉，就等于一个人失掉记忆一样，他反对把旧城拆光。市政府从善如流，采纳了他的建议。

李灏的这些改革，化解了矛盾风险，站稳了脚步，管好了队伍，管好了资产，为深圳的下一步经济发展铺平了道路。他接下来所做的改革，还有土地使用制度改革、住房制度改革、产权制度改革等等。这些首开风气的勇毅之举难免引起各种各样的说法，尤其是姓"资"姓"社"的争论。李灏不想陷入其中，1986 年 7 月，他在接受上海《文汇报》记者采访时说，深圳的改革要朝着"按国际规则打篮球"的方向推进。这句话的深意是，中国要走向国际，走向现代，就要面对国际化、现代化的逻辑，而深圳作为中国的改革试验田，更要懂得这个逻辑。

比如说产权制度改革。当时许多人认为股份制就是资本主义，股份化就是私有化，无人敢碰。李灏在国务院工作时，曾看过一份世界银行关于中国问题的调查报告。报告提出了一个中国国企改革思路：在国营前提下实行股份制改革，把"国营"变成不同地区、不同企业持有，并逐步推进员工持股。这给了李灏很大启发。1986 年深圳推出

《深圳经济特区国营企业股份化试点暂行规定》，这是国内最早的关于国企股份制改革的政府文件，从此，深圳打响了国企改革战。国内第一家股份制企业、第一家股份制银行，都在深圳诞生。深圳的改革试验，触及了产权问题。当时，私营企业身份不明，没有合法地位。李灏想，为什么外资可以办企业，中国人反而不能办？在他的推动下，1987年深圳市政府出台《关于鼓励科技人员兴办民间科技企业的暂行规定》，明确指出，不仅资金可以入股，而且商标、专利、技术等可以无形资产入股办企业，不受雇工人数的限制。华为就是那时诞生的，后来不少中央、省里领导慕名来华为公司参观考察，提出一个疑问："没有中央和地方的投资，华为是怎么搞起来的？"华为老总任正非回答："我们是靠一份红头文件起家的。"这份"红头文件"，就是《关于鼓励科技人员兴办民间科技企业的暂行规定》，它点燃了无数怀揣梦想的科技人员的创业激情。

很快，一些企业进行了股份制改造，有的还向社会公众发行了股票。1988年4月1日，深圳发展银行的股票开始实行柜台交易。这时，探索建立资本市场，特别是创办一个股票集中交易的市场，历史性地摆到李灏的面前。然而，建立深圳证券交易所谈何容易？李灏回忆说："当时对许多人来说，股票是很陌生的东西，甚至有人认为股份制就是资本主义的代名词，股票交易就意味着投机和风险，与社会主义格格不入。"

有一次李灏到北京出差，一位关心他的朋友拉着他的手说："李灏同志，股票那个东西不能搞，风险太大啊！"还有人甚至把电话打到市政府，质问"为什么搞资本主义市场"，一些人把资本市场与资本主义等同起来了。

李灏就是这样，顶住各种舆论和压力，以清晰的思路、敢为人先的责任意识和务实作风，改革体制中束缚发展的僵化制度，纠正并规范发展中出现的偏差，在深圳这块试验田上，擎起改革的旗帜，实践着中央兴办经济特区的使命。

宿舍里的奋斗

1985 年春天，正式调入中国银行深圳分行从而进入金融领域的禹国刚，预感到一扇通往全新世界的大门正徐徐开启。三年之后，他才发现，那个开门人就是李灏。

调入中行以后，禹国刚有更多的精力关注全球证券市场。他不喜欢应酬，除非不得已，他会尽量推掉各种饭局的邀约，省下来的时间基本上都用于读书。多年养成的手不释卷的习惯，一旦闲下来，手上无书，他会觉得没着没落的。深圳毗邻香港，许多朋友在两地之间来来往往，经常帮人带一些内地没有的时尚产品，同事、朋友都知道，禹国刚托他们带的就是书。他时时关注着全球金融证券动态，像一块海绵一样吸纳着各种专业资讯，他想了解这个领域的一流精英们在想什么，做什么。

不久，禹国刚决定写一本书，来总结自己这几年对证券业的心得与体会。那时候还没有什么人用电脑，他就在一沓沓的稿纸上用钢笔书写。1988 年，他撰写的《证券市场》一书由深圳海天出版社出版。这是新中国第一本证券业专著，出版后立即受到各方面的关注，荣获

新中国第一本大学证券教科书——《证券市场》。

深圳经济特区社会科学优秀著作科普奖和全国书市十大畅销书第三名。1989 年，暨南大学经济系选用它作为教材，证券课程第一次有了专业的证券教科书。

1988 年 7 月的一天，禹国刚接到市政府打来的电话，问他愿不愿意从中行调出来，参与筹建资本市场。这真是个天大的好消息！似乎隐隐之中期待这个电话已经很久很久了，他一直在做着各种准备，此刻如同战士听到了出发的口令，一种出征的兴奋燃遍了全身，他留学日本学到的东西终于要派上用场了。

原来，就在不久前，李灏率深圳市代表团出访欧洲英、法、意三国。在伦敦期间，英国有关方面为他举行了一个招待会，邀请一些证券投资和基金的负责人座谈。席间，有人跟他说："李先生，您不是要引进外资吗？我们这里，一个基金的老板手里就有几亿美元，在座这么多人，几十亿美元都没问题。"李灏当即发出邀请，但对方却说："李先生，按基金会的章程，我们不能直接投资企业，只能买你们的证券。建议您建立深圳证券交易所，按国际惯例运作，这样您可以引进外资，我们也有投资机会。"

这次出访对李灏的触动很大，李灏后来回忆说："那时我还不清楚外资能否直接进入中国股市。但是通过这次考察，创办深圳证券交易所的决心我是下定了。"

李灏是个雷厉风行的人。他立即从欧洲飞到香港，会见了香港新鸿基冯永祥先生。冯先生出身于香港富豪之家，是香港财经界人士，在纽约美林证券公司实习过，后任新鸿基有限公司主席，也是第七届和第八届全国政协委员。李灏见他，开门见山，讲深圳是中国改革开放的试验田，可利用政策优势，创建深圳证券交易所，按国际惯例运作。冯永祥向李灏介绍了现代证券市场的架构：股票、债券等有价证券属"特殊商品"；这种"特殊商品"，要在"特殊商店"——"证券交易所"挂牌"集中交易"；证券公司（或证券部）是"特殊售货员"，在他们的柜台可以接受客户委托，然后通过他们派驻证券交易所的出市代表（"红马甲"），代客户买进或卖出股票。可见，搞股份制，实行市场经济，少不了按国际惯例运作的证券交易所。

经冯永祥对证券市场如何运作的介绍，李灏深感深圳这方面的专业人才不足。他当即向冯永祥提出了三个请求：第一，聘请冯先生为深圳金融证券业顾问；第二，请新鸿基公司协助起草发展深圳金融证券市场的总体规划，提供境外证券市场法律法规等资料；第三，帮助深圳培训金融证券方面的专业干部。冯永祥被这样干事业的领导折服，一一答应，而且立即付诸行动。在给市体改委参谋起草总体方案的同时，冯永祥又决定派他的高级助手到深圳，从1988年7月开始连续办了四期培训班，传授金融证券方面的专业知识，讲解发展资本市场的基本理论。

禹国刚就是在这样的背景下被招来。

禹国刚参与了培训班的组织管理工作，同时他要认真体验一下香港的做法，尤其是与日本风格相比较，各取所长。李灏的初衷是深圳资本市场一起步就按照国际惯例运作。依国际惯例，国家应有一个专门的股市管理机构——证券管理委员会。然而从全国来看，当时社会对股市的认知微乎其微，完全没有证券市场的气氛，国家不可能组建一个证券管理委员会。

1988年11月，深圳市资本市场领导小组成立。此时，张鸿义已经由中国银行深圳分行行长升任深圳市主管金融财政的副市长，兼任资本市场领导小组组长。深圳市投资管理公司总经理董国良和中国人民银行深圳经济特区分行副行长王喜义任副组长，下设专家小组和顾问小组。专家小组的主要成员有禹国刚、周道志、汤学义等人。顾问小组则由新鸿基公司派员组成。

1988年底，深圳市政府决定由禹国刚任专家小组组长，周道志任副组长。专家小组的工作是资本市场领导小组工作的核心内容，即抓紧筹建深圳证券交易所。

禹国刚在日本系统地学习过证券和证券交易，他懂得筹建深圳证券交易所要先制定"规矩"。没有"规矩"，不成方圆。但钱无一分，纸无一张，专家小组起初是在禹国刚家的客厅里办公。后来，禹国刚向中国银行深圳分行借了一套家属宿舍，还有床铺、被褥、桌椅等生活用品，这套宿舍就成了他们几个专家的办公室，从武汉大学借来的几个研究生就住在这里。在禹国刚的带领下，一个匆匆成立的团队在这套宿舍里开始了深圳资本市场的筹建工作。作为专家小组组长，禹国刚还要和副组长周道志操心这几个研究生的基本生活保障。他们向深圳市投资管理公司贷了 20 万元，作为办公经费。钱不多，他们要精打细算，事事节约。

1988 年 11 月至 1989 年 3 月，禹国刚团队翻译了境外的公司法、证券法、证券交易法、投资者保护法、会计制度、会计准则、证券交易所章程、各项业务规则等，共两百多万字。

1989 年 4 月至 9 月，专家小组移植借鉴境外股市成功的经验，结合深圳实际情况，由禹国刚主笔草拟了《深圳经济特区证券市场管理暂行规定》《深圳经济特区股票发行暂行办法》《深圳经济特区债券发行暂行办法》《深圳市人民政府证券交易委员会组织大纲》《深圳证券交易所章程》《关于筹建深圳证券交易所的请示》。其间，周道志、严纲等人参与了上述法规、章程、请示的起草和修改工作。麻昉执笔起草了《深圳证券交易所可行性分析报告》（第一稿）。

多年后，当深圳证券交易所已经成为全球知名的交易所时，也许没有多少人知道，它的筹建是在一套家属宿舍里起步的。而且难以想象的是，上述那些巨细靡遗的工作，竟然是在几个月内完成的。

顾问小组也做了许多有益的工作，提供了各种资料。这些由新鸿基公司安排的专家对于深圳股票柜台交易的混乱、股价的狂涨忧心忡忡。他们呼吁治理股市必须治本，因为深圳股市的成败影响的不仅是深圳经济特区自身。

然而，对于是否要搞股份制、搞资本市场，当时还停留在所有制姓"资"姓"社"的争论上。在深圳提出建立资本市场之后，有人不理解，便打电话质问市政府为什么搞资本主义市场。为此，市里专门让禹国刚写了一份关于资本市场的简介，进行宣传。后来，李灏书记说："干脆就叫证券市场，以免被叫成资本主义市场！"这个建议被采纳了，但证券市场比资本市场的内涵缩小了。禹国刚写的资本市场简介如下：

一、"资本市场"是世界上公认的定义

"资本市场"是OECD（经济合作与发展组织）和其他国际机构公认的定义，是包括所有债券、股票和国际信贷等一些年期在一年以上的金融工具组成的长期资金市场。当今的纽约、伦敦、香港等证券交易所，都是国际上重要的"资本市场"。"资本市场"并不等于资本主义，也不是资本主义专用，是各国通用的名词。

二、"资本市场"与"资金市场"的功能不同

"资本市场"是筹集长期资金的场所，用于长期投资和贷款，通过更新、扩建和新建，最终形成企业的固定资产。

"资金市场"是筹集短期资金的场所。其资金是用于短期资金周转的。在"资金市场"上流通的商业票据、银行承兑汇票等票证期限均很短，随时可出售变成现金。从这个意义上说，"资金市场"上流通

的票证近似于货币，所以"资金市场"也可以称为"货币市场"。

三、深圳经济特区是以外向型经济为主

深圳在资金上逐步以引进外资为主，这样，同国际上打交道就多了，必须按国际惯例办事。我们采用"资本市场"这一国际上通用的称谓，正是从这一点出发，以便外商向我国提供长期信贷或进行长期证券投资时一目了然，便于人家接受。

1989 年 9 月 8 日，禹国刚和周道志起草了《关于筹建深圳证券交易所的请示》，连同专家小组起草的四项法规草案（即《深圳经济特区证券市场管理暂行规定》《深圳经济特区股票发行暂行办法》《深圳经济特区债券发行暂行办法》《深圳市人民政府证券交易委员会组织大纲》）、《深圳证券交易所章程》等材料，一并上报深圳市政府审批。全文如下：

深圳市人民政府：

1988 年 11 月，在深圳市人民政府的组织领导下，由中国人民银行深圳经济特区分行、深圳市投资管理公司等部门的领导同志共同组成了深圳市资本市场领导小组，并聘请香港新鸿基公司为顾问，有领导、有计划地推动了深圳资本市场的发展。

1989 年 9 月以来，新鸿基公司派出其专家十多批前来深圳，与副市长张鸿义以及资本市场领导小组成员等，就深圳资本市场的法规、管理体制、发展壮大证券商队伍、证券税制、会计准则、公司条例、筹组深圳证券交易所等问题进行了深入、细致的讨论。

1989 年，深圳证券市场取得了一些实质性进展。其主要标志为：

发行市场已具有一定规模。深圳经济特区仅股票债券发行总额已达 3.1 亿元。如包括其他各类证券，总额不下 5 亿元。

证券转让日益活跃。1989 年，股票上市量和交投量日益增加，继"深发展"股票发行之后，又推出"深万科"股票和"深金田"股票，日交易量从 3 万元、5 万元、10 万元直升到几十万元。随着发行量的增长，交易量将会相应扩大。

深圳股份制企业注册多。已有 190 家，资本金 1.9 亿元，其中国营控股（51% 以上）占 44 家，集体控股占 44 家，其余 102 户为私人股份公司（包括民间科技公司）。国营控股的三家企业（发展、万科、金田）已经公开发行股票并上柜交易，总市值近 2 亿元。另已有不少企业在申请公开上市。

我市已有三家公司正经营证券业务。它们是深圳经济特区证券公司、中国银行深圳国际信托咨询公司、深圳市国际信托投资公司，另还有几家正在申报经营证券业务。

深圳资本市场在成长阶段，也暴露出一些问题：

市场透明度很差，内幕交易盛行，投资者很难从证券经营机构及时、准确地获得股票价格、成交量等市场信息，股东和投资者的利益难以得到保障。

有的证券从业者假公济私，利用工作之便，个人吃差价、拿回扣、勒索客户，中饱私囊。

各家证券经营机构信息传递困难，价格各异，难以形成统一的市场价格，降低了市场效率。

以上问题的出现，除了与我们证券法规未出台，证券税制未建立，管理体制不健全等有关外，很重要的一点就是因为深圳还没有一个集中统一管理和组织交易的证券交易所。

出席 1989 年 4 月 14 日深圳市资本市场领导小组、专家小组、顾问小组联席会议的深港人士一致认为，发展深圳资本市场是十分必要的，有利条件也很多，工作重点是考虑筹组深圳证券交易所。随着深圳证券交易所的运作，"三公"（公开、公平、公正）交易原则的实现，通过股市将更有效地吸引珠江三角洲和其他地区的资金以及外资，搞得好的话，极可能使深圳成为珠江三角洲地区的商业和金融中心，带动深圳经济向新的高度发展。

深圳市资本市场领导小组

1989 年 9 月 8 日

"王健，我的兄弟"

多年后，禹国刚仍然清楚地记得，1989 年 12 月 26 日，他正在埋头工作，突然传来一阵急促的电话铃声。

"老禹，我是张鸿义，请你到我这里来一下。"原来是老领导张鸿义副市长的电话。

"好的，张副市长，我马上到。"禹国刚明白，张副市长平时极忙，一定是有了什么事才会找他，于是他骑着自行车，匆匆向市政府大楼奔去。

进了门，张鸿义招呼着禹国刚："来来来，老禹，请坐。"

禹国刚坐下。张鸿义说："我一直在等你过来，有件事得你来办。"

禹国刚说:"是证券交易所的事吧?"

张鸿义笑了:"哦,你怎么知道?"

这几年来,禹国刚心心念念都是成立深圳证券交易所,听张鸿义这么一说,他心中一阵兴奋。

张鸿义接着说:"老禹啊,证交所的成立,人财物等方方面面都要筹备。今天找你来,是想跟你聊聊人事方面的事情。你觉得王健怎么样?"

张鸿义谈到人事的问题,说明市政府已经在考虑搭班子了,看来证交所成立指日可待。

"王健?太合适了!搞证交所,整顿深圳股市,非王健莫属!"

禹国刚脱口而出。禹国刚比王健大六岁,他们在中行工作期间相识,交谈之下,大有相见恨晚之感。此后两人形同兄弟,无话不谈。

张鸿义说:"但是王健的性格,那火暴的脾气,你知道吗?"

禹国刚当然知道张鸿义是以市领导的高度全面考虑。他当即说:"千人之诺诺,不如一士之谔谔。王健的确有些脾气,但是他为人正直,心胸开阔,即使和同事发生点争执,过后很快就会恢复原样,心里不存芥蒂。我就喜欢他的豪爽。"

张鸿义听禹国刚这么说,顿时来了精神,很显然,他也喜欢王健这一点。"还有呢?"

禹国刚说:"还有啊,就是他的坚韧不拔,他认准的事情,十匹马也拉不回来。他在艰苦的环境里生活了很多年,却从来没有灰心丧气,我佩服他,我们深圳证券交易所,需要这样的血气!"

张鸿义连连点头说:"你说得很对啊,王健搞深圳发展银行,成绩是有目共睹的。我们搞证交所,如果没有这样具备开拓意识的人,是难以推动的！"

禹国刚说："您有这个意，要赶快，王健可能要到蛇口招商银行去赴任了。"

张鸿义说："哦？既然这样，我就交给你一个任务，让你去请王健！"

张鸿义是禹国刚和王健在中行时的共同领导，了解他们两人，也知道他们私交甚笃。后来，张鸿义升任副市长，禹国刚调入资本市场领导小组，王健则开始执掌深圳发展银行。当年禹国刚的第一本著作《证券市场》出版，缺少印刷费，正是王健捐资相助，还问他："老禹，够不够？"君子之交淡如水，若非实在没办法，禹国刚也不会开口，但王健之爽快令禹国刚深受感动。

王健 1950 年生于北京，在天津长大。他生长在一个特殊的年代，也因此遭受了许多苦难。1965 年，王健的母亲积劳成疾，伤心离世。1968 年，被关在"牛棚"中的父亲也意外身亡。三年之中双亲接连亡故，让王健痛不欲生。刚刚办完父亲的丧事，他就在轰轰烈烈的"上山下乡"运动中，去了内蒙古大草原插队落户。出发的时候，火车上哭声一片，震耳欲聋，王健却没有掉下一滴眼泪，太多的苦难让他仿佛在一夜之间长大了。

1968 年 9 月，王健到达内蒙古哲里木盟哈日干吐公社三棵树大队，开始了他的知青生涯，亲戚们也疏远了他。他每天干农活，与农民一起种玉米、荞麦，睡大通铺、火炕。艰苦的生活让王健日益坚强，但也让他养成了刚正不阿的火暴脾气，并为此吃过不少亏。

1971 年，王健因病提前回到天津，结束了三年的知青锻炼，几经辗转后进入一个工厂当工人。他从临时工做起，整整八年，备尝艰辛。

他穷困潦倒，甚至没有多余的钱为自己买一件上衣。为了让衣服能多穿些日子，他干活时干脆光着膀子。有一次，他把上衣脱在一边，却没想到电焊的火花偏偏落在上衣上，烧了一个大窟窿。由于没换的衣服，他就只好穿着那件烧了一个大窟窿的上衣。厂里领导看着不忍，就给了他一件工作服。

即使在这样的生活中，王健也没有放弃努力。工作之余，车间里的其他工人会打牌聊天休息一下，王健却一个人躲在角落里看书。大家都觉得他像个疯子。

1977年国家恢复了中断十年的高考。第二年，王健便以优异的成绩考入南开大学，此时，他已经二十八岁了。他如饥似渴地学习，仿佛要弥补被命运吞噬的岁月。1982年，他大学毕业后又考上研究生，师从金融学名师钱荣昆与王继祖。他原本的计划是毕业后留校任教，然而，1984年的一次社会实践让他改变了主意。那是学校组织去深圳调研，他认识到中国原来有这样一方热土，天高任鸟飞，海阔凭鱼跃，对此他已渴盼多年。

1985年7月，王健毕业后南下深圳，进入中国人民银行深圳经济特区分行工作。当时分行的主要工作是研究经济特区货币政策、管理深圳金融机构业务和配合深圳市政府进行融资。具体的场景历练让王健在学校所学派上用场，他像一匹骏马奔驰在辽阔的草原上。他很勤奋，做了大量关于制定经济特区货币政策的研究工作，高频率发表论文，被人称为"快枪手"。然而，他的火暴脾气却一直未改，他的事业也因此几经波折，先后进入农行、中行等金融机构工作。

1986年，是深圳经济特区建立的第六个年头。短短六年，深圳已经脱胎换骨。经济特区的吸引人之处，正在于"特"，别开生面，与众不同。这一年冬天，《深圳特区报》上的一则消息引起了深圳市民的极大兴趣。

消息是深圳市政府刊登的，内容是深圳人事制度改革，市政府公开向社会招聘十二名副局级干部。这在新中国的干部史上还是第一次。有人将信将疑，认为这又是走走过场的噱头；有人摩拳擦掌，相信这是一次展露才华的机会。

当时，四十二岁的禹国刚从中国银行深圳国际信托咨询公司发展部部长升任行长办公室副主任，三十六岁的王健调到发展部任副科长。禹国刚非常看好王健，希望他去参加这次副局级干部招聘，并相信他一定会名列前茅。因为论年龄，王健正好符合要求；论专业，他是南开大学国际金融专业的研究生，发表过多篇金融专业论文，这在当时并不多见；论组织能力，他是深圳金融沙龙的牵头人；论工作经验，他在人行、农行、信托公司及经济研究部门都干过；论开拓意识，他在全国第一个推出"大面额存款证"和"商业票据"，协助企业向社会集资，声誉颇著。

然而，王健却非常平静，完全没有应聘的意思。一天，几个南开大学同学到他家玩，大家聊着聊着，话题就转向了副局级干部招聘。那段时间，这是深圳最热门的话题。其中一个劝道："老同学，你应该去试试，凭你的业务水平，准没问题。再说，就算铩羽而归，你也不损失什么。"众人七嘴八舌，都希望王健去试一下。

王健先是一笑了之，最后被逼得无奈，只好说："你们以为光凭业务就能考上？这种事，也许人家早就内定了，还能轮到咱们？"

"王健，不会吧？这里是深圳，莫非你不敢应考？"

"哈哈，还有我王健不敢进的考场？既然大家这么抬举我，我就去试试，要是考上了，你们请我吃饭，考不上我请大家！"

"好！一言为定！"

正所谓请将不如激将，第二天，王健就跑到组织部招待所去报名。报名的人很多，他等了很久，才把名报上。但等到考试那天，他才发现实际参加考试的人数更多。考场设在一所小学。整个校园里黑压压到处都是人，每个教室都坐满了，估计有一千多人，都是来争十二个副局级干部名额，真的是百里挑一。但王健就是王健，他考了第一名。

接下来是深圳市政府对笔试优异的候选人进行讨论的环节。很快，十一名候选人确定下来，最后才讨论到王健。王健的笔试固然拔得头筹，却在众多候选人中有两个"最小"，一是年龄最小，只有三十六岁；二是官职最小，只是副科长。为此，赞同与不赞同的两派意见分歧，争论不休。

市委书记兼市长李灏看着大家，平静地说："周瑜二十几岁能统领好三军，而我们的干部都三十六岁了，把工作交给他，我们都不放心？这是个观念问题，论资排辈应当就此终结！我们深圳就是要打破陈规，改革急需年轻有为的人！"

李灏说完，张鸿义说："我也说两句。我非常赞同李灏书记的意见，大家看过王健的简历，他是中行深圳信托公司的，我了解他，他的业务素质、工作经验和工作作风都很过硬。深圳需要这样的干部。"他是爱才之人，对王健珍爱有加。

就这样，有了李灏的肯定，张鸿义的信任，王健终于通过。

1987年3月，王健走马上任，着手筹备深圳信用银行。深圳信用银行后来定名为深圳发展银行，领导班子由招聘来的王健、杨卫东和中国农业银行深圳分行调来的副行长刘自强三人组成。王健担任深圳发展银行的第一任法定代表人。

上任以后，王健雷厉风行，呕心沥血。为改变深圳发展银行的人员素质，他一面向全国招贤纳士，招收那些受过专业教育和训练的工作人员，充实现有岗位；一面在银行内部加强培训，不断提升原有职工的业务能力。从 1987 年到 1988 年底，他组织职工培训、进修达二百人次，占全行人数的一半以上。他还别出心裁，将点钞技术和文明礼貌服务等规范拍成录像片，在全行巡回放映。这种利用电化教学搞职工培训的方式，在 1988 年可不多见。通过这些大刀阔斧的举措，具有中专以上学历的职工比例猛增到 66%，比 1987 年增加了 45%，再加上由全国金融系统调入的人员，不足一年的光景，深圳发展银行的全员文化结构已达到质的飞跃。这个速度令人难以想象。同时，在经营管理上，王健采取目标责任制，放权经营，给各营业所充分发挥的余地。他订立了八大目标，全部定量考核，按照这些目标，业务优劣一目了然，优则继续任职，劣则降级甚至被炒，一切都是阳光管理，业绩数据摊在桌面上。有人赞叹王健，称其公平公正；有人却指责他采用的完全是资本主义手段。王健固然能察纳雅言，但对他不认同的批评，亦如秋风过耳，一笑置之。他就是要打破"大锅饭"，让混日子的人无所遁形。如此一来，上上下下全体职工都有了危机感，都得拼命工作，努力完成各自的指标，否则饭碗不保。当然，业绩突出也有相应的丰厚回报。很快，奇迹出现了，过去信用社的呆账、烂账堆积如山，现在，年底一考核，这两项基本上是零。

深圳发展银行是股份制银行，每一点投入都带着股民的利益。于是资金贷放的安全性显得格外重要。无论是公股还是私股，都有盈利的需求，于是王健针对性地提出了"安全性、流动性、盈利性"原则。

1988 年，深圳发展银行刚满周岁，却已创下了一份光辉的业绩。截至 12 月末，全面并超额完成了董事会下达的各项经济指标，包括外汇在内的各项存款达 10.4 亿元，比 1987 年增长 173%，增加 6.6 亿元；各项贷款 8.4 亿元，比 1987 年增长 154%，增加 5.1 亿元；实现账面利润 3945 万元，比 1987 年增加 2845 万元，增长 258%，人均创利达 10.74 万元；新增设营业网点 16 个；选调了一批层次高、业务熟的骨干人员；全面开办了外汇业务并开始取得效益；会计账务处理电脑化的工作有了新进展。老信用社的一潭死水，不足一年的光景就活了。紧接着，深圳发展银行发行股票、改制上市，不断成为深圳乃至全国股市的龙头和风向标。

1989 年 10 月，深圳发展银行领导班子改组。就在这时，好几家银行都希望请王健前去任职。恰逢招商银行在此时开辟了离岸业务，正需要王健这样的人前往开疆拓土。于是，招商银行的行长、董事们接踵而至。王健的专业正是国际金融，他的性格也更适合干这样的工作。而招商银行的老行长却另有打算，他找到王健说："王总，我现在年事已高，我希望你能尽快过来，熟悉一下这里的情况，然后由你接班。"老行长说得情真意切。王健也知道，招商银行风头正劲，前途无量。这扇门向他敞开，真可谓大道如青天。

然而，这意味着要离开深圳发展银行，王健心里很不是滋味。这是他有生以来干得最为红火的事业，这事业的每一步都记录着他的艰辛。现在深圳发展银行搞起来了，正规化了，效益一翻再翻，真要掉头而去，他还真是舍不得。让他没想到的是，他即将面临更艰难的选择。

那天禹国刚从张鸿义那里回到家中的时候，夜幕已经降临。在他的眼前，却仿佛闪现了万道霞光。自打从日本归来，也已经好几年了，他有时候充满希望，有时候又陷入悲观，他不知道自己所热爱、所投注太多心血的证券和证券交易专业是否能够学有所用，但是那天他终于确信，曙光已现。他想起了冈崎嘉平太先生，心里说："冈崎先生，我们中国终于要有证券交易所了。"同样让他兴奋的是，张鸿义副市长慧眼识人，看中了王健，暗合了他心中的理想人选。

然而对于如何请王健出山，禹国刚却颇费踌躇。他和王健是好朋友，好朋友当然要互相成全。人往高处走，这是人之常情。可这次他劝王健去做的却是一件风险性很大的事业，连他自己都说不好，此行是阳关道，还是走麦城。

1989 年 11 月，深圳股市已经开始升温，黑市交易、幕后交易、股价畸形暴涨、少数人操纵股市等问题有愈演愈烈之势。交易的混乱使股市的健康发展受到影响，甚至会使步履蹒跚的深圳股市中途夭折。这种局面，要治理起来又谈何容易！更何况，王健无论是继续留在深圳发展银行深耕，还是去招商银行开疆拓土，都是非常好的选择。但是，创办深圳证券交易所却是得风气之先，也许更为精彩。正因为如此，禹国刚有了信心，他去到王健住的小区，上了六楼，直奔王宅。

两个朋友平时都忙，见面的机会不多。王健见禹国刚到来，很是欢喜。入座，泡茶。"老禹，今天怎么有空？"

禹国刚不想马上进入正题，就说："也没有什么事，好久不见了，想找你聊聊天！"

两人国内国外、天上地下地聊了一会儿，王健说："老禹，咱们俩谁跟谁啊，你有话就直说。"

禹国刚微微一笑："你知道吧，要成立深圳证券交易所了，有没有兴趣来主持大局？"

王健说："我不干。我知道你和周道志已经干了一年多，做了那么多的工作，我怎么好去接呢？"

听王健这么说，禹国刚也没有坚持，又聊了些家常，辞别而去。

第二天，禹国刚二度拜访王健，不再拐弯抹角，直陈来意。王健说："我就知道这事没完。"

禹国刚笑着说："是啊，我来看看你考虑得怎么样了。"

王健说："还是那句话，老禹，我不是不想跟你合作，我是还想干银行。不瞒你说，招商银行也要请我，那边有离岸业务，正适合我的专业，也符合我的性格。"

禹国刚说："你有更好的活可干，不愿意干交易所，这我理解。选择权当然在你，但我想请你听我说几句。你是金融领域专家，知道深圳证券交易所的价值。中国有很多银行，但不可能有很多证交所，而且我们在深圳做，这可是全国第一家，这是开创性的事业。你知道吗，如果我们把深圳证券交易所推上去，就等于为国家填补了一项空白，这个贡献是历史性的。还有，现在股票买卖都局限于柜台交易，黑市交易随着股市的活跃会越发猖獗，如果没有强有力的措施去管好二级市场，深圳的股份制改革搞不好，就会中途夭折，因此，创办深圳证券交易所是势在必行。你王健是有使命感的人，又有这样的能力，何不另开一片天地，再创一番事业？"

王健认真地听着，也知道禹国刚言之有理，但他依然没有答应。

禹国刚向张鸿义汇报了情况后，张鸿义一个电话，把禹国刚和王健都叫到市政府大楼。禹国刚想，张鸿义亲自出马，王健应该不会拒绝了吧。张鸿义素来平易近人，极为谦和，三人的谈话也非常轻松，可王健仍不松口。

禹国刚心里有点急了。他想，为了请诸葛亮出山，刘备还三顾茅庐呢，他为什么不可以？

他三顾王宅，两人见面，禹国刚再次动之以情，晓之以理，王健却依然如故。禹国刚说："好！你还不表态，那咱们现在去见张副市长！"王健说："去就去！"

说到做到，果然二人再登市政府大楼，叩响了张鸿义办公室的门。禹国刚故意说："张副市长，人我给您带来了，他不给我面子无所谓，给不给您面子，那就看您的面子大不大了。"

张鸿义没有说话，看着王健。王健被禹国刚这么一将，略微有点被动，说："张副市长，我做惯了银行的业务，很熟悉，离岸业务是我的专业，您就让我自己找地方吧，我不给组织添麻烦。"

张鸿义深知，创业不易，人才难得。禹国刚是国内知名的证券专家，王健是雷厉风行的管理者，声名远播。眼下筹办深圳证券交易所，二人简直是绝配。如果放走王健，不知道深圳证券交易所的成立要延宕多久，又会有什么波折。他当然明白王健说"自己找地方"的意思。原来几天前，招商银行行长曾经找到张鸿义，要调王健，但已经被他拒绝，只是王健还不知道，还在满怀期待呢。

张鸿义说："王健，招商银行的事，你就死了心吧！"

王健说："为啥啊？"他目光里满是疑问。

张鸿义说："他们的行长来找过我了，我已经明确表态，不放你走。王健，你一定要明白，我们是党和人民培养出来的，一份伟大的事业摆在面前，我们不光为自己考虑，更要为全局考虑，为国家民族考虑！"

张鸿义的话不啻当头棒喝。一刹那，办公室里的空气好像凝固了，一片沉寂。

过了一会儿，王健说："我听您的！"

那一刻，禹国刚看到了王健眼睛里的豪情。

"王健，我的好兄弟，我们终于又可以并肩战斗了。"

人心齐，泰山移。

乱"市"用重典 [①]

从 1988 年 4 月 1 日第一只金融股票"深发展"上柜交易，到 1990 年 12 月 1 日深圳证券交易所开始集中交易，在这短短两年零八个月的时间里，深圳股市却经历了四个阶段。

徘徊阶段

1985 年 9 月，深圳经济特区证券公司成立，中国人民银行总行批准深圳国库券转让试点，国库券买卖业务十分活跃。

1986 年 10 月，深圳市政府颁布《深圳经济特区国营企业股份化试点暂行规定》，全市开始了股份制改革工作。

1987 年 5 月，深圳发展银行正式获得批准，公开发行 1000 万元股票，但是公众对股票还很陌生，投资意愿也很淡漠。许多人也担心，

[①]　本节内容参看禹国刚:《深市物语》，海天出版社 2000 年版，第 98——119 页。

没有正常运转的交易机构，一旦投资了股票，变现会是个问题。深圳发展银行经过全体员工的四处兜售，仍没有完成发行计划。

1988 年 4 月 1 日"深发展"股票上柜交易，公开转让，有行无市。由于多数投资者只是尝试性买卖，整个交投不活跃。同年 8 月后，行情略有好转，"深发展"股票也不过在 20 — 22 元 / 股徘徊，年成交金额仅 400 多万元。在启蒙、静止阶段，股价基本稳定，市盈率仅为 0.2 — 0.3 倍。

攀升阶段

深圳的股份制一经启动，便大步向前，在积极宣传引导的同时，深圳于 1988 年 12 月和 1989 年 2 月先后又批准了"深万科""深金田"股票发行，并上柜交易。股份制确实创造了巨大的效益，此前，深圳发展银行发展迅猛，经济效益十分显著，仅 1988 年一年利润就为其创建时的三倍。高额的分红派息送红股远远高于银行利息，更超过了人们的预期回报。因此，股票交易开始活跃，公众投资意识增强。深圳发展银行股票带动了相当一部分公众投资"深万科""深金田"股票。投资主体开始多元化，交投亦趋活跃。这一时期，已有上柜交易股票 3 只，证券商 3 家。1989 年全年成交量达 3253 万元。1990 年仅 1 月、2 月成交量就分别上升到 495 万元和 920 万元。股份制企业突出的经营业绩以及高分红的诱惑造成了本阶段股价上扬幅度较大，以"深发展"股票为例，股价一路上升，市盈率不断升高，成交金额不断增多。到 1990 年 2 月，"深发展"股票成交金额也由过去每日 5 万元、10万元上升至每日成交几十万元、上百万元，市盈率已达 1 — 2 倍。

暴涨阶段

1990 年 3 月 10 日，深圳发展银行开始派发 1989 年股息，每股派付现金 0.5 元。新股以每股价格 3.56 元溢价发售。老股拆细，每股面值 20 元的普通股，拆为每股面值 1 元，即变为 20 股。先前被视为疯子、傻子的股票投资者，现在都成了十几万元、几十万元的富翁。

深圳人震撼了！没买股票的捶胸顿足，希望亡羊补牢；买了股票的信心爆棚，希望再接再厉。人们在"老三家"证券部的"白市"里买不到"深市老五股"股票，就在荔枝公园北面园岭小区特区证券部周围自发地形成了黑市。

观望者们再也没了耐性，纷纷入市，红荔路成了各路股民的集结地。当然，蓄存股票，靠送股分红是条生财之道，但这样的速度慢了一点。自从有了股票柜台交易之后，股票一下子像产生了极大的磁力，魔幻般地吸引着人们。"深金田"股票发售时，一家家证券部的门口，通宵达旦地出现了一条条"长龙"。原计划发行 100 万股"深金田"股票，五天就全部售完，最后又增发了 70 万股。银行存款纷纷流向股市，"深圳的股票能赚钱"的消息像无线电波似的，以深圳为圆心，向全国各地扩散。

从 1990 年 5 月起，全国各路人马云集深圳，在股票市场大展拳脚。他们带来了数以亿元计的人民币，人人都盼望一夜暴富，盼望"春种一粒粟，秋收万颗子"。

整顿阶段

股市如脱缰的野马奔腾不羁。场外的黑市非法交易愈演愈烈，场内的"白市"透明度很差，内幕交易时有发生，投资者很难从证券经营机构及时准确地获取成交量等市场信息，股东和投资者的利润难以保障。某些证券从业人员假公济私，利用工作之便吃差价、拿回扣，中饱私囊。各家证券经营机构信息传递困难，尚未形成统一的市场价格，降低了市场效率。不正常的股市引起了深圳市委、市政府的高度重视。1990 年 5 月 23 日，深圳市委书记李灏对深圳市企业股份制改革做批示说："把此项工作搞得稳妥一点，不宜搞得过快、过急，面铺得太大会造成失控，重要的国营企业必须国家控股，对证券交易工作要健全法规。"深圳市政府多次召开会议，研究股市管理和操作中的问题，针对性地采取了一系列措施，诸如税收政策、涨跌停板制度、柜台交易原则、单位购股办法等，市场过热现象得到了缓解。政府果断的应急措施以及一系列治理整顿的文件下达后，狂热的股市一时稳定下来，但是供求矛盾依然突出。一方面是每天以 1% 的上限顶格上涨，股民们几日几夜地排队，饥渴地盼望按牌价买上几股。另一方面，股民们的黑市交易以更加隐蔽的方式进行，而且愈演愈烈。一般而言，黑市价格每股均高出牌价 10 — 65 元不等，"深市老五股"股票市盈率均超过 30 倍，有的股票市盈率已近百倍。一支黑市经纪队伍在形成。股市呼唤规范！人们盼望着公开、公平、公正的交易。而深圳市政府此刻也十分重视股市动态，不但从理论和法制上宣传引导，同时也在加紧筹建深圳证券交易所、深圳证券登记公司，加紧立法，制定证券交易规则等。一丝根治股市弊端，严肃股市纪律，积极稳妥地发展深圳经济特区股票市场的曙光已经出现。

股市在燃烧

美国"股神"沃伦·巴菲特曾经告诫股票玩家："投资者应考虑企业的长期发展，而不是股票市场的短期前景。价格最终将取决于未来的收益。在投资过程中如同棒球运动那样，要想让记分牌不断翻滚，你就必须盯着球场而不是记分牌。"然而在当年的深圳，许多股民的暴富欲望已经超越了理性，也让股价成了脱缰的野马。

1990 年 6 月，深圳发展银行的股票市价"白市"已升到每股 60 元，很快又升到 120 元，有时高达 170 元、180 元，最高达 240 元。深圳发展银行的高派息分红成了股市热化的催化剂，供需极度失衡。1990 年，"深发展""深万科""深金田""深安达""深原野"等五家股票面值仅 2.7 亿元，而深圳人的储蓄总额已经到了 50 亿元，再加上深圳被列为可公开发行股票的股份制改革试点城市，内地资金大量流入，无疑加剧了股票供求矛盾。新股迟迟不能推出，过旺的需求拉动为炒家们提供了可乘之机，僧多粥少，致使股价全面上涨。

1990 年，仅在 5 月下旬至 6 月中旬短短的二十余天内，"深市老五股"的股价平均涨了 76 倍！即使在国外，这种情况也没出现过，当时世界股市中平均市盈率最高的为日本，也只到过 70 倍。

同时，各股成交股数与成交金额也大幅增加，至 6 月 24 日，日成交金额突破 1000 万元大关。社会各阶层越来越多的人在股市集结，形成浩浩荡荡的炒股大军。在股民当中，从机关干部到教师、医生、律师、司机、小贩、包工头，什么人都有，还有许多慕名而来的港澳台同胞。办公室、饭店、理发店、菜市场、公共汽车……无不成为对股市发表高论、交换信息、宣泄情绪的场所。

5 月的深圳刚刚入夏，可是深圳的股市早已热火朝天。位于红荔路的证券公司面积很小，股民们为了争买股票，挤得水泄不通，熙熙攘攘，汗流浃背，有的甚至昏倒在地。于是，"黄牛"应运而生。只要买主愿意出五六十块到一二百块钱，"黄牛"们便不辞辛劳，啃面包、喝饮料，长时间帮着排队等候。这就像是美国旧金山当年的淘金热，淘金者未必能发财，向他们兜售淘金铲的人却赚得盆满钵满。

为了给过热的股市降降温，深圳市政府自 1990 年 5 月 29 日开始出台了几项重要措施，其中一项是中国人民银行深圳经济特区分行连续三次推出股票限价政策，比如 6 月 26 日的限价政策为：每天委托升幅不得超过上一日收市价的 1%，降幅可达上一日收市价的 5%。这种措施让合法柜台交易突然变得异常冷清，许多证券公司几乎门可罗雀。资料显示，当时的五只股票经常性无成交。7 月中旬，深圳经济特区证券公司、中行证券部与市国投证券部三家的日均成交总额只有 388 万元；7 月下旬，三家的日均成交总额才 150 万元；8 月上旬，八家证券经营机构的日均成交总额仅 110.48 万元，甚至出现了有价无量的空涨局面。

与之对照的是场外黑市交易。黑市价格往往要比证券公司的挂牌价格高出一倍，甚至更高。许多新股民本来就是高价位入市，可还没入"白市"便进了黑市。与此同时，一些未经批准发行股票的股份公司瞅准人们求股心切，擅自在社会上招股集资，自印股票，自办股票交易市场，自办过户，简直无法无天。

股价上涨，刺激了一些国营企业抽调资金参与炒股，尤其是那些不太景气的企业，企图以炒股拼搏，摆脱困境。有的股票上柜交易公司看到股价飞涨，有利可图，便把公股大量抛向市场，以图为本企业职工谋利。

股价如此暴涨，已大大超过了股票原有的资产净值，也已远离了价值规律的制约。这当然是不正常的，但是新入市的股民，几乎是不问价格，能在证券部买到股票就像中了六合彩一样高兴。有的公职人员甚至不惜抛弃公职，直接杀入股市。

股价狂涨，黑市猖獗，非上市公司自卖股票……种种乱象令人担忧，似乎深圳的社会经济有被股市冲垮的危险。然而，大多数人并没有感觉到当时的股市已经危机四伏。据估计，1990年3月至5月，黑市交易金额约达5000多万元，超过"白市"交易量的2倍。如果这种混乱局面得不到迅速治理，长此以往，试验中的中国股市必将走入死胡同而被扼杀在摇篮中。

乱"市"用重典

1990年7月3日，审计署会同中国人民银行、国家外汇管理局组成联合调查组来到深圳，对深圳市企业股份制与证券市场展开深入、系统的调查。调查总结了深圳市企业股份制与证券市场发展的基本情况，对于深圳市企业股份制试点在提高企业经营透明度、增强自我发展能力、吸纳社会闲散资金、开辟吸引外资新渠道等方面的积极作用做了肯定，对深圳坚持公有制为主体，试办股票发行和交易市场，通过股票市场利用外资，以及证券市场的组织和管理等几方面存在的问题进行了调查研究，提出了有关的意见和建议。

在联合调查组对深圳股市提出有关意见和建议后，深圳市政府又采取了一系列新的措施，加强深圳股市的整改和管理。

推出《关于股份制改革若干问题的意见》

1990年，根据《关于股份制改革若干问题的意见》，深圳经济特区企业股份制改革联审领导小组成立，小组由市体改委、市经发局、中国人民银行深圳经济特区分行、深圳市投资管理公司组成，联审领导小组的日常工作机构设在市体改委企业处。企业股份制改革的具体审批程序是：企业进行股份制改革，先报送市体改委企业处，再分送其他有关部门后由联审领导小组审定，报深圳市政府批准。如果向社会公开发行股票或股票上柜交易，还应向深圳市证券市场领导小组申报，经批准后，向中国人民银行深圳经济特区分行申请办理募股及交易手续。

"涨跌停板"制度

从 1990 年 5 月 29 日开始，中国人民银行深圳经济特区分行对深圳股市实行"涨跌停板"制度，以抑制过热的股市。自 1990 年 11 月之后，股市一路下滑，涨跌幅度比例也数度调整，最小限幅为不超过前一日收盘价的 0.5%。交易量急剧萎缩，出现了空跌现象。1991 年 4 月 22 日，深交所无一笔成交，加上"涨跌停板"的"助涨助跌"作用，模糊了"绩优股"与"绩劣股"股价的差别，股票交易的限价措施受到普遍批评。深交所考虑到深圳股市的投资者经历了狂涨暴跌的考验，比以前成熟了；加上深圳市政府要救市，不能作茧自缚，必须取消"涨跌停板"。1991 年 6 月 8 日，深交所在"深万科"股票完成分红配股之后复牌时，率先取消了"涨跌停板"。8 月 17 日，在其他几只股票交易时，也都取消了"涨跌停板"。至此，深圳证券交易所率先全面放开了股价。

征收股票交易印花税

1990 年 6 月 28 日，深圳市政府颁布《关于对股权转让和个人持有股票收益征税的暂行规定》，对股权转让、股票利息征税，股息分红超过国家银行一年期存款利率部分，缴纳 10% 的个人收入调节税，并采纳禹国刚的建议，决定对卖出股票的一方征收 6‰的印花税。11 月 20 日，深圳市证券市场领导小组决定对购买股票的一方也征收 6‰的印花税，即交易一次，买卖双方各缴纳 6‰的印花税。1991 年 6 月 1 日，深圳市政府决定调低股票交易印花税税率至 3‰。

成立深圳市证券市场领导小组

1990 年 7 月 2 日，为了加强对深圳证券市场的领导，协调各管理部门管好市场，促进证券市场规范运作并健康成长，深圳市政府批准成立深圳市证券市场领导小组。该领导小组由中国人民银行深圳经济特区分行、市体改委、市工商局、市税务局、市财政局、市监察局、市审计局和深圳市投资管理公司等部门组成，主要职责是领导和推动深圳证券市场的筹建和发展；领导制定深圳证券市场有关方针政策、法规及工作计划等，并对实施情况进行检查和指导；审批上市公司的发行计划及资信，查处证券业违法行为；定期或不定期地向深圳市政府报告证券市场发展的情况，提出解决问题的措施和建议。市证券市场领导小组的日常事务工作由市证券市场领导小组办公室主持，该办公室常设于中国人民银行深圳经济特区分行。

加强对股市宣传报道的管理

为加强对股票市场宣传报道的管理，防止不恰当的宣传报道分析引起股市的不正常波动，深圳市政府和中国人民银行深圳经济特区分行于 1990 年 5 月加强了对股市宣传报道的管理。规定暂以《深圳特区报》为公开披露深圳证券市场信息的唯一报纸，其他公开发行的报刊不准登载上市公司及证券市场的有关文章；有关股市及上市公司的文章，要经中国人民银行深圳经济特区分行认可无误导消息后，方可刊载。

成立深圳证券登记公司

早期深圳证券市场股份由发行公司自行登记，1988年4月后，改由证券经营机构代理登记。这种代理的、分散的登记方式存在很大弊端。1990年7月，深圳市开始筹建深圳证券登记公司。8月1日，中国人民银行深圳经济特区分行批准成立深圳证券登记公司筹备组。8月15日，深圳市人民政府办公厅发文同意成立深圳证券登记公司，公司资本金来源于经中国人民银行深圳经济特区分行同意的金融机构，是深圳市记名证券集中登记过户的唯一合法机构。1991年1月24日，中国人民银行发文同意成立深圳证券登记公司。

禁止擅自发行股票

1990年9月9日，深圳市政府发布《关于严格制止企业以股票债券形式擅自集资的公告》，规定未经中国人民银行批准，任何单位不得在内部或社会以任何方式进行集资活动；凡未经中国人民银行批准的任何集资发行，政府及有关部门将不对投资者负任何责任。深圳市国润小汽车出租公司于1990年9月到10月间，违反金融法规擅自发行股票集资，扰乱金融市场秩序，受到深圳市政府和中国人民银行深圳经济特区分行的教育、劝阻和制止。司法机关采取强制措施，对直接责任人实行了收容审查，查封了该公司的集资款账户。深圳市政府和中国人民银行深圳经济特区分行对该公司擅自招股做出了退股的处理决定。

规范股票印制管理

为规范深圳股票市场的运作，便于股票的交易、交收、清算和过户登记，中国人民银行深圳经济特区分行发布关于深圳市股票印制管理的暂行规定。规定实行"一手一票"制，即全市各发行公司的股票统一规定每股的面值均为 1 元；规定了股票的设计要求，包括尺寸、纸张、文字、颜色、股票正面应具备的要素、股票背面的设计等等；规定股票必须在中国人民银行深圳经济特区分行指定的印钞厂印制。

防止国有股、企业法人股在转让中流失

为防止国有股、企业法人股在转让过程中流失，1990 年 11 月 5 日，中国人民银行深圳经济特区分行发布关于当前股票转让、过户有关问题的通知，规定凡国营企业所持有的股票应在国营企业之间凭有关部门的批准文件办理转让及过户；过户登记机构暂不办理国营企业法人股转让给个人股的过户手续；公股间的转让过户，应凭有关证明文件并影印留存备查；已办理或今后办理国营企业法人股的转让手续，须将其全部手续包括股票、批准转让的文件、协议、承让单位营业执照、有关证明及交割单复印件，报中国人民银行深圳经济特区分行备查；定向成交的公股，也要挂牌披露。

成立深圳市证券商协会

深圳市最早的证券商同业组织是 1990 年 8 月 31 日成立的深圳市证券商联席会议。1994 年 7 月 2 日，深圳市证券商协会正式成立，它是深圳市证券商的行业自律性社会团体，其会员由经依法批准的在深圳设立的证券商及其他证券经营机构组成。协会的宗旨是：加强证券

商的自律管理，维护证券商的权益，竭诚为证券商服务，促进深圳证券市场的健康发展。1997 年 10 月 22 日，深圳证券商协会更名为深圳市证券业协会。

深圳证券交易所诞生

成功的人生大概有两种：一种是做对的事情，一种是把事情做对。成功的城市大概也是如此。自建立深圳经济特区以来，深圳就朝着既定的方向勇敢迈进，尽管中间会出现这样那样的波折，但最终总是能"潮平两岸阔，风正一帆悬"，回到正确的轨道。

要根除深圳股市柜台交易弊端和黑市交易乱象，挽救垂危中的深圳股市，只有把深圳证券交易所尽快建立起来，实行集中交易，方能治理好深圳股市。

1989 年 11 月，深圳市政府决定加快筹建深圳证券交易所。为了使深圳资本市场建设的各项工作更好地协调配合，深圳市政府调整了资本市场领导小组的成员。

1989 年 11 月 15 日，这一天禹国刚特别兴奋。市政府下达了《关于同意成立深圳证券交易所的批复》。全文如下：

深圳市资本市场领导小组：

来文收悉。经研究，同意成立深圳证券交易所，现就有关问题批复如下：

1. 深圳证券交易所的宗旨是发展和完善深圳金融市场，为深化企业体制改革创造市场条件，引导社会资金流向，优化经济结构，保障投资者合法权益，维护社会公共利益，促进深圳经济发展。

2. 深圳证券交易所是在深圳合法注册，实行独立核算、自负盈亏的股份有限公司。深圳证券交易所具有企业法人地位，采取会员制组织形式，并非以营利为目的。证券交易所的章程、业务规程的制订及变更事项，须报市人民政府证券交易管理部门批准。

3. 深圳证券交易所采取私募方式设立，其股份只限于该所认定的在深圳注册登记并从事证券业务的合法企业法人认购。

4. 深圳证券交易所注册资本暂定为人民币 1000 万元。

5. 深圳证券交易所是深圳有价证券（股票、债券等）集中买卖的唯一合法场所，只限于买卖有价证券的现货和期货以及与各种证券交易，包括产权股权转让、期货、期权合约、大额存款证等交易有关的业务。深圳的证券交易通过深圳证券交易所进行；凡在深圳证券交易所上市的证券以及在该所从事证券交易的经纪、经纪代表等，均须遵守该所的章程、规则等。

6. 证券交易所暂定员 15 人。随着事业的发展，人员可适当增加。

7. 用于交易所作业的微电脑、程控交换机、空调机等设备，可根据实际需要，向市有关部门申报购置。

请径向市有关部门办理相应手续。

深圳市人民政府办公厅

一九八九年十一月十五日

文件下达后，深圳证券交易所筹备组随即成立。这时的主要成员只有禹国刚和王健两人，他们俩都是筹备组负责人。王健是深圳市资本市场领导小组成员之一，禹国刚是深圳市资本市场专家小组组长，二人共同负责深交所的筹建工作，包括选址、招股、改章、建制、电脑软件开发等。各项工作开展起来后，他们还得到了证券交易所联合设计办公室（后文简称"联办"）的大力帮助，使孕育中的深圳证券交易所有了良好的先天条件。

1989 年 11 月 16 日，《香港经济日报》以《深圳证券交易所明秋启业》为题进行了报道："副市长张鸿义昨天表示，有关证券交易的四项法规已定稿待审议……而深圳证券交易所场址亦正筹办当中，如一切进展顺利，深圳证券交易所可望明秋开业……广东省以至跨省企业均可申请上市。"

为了集思广益，制定出经得起检验的深圳证券市场管理规范文件，张鸿义在广泛征求深港两地专家意见并修改四项法规的基础上，又亲自召集中国人民银行深圳经济特区分行、深圳市投资管理公司、市法制局、市工商局、市财政局、市税务局、市司法局、市体改委、市多家会计师事务所等单位领导，以及深圳市资本市场专家小组和深交所筹备组的负责人开会，要求他们于 1990 年 1 月 22 日至 23 日对四项法规草案进行充分讨论，反复论证，提出意见和建议，责成禹国刚负责修改完善。

筹建深圳证券交易所伊始，禹国刚和王健商定，先找财源。经过禹国刚和周道志协商，把原先贷来的那 20 万元办公经费余额，转至深交所筹备组名下，用禹国刚的私章，配以深交所筹备组的公章，去银行办理开立新账户和存取款等手续。有了钱，接着找"窝"。禹国刚和王健找到了深圳市物业集团，物业集团在国贸大厦三楼腾出了三间仓库，那里就成了他们的办公室。

1989 年 12 月 28 日，禹国刚和王健共同起草了《深圳证券交易所筹建方案》。由于没有打印机，禹国刚拿着方案，到他的老单位中国银行深圳分行去蹭打印。

有了启动资金和栖身之处，他们立即"招兵买马"。禹国刚去找张鸿义，请他给几家银行行长打个招呼，借给他们几个工作人员。为了能有把"尚方宝剑"，禹国刚事前专门写了一份报告。张鸿义在报告上批示：可与有关单位商定。请有关单位给予支持。

禹国刚和王健又拟定了几份文稿，其中的出资入股邀请函和关于缴纳股金函，由禹国刚拿到他的老单位去打印。

他们取消了假期，利用一切时间，趁热打铁，全面修改完善各项法规草案。

邀请机构出资入股尚未成立的深圳证券交易所，是需要逐个跟这些机构沟通的。转眼三十年过去，禹国刚至今还记得那一段时间，他每天骑着单车，沿着深圳的街道轻快地穿梭，阳光洒在脸上，街声响在耳边，他享受着那种愉悦的辛苦。他的目的地是诸如深圳经济特区证券公司、中国银行深圳国际信托咨询公司、中国国际财务有限公司（深圳）、深业投资发展有限公司等十三个单位，他与这些单位的负责人寒暄，恳谈，介绍情况，畅想未来。每敲定一家，仿佛是又完成了一块梦想拼图。

继杨卓鑫率先到深交所筹备组工作之后，从几家银行和投资管理公司等单位借来的人员相继到位，有王卫卫、麻昉、许建和、曾宇标、张桂淑等人。王健和禹国刚他们还请来了一个大神级的打字员，名叫李红，打字又快又准，简直是万语千言一挥而就。现在手机、电脑普及，无论是手写输入、拼音输入还是语音输入，都不新鲜，可是在三十年前，打字却是一项重要的技能，像样点的单位基本都配有打字员。禹国刚估计，在深交所筹备期间，李红打字输入的深交所业务规则、报告等资料不下三百万字。这些资料输入之后，还会改写，再输入，再改写，不知修改过多少次，又重复打印了多少次。

经过几个月的奋战，《深圳证券交易所可行性分析报告》的第二稿终于完成。这是在 1989 年 4 月第一稿的基础上，再经过社会调查而形成的报告。1990 年 3 月，这个报告放到了决策者的案头。报告要点如下：

一、市场分析

（1）上市公司数目。1989 年深圳注册的股份制企业 190 家，资本金 1.9 亿元，已公开发行股票并在市场流通的公司虽然仅 5 家，但还有不少公司正在申请公开发行和上市。如果深圳市企业股份化、股权证券化的进程能够达到基本预期，第一年有 8 家企业上市，以后每年 12 家公司上市是可达到的。基于深圳特殊的地理和经济环境，不仅深圳本地企业，整个广东、华南以及内地其他地方的企业也有来深圳上市的可能，那么，每年实际上市的公司将会更多。

（2）上市公司资本总值。深圳现有上市公司资本总值约 5 亿元，按每年上市 12 家公司计算，如要每家上市公司法定资本最少为 1500 万元，上市公司总值每年要增加约 2 亿元。

（3）股市总市值及日成交额。深圳股市现有市值约 7 亿元的股票，日成交额约 1000 万元。考虑到最初上市的公司经营管理水平较高，行业发展潜力和本身实力较大，前三年股市总市值平均每年可增加20%—25%，参考香港、纽约、伦敦等地每日交易额与股市总市值比率，1%是一个可以实现的期望值。随着社会公众投资意识的增强，证券交易市场的逐渐成熟，交易将日趋活跃，此项比率可望增到1.5%，如果把国库券与其他债券的发行、流通考虑进去，日交易量将会更大。

二、深圳证券交易所投资计划

（1）本项目第一期投资估计为130万元人民币。

（2）本项目实施中，拟采用电脑设备。这是考虑到深圳证券交易所数据采集、处理的工作量非常大，而对准确性和处理速度的要求又很高。若靠人工处理，不仅极易出错，而且效率极低，许多工作将会因工作量太大而无法进行。另外，由于增加人员配备，其工资、住房、各项福利等支出也为数甚大。因而，用电脑代替人工完成大部分数据处理工作，从比较成本——效益方面来说，也是合算的。

（3）电信设备。每一经纪代表将至少配备1台相互间联系用的内线电话和与深交所联系用的外线电话。另外，为了适应及时联络深交所各部门主管和业务的需要，需置传呼机5个、对讲机5部及无线电话1台。

（4）交通设备。深交所配备轿车、面包车、押钞车各1辆。

三、经济效益分析

（1）深交所营业收入。第一年可得收入123万元，以后每年按30%递增。

（2）管理费。深圳证券交易所初期定员为15人，随着业务的开展和市场规模扩大，人员将会相应增加，第一年管理费约需51万元。

（3）折旧。项目形成的固定资产原值约为161万元。固定资产折旧按深圳市人民政府的有关规定执行。

四、结语

营业利润虽然每年按 30% 递增，但税后利润仍需七年才能收回投资，因此，按香港联交所做法，政府应当在税收、地价及地租上予以优惠或采用国际惯用的出售经纪牌办法，以 20 万元一个，只要经纪人达 50 个，便立刻收回投资。至于其在促进经济体制改革，筹集经济建设所需资金，优化产业结构等方面的积极影响则更为深远。

在今天看来，这份可行性报告也许比较保守，可在当年却已经非常大胆。撰写这份报告的目的，是要在获得深圳市人民政府同意后，带着它到北京去汇报。

1990 年 4 月 3 日，禹国刚和王健、麻昉、王卫卫、张桂淑等到香港的联交所、期交所和证监会学习考察，征求他们对可行性分析报告及筹建深交所的意见和建议。

1990 年 4 月 23 日，《深圳证券交易所股东入股协议书》全部签字完毕，拟注册资本 1000 万元人民币。经协商，深圳证券交易所由下列单位投资入股组成：深圳市投资管理公司、深圳市物业总公司、中国建设银行深圳分行、招商银行、深业投资发展有限公司、中国有色金属深圳财务公司、深圳经济特区证券公司、深圳经济特区发展财务有限公司、中国农业银行深圳信托投资公司、中国工商银行深圳信托投资公司、中国银行深圳国际信托咨询公司、深圳市国际信托投资公司、广东国际信托投资公司深圳分公司。

1990 年 5 月，深圳证券交易所的筹备工作已经基本完成，禹国刚、王健以及曾柯林等人赴京，向中国人民银行总行汇报，期望尽早开市。接待他们的是金融管理司司长。司长在听取了禹国刚关于筹建深交所的工作汇报后说:"老禹,深圳证券交易所这个名字太敏感,不能批!依我看,名字暂叫深圳证券市场好,可以立即开展工作。"

禹国刚心里想的是国际惯例,他希望中国以全球的高度来进行擘画,于是说:"这和菜市场、肉市场有什么区别呢?"

司长说:"你不懂,先用这个名字,以后成功了可以更名嘛!"

禹国刚顿时恍然大悟。他明白在当时的社会气氛下,"深圳证券交易所"这个名字有可能会引起无谓的争议。司长是站在全局的高度,希望策略性地予以折中。尽管如此,他们还是没有从北京拿回批文,没有批文就不好开市,动也不是,不动也不是。不过,他们对所有的筹建资料都进行了"改名换姓",第一次把"深圳证券交易所"全部改为"深圳证券市场",第二次改为"深圳证券交易中心"(不同于几年后多地出现的"证券交易中心"),第三次还原到深圳证券交易所。

对他们来说,名称固然重要,但更重要的是能赶紧开市。禹国刚和王健商量,决定先给各个证券部发通知,让他们在7月初把各自要穿红马甲的人员名单报给深交所,统一制作红马甲。7月26日深圳证券交易所第一届出市代表培训班结业,这也是深交所万事俱备的历史见证。"红马甲"培训了将近一个月,毕业考试题目是禹国刚最后定下的。

他们希望8月深交所开市。可是临近要开的前两天,却传来风声说"不能开"。第二次要开的前两天,又传来风声说"不准开"。然而,禹国刚他们却从报纸上看到上海证券交易所计划年底开业的消息。

此时,又发生了一起"乌龙事件"。

有一天,深交所原结算交收部经理兼接待部经理徐虹,在位于深圳国投大厦十五楼的深交所筹备办公室接待了一个香港访问团,她向

1990 年 11 月 22 日上午，时任深圳市委书记李灏（右一）、市长郑良玉（右二）视察深交所，当日拍板开市时间。左一为禹国刚。

客人介绍了深交所筹备情况。当时有记者问道：上海证券交易所拟于 12 月 19 日开市，深圳证券交易所什么时候可以开市？徐虹回答道："只要批准，即使是 12 月 1 日开市，我们也已经做好了万全的准备。"不料几天后，香港某财经报纸却大幅刊登了这样的报道："深圳证券交易所接待部经理徐虹宣布，深圳证券交易所预计在 12 月 1 日开市。"消息一出，整个市场都炸了锅。禹国刚赶快给深圳市相关领导逐一汇报，解释了这起"乌龙事件"，并再次表明了希望深交所早日开市。李灏书记听了禹国刚的汇报后说："你回去，这事我后面会处理。"

1990 年 11 月 22 日，李灏书记、郑良玉市长、张鸿义副市长等市领导和中国人民银行深圳经济特区分行几位行长一行，到国投大厦十五楼视察深圳证券交易所筹备情况，现场办公。李灏书记走进会议室，还没坐到沙发上，第一句话就说："今天我们是来拍板的。"

禹国刚说："今天你们能拍板，明天我们就开市。"

李灏书记说："老禹，你不是给我汇报，一切都准备好了吗？来来来，先给我们表演一下，看看再说。"

禹国刚早就在等待着这样的时刻。请出"红马甲"，先上板竞价，拿油笔写白板，进行股票竞价交易。紧接着，做了打手势，口头唱报股票买卖。最后，还做了电脑自动撮合买卖股票的演示，深交所股市行情电子揭示板上不停地滚动着各种数据。一整套的操作如行云流水，大家都看得出神了。禹国刚介绍说，这样用电脑操作很规范，能克服许多弊病，深圳股市的交易混乱往往出现在这个环节，人工操作容易做手脚，但实现了电脑自动撮合、自动过户，人为搞鬼便没了机会。

这时，李灏书记问禹国刚："一切都准备好了，干吗还不开市？"

禹国刚回答："证券主管机关还没批下来。"

关键时刻，李灏书记、郑良玉市长和张鸿义副市长顶住了压力，经过认真考察，当场沟通，李灏书记当即拍板：批准不批准，我们政府负责，12 月 1 日深交所就试业，率先开起来！此事我们今天就在这里最后拍板定了，今后不再开会研究！

由此可见，深圳市委、市政府勇于担当，坚定地支持改革者的探索精神，并以高超的领导智慧，为他们解决面临的难题。

1990 年 12 月 1 日，那是一个周六（上午开市下午休息）。时钟指在上午九点，没有鲜花，没有掌声，没有冠盖云集，有的是"深市老五股"之一的"深安达"股票率先在深圳证券交易所挂牌集中交易，标志着深圳股市开始朝着规范化的方向发展。当时本着先规范化（将原来"一户一票"的股票，转换成"一手一票"的标准股票）、先托管、先上市的原则，"深安达"股票率先办好了托管手续并完成了一系列规范化工作，成为在深圳证券交易所第一只挂牌集中交易的股票。"深安达"股票的集中交易，标志着新中国从这一天起就有了资本市场。

当天，深交所鸣钟开市用的那一口钟，是禹国刚特地请人从香港买回来的。钟的历史悠久，在三千多年前的商朝，多为青铜制，是非常重要的礼器，古时候广泛应用于宫廷礼仪。

当天上午，"深安达"股票成交 8 笔共计 8000 股。在这个历史性的时刻，禹国刚（深交所副总经理）、温彤筠（市国际基金部驻深交所出市代表）、周顺祥（深交所顾问）、王健（深交所副总经理）、伍德民（深圳有色财务证券部驻深交所出市代表）一起合影留念。

多年后，李灏在中共党史学会主办的时政文史月刊《百年潮》（2011 年第 1 期）上撰文《主持深圳工作的八年》，回忆了当时的情景：

到了 1990 年，场外黑市交易泛滥起来，到了难以控制的地步，为了加强对股票交易的管理，我们加快了建立证券市场的步伐。这期间，上海市领导带队专门来我们这里取经，把我们几乎全套的东西拿去复制。没想到结果是，我们先报了，北京不批；上海报上去，就批下来。知道这个信息，到 1990 年 11 月下旬，我们所有的证券交易系统都搞好了，我说不能再拖了，今天就拍板，就同郑良玉、张鸿义几位市领导，还有几大银行的行长，一起来到证券交易所参观观摩，大家很兴奋。筹备组负责人王健和禹国刚告诉我说，准备工作早做好了。我说为什么不开？他们说，没批下来。我说，明天就试业，批准不批准，我们政府负责。选定试业的日子是 12 月 1 日，我们说的是"试业"，不用"正式开业"这个词。上海 12 月 19 日是正式开业，我们是

12月1日试营业，也没搞仪式，到第二年（1991年4月16日）批下来，1991年7月3日才补办了仪式。

1990年12月1日，深圳证券交易所率先开始集中交易，王健（左）和禹国刚（右）鸣钟开市。

1990年12月1日，深交所开始集中交易。"深安达"股票第一笔交易成交后，禹国刚（左一）、温彤筠（左二）、周顺祥（左三）、王健（右二）、伍德民（右一）合影留念。

第七章

规矩方圆

1992年，深圳股票发行市场发生了轰动全国的"8·10风波"，大伤深圳股市元气。怎样重振深圳股市雄风再创辉煌？1993年，主持深交所全面工作的法定代表人禹国刚，推动深交所在全球股市中第一个同步实现"四化"，即交易电脑化、交收无纸化、通信卫星化、运作无大堂化。深交所一跃成为亚太地区乃至世界知名证券交易所，其证券交易系统技术水平至今一直处于全球领先地位。这"四化"不但为中国资本市场开辟了一条规范、安全、高效、低成本的发展道路，也促进了深交所跨越式发展，成为2010年和2017年全球IPO融资金额均名列第一的资本市场。

轰动全国的"8·10风波"

1992年8月8日到10日这三天，原计划发行深圳市该年度的新股抽签表。当时深圳约40万股民，内地来了大约80万，加起来大约是120万，深圳城乡303个发售点，提前三天就有人排队了，大家提着从全国各地找来的成捆的身份证，排着队准备认购新股抽签表。

谁知新股抽签表在开始发售两个小时内，就相继宣布售罄。这是种极不正常的现象。那几天天气也很反常，一会儿烈日炎炎，股民们个个汗流浃背；一会儿又暴雨倾盆，股民们个个淋得像落汤鸡。认购抽签表的120万股民分布在303个发售点，不分男女老少前胸贴后背地拥抱，生怕被人群冲开。队伍排得如长龙，首尾难见。股民们就这样"鏖战"了几十个小时，结果抽签表卖了两个小时就没有了。他们的心情能平静吗？于是就开始自发地集聚。

当股民们发现是营私舞弊者暗箱操作后，8月10日下午，数万人从各方一起向市政府集结，市政府周围的道路全被堵塞。围在市政府门前的数万人喊着口号："严惩腐败！""我们要股票！"在深南大道、红荔路，有人烧摩托车、烧小汽车，形势危殆。整个局面失控，酿成了轰动全国的"8·10风波"。

"8·10风波"的起因

在股市试验的初期，社会上对股票还缺乏认识。新中国第一只公开发行的金融股股票——"深发展"股票，于1987年5月向社会公众公开发行50万股，每股人民币20元，但受到冷落。

1990年，深圳股市得到了长足发展，共有证券交易部16家。受到深圳发展银行股票分红派息拆股的刺激，国人股票投资意识突然增强。

1991年11月10日，正当深市牛市勃发之际，又有11只新股发行上市。当时在一级市场认购新股，一般能稳赚。

怎样发行好这批原始股票呢？几种方案，经再三讨论，最终决定使用电脑抽签办法：让股民排队买认购表，摇号抽签，抽中一张者可买1000股原始股票。主管部门印了300万张表，约供60万人，在全市292个抽签表发售点，一上午就售出270万张。

1992年1月，邓小平同志视察深圳时指出，证券、股市，这些东西究竟好不好，有没有危险，是不是资本主义独有的东西，社会主义能不能用，允许看，但要坚决地试。看对了，搞一两年对了，放开；错了，纠正，关了就是了。

在深市领先于沪市的情况下，1992年度的新股发行方案开始讨论了。几种方案，上上下下，讨论了几个月，讨论了多次，难以定夺。有人提出再用抽签表办法。

禹国刚坚定地说："老谱不要袭，空城计只能用一次！再用抽签表认购新股会出问题的，会为一些人走后门提供方便，极易发生腐败。"

有人说："那就参照国外，让股民预付款，或用存款抵押。"

有人反对："中国人穷，谁拿得出很多预付款、存款？"

这时股民也纷纷给有关部门写信、打电话，有些老工人打市长专线电话，呼吁从群众利益出发，还是采用买表抽签的办法，给大家一个均等的机会。市政府有关部门，包括信访部门，也通过各种渠道要求市政府仍然实行上一年搞过的抽签表的办法。在这种情况下，深圳市证券市场领导小组在讨论时，大都倾向于再用抽签表，并形成了方案上报市政府审定。市长郑良玉尊重群众呼声，拍板决定同意市证券市场领导小组的方案，即再次使用抽签表办法发行1992年新股。

这个方案的主要内容是：集中发售500万张新股认购抽签表；每个人可凭10张身份证认购10张抽签表；每张表收费100元；电脑摇号中签率10%；每张中签表可认购1000股新股票；境内年满18周岁的中国公民一视同仁，均可参与本次抽签表认购。

显然，这个方案又进一步加剧了认购新股的诱惑力，甚至可以说是误导。因为按这个方案，一个人可以买10张表，中签率10%，没有什么风险，中一张签买1000股原始股票，就可以在二级市场赚几万元。因此全国各地几十万股民南下深圳，有人甚至到农村收购身份证，多得用麻袋装。由于这次发行方式有问题，投机行为愈加疯狂，加上售表中出现了非常严重的舞弊行为，导致发生"8·10风波"，后果的确比想象的要严重。

1992年8月6日晚，深圳电视台和深圳广播电台播出了1992年度新股认购抽签表发售公告。次日，由中国人民银行深圳经济特区分行、深圳市公安局、深圳市工商行政管理局、深圳市监察局联名发布了该公告，并定于 8 月 9 日、10 日两天发售抽签表。

结果，来自全国各地的约 80 万人一下子潮水般地涌入深圳。市内的酒店、招待所人满为患，还有 20 多万人在街头露宿。当时，从广州开往深圳的火车、长途汽车票价都涨了四五倍。因为认购抽签表要凭身份证，而且规定每个人可以携带 10 张身份证购买抽签表，于是形成了身份证全国大搬家，估计至少有 320 万张身份证邮寄到深圳，有的邮局收到的一个包裹里竟有 700 多张身份证。

自 8 月初开始，从全国各地涌到深圳的约 80 万股民，加上深圳本地的 40 万股民，合计约 120 万股民在全市城乡 303 个发售点排队认购抽签表。由于人多，天热，各个发售点秩序混乱，深圳当时动用了几千名公安干警、1200 多名武警战士维持现场秩序。

8 月 9 日，开始发售抽签表时，秩序更加混乱，也出现了维持秩序人员打人的情况。原计划用两天时间发售完 500 万张抽签表，谁料想抽签表刚开售不到两个小时，一个个发售点相继打烊了，说抽签表已售完。排队的"人龙"惊呆了，根本不相信自己的耳朵，500 万张表怎么不一会儿就卖完了？千里迢迢，多少辛劳，多少期盼，怎么一下子全化作了泡影？正当"人龙"茫然若失时，有人看到坐着小汽车、骑着摩托车、穿着制服的人，从后门进去买了大把大把的抽签表。"人龙"散开了。烈日下，排了两天队没买到股票的股民意见很大，群情激昂，要求市政府严惩腐败。

8 月 10 日，在各售表点排队没买到表的股民不肯离去，到傍晚开始游行示威，数万人从各处陆续向市政府集结，很快就到了市政府大门口，秩序越来越混乱，连信号弹都打起来了，事情已经发展到千钧一发的紧急关头。这时，市政府的院子里已经坐满了全副武装的武警战士。数万股民围在市政府周围，深南中路交通干线以及市政府门口的道路被堵塞。围在市政府门口的别有用心的示威者还试图冲进市政府机关大院。

"8·10风波"的化解

深圳市委书记李灏、市长郑良玉、副市长张鸿义、市政府秘书长李定、市监察局局长李海东等领导人，快速赶到市政府北门口。他们来不及去会议室了，就在大门右侧的传达室磋商解决问题的办法。传达室一片寂静，没有一个人发言。李灏也闭目仰面朝天，思索着解决问题的办法。

多年后李灏在接受采访时说："事情到了千钧一发的紧急关头。怎么办？大家一下子束手无策。我说，大家有什么好的措施？如果没有什么别的办法，我提议把明年5亿元股票额度提前到今年发行。因为股民都是冲着股票来的，不能满足他们的要求，即使没有出现舞弊行为，他们也不满意。为什么？因为我们决策有错误，股票发行本身有缺陷，买股票怎么会没有风险，稳赚不赔？利益使得他们急红了眼。有人说这个办法不行。寅吃卯粮，把明年的额度挪用到今年，要不要向上面请示批准？更好的办法又提不出来，干着急啊！千钧一发，分秒必争啊！哪里还有时间给你层层请示？我说，事不宜迟，就这样定了，全部责任压在我一个身上，撤职、法办我一人承担！决定以后，连起草文件都来不及，草草写了五条，晚上九点四十分，以市政府公告形式拿到广播车去广播，同时派出机关人员在人群集中地点宣传公告。这五条公告主要内容是：你们游行示威、冲击机关是不对的；要保持秩序；我们一定惩治腐败；市里决定增发500万张抽签表，将明年的额度提前发行；明天还在原来地点买。后两条最关键，结果，游行队伍呼啦一下散去了，都去排队了。"[1]

"8·10 风波"的教训

增发 500 万张抽签表的公告广播以后，许多工作连夜进行。

深圳市委、市政府召开全市局级以上领导干部会议，要求各单位领导按照会议下达的任务，组织好本单位干部职工于 11 日早晨八点开始发售新增发的抽签表前，抵达指定的售表点维持秩序。

最难的是布置落实连夜赶印 500 万张抽签表。由于时间太紧，专用纸张不足，只好改为印刷工序简易且票面面积较小的抽签表兑换券以应急。印制完成后，再组织人手把兑换券按照 303 个售表点各应分的数量打包，按照先远后近顺序边印边送达。同时，安排人员把新印出来的使用兑换券的公告，在 11 日八点前送到各个售表点予以张贴。

李灏后来在他的一篇文章中写道："一切部署完毕，大概凌晨两点钟左右，罗干同志来电话询问事件情况，我把整个过程如实报告，说已经平息了。过了一会儿，丁关根同志也来电话询问，我又报告一次。又过了半小时，李鹏总理亲自打来电话，询问情况。我告诉他，我们处在一种除了这个办法神仙也挽救不了的局面，挨什么处分我都认。李鹏说，你在第一线，你了解情况，就按你的意见办。我很感激李鹏，在这关键时刻他支持了我的紧急措施。凌晨三点多我回到家里，刚躺

---

① 见腾讯财经 2008 年 9 月 26 日专题：《深圳市委原书记李灏自爆 8·10 股市事件内幕》，https://finance.qq.com/a/20101019/002784_8.htm。亦可参看中央电视台财经频道为纪念中国资本市场成立 20 周年，于 2010 年 9 月 6 日播出的电视系列短片《中国股市记忆》第二十一集《8·10 事件》。

下，省委书记谢非来电话，我又报告一番。

"一夜就这样过去，平生最惊心动魄的就是这件事了。现在想起来，仍然有些后怕。事情发生在小平同志南下视察后不久，如果冲击边检，冲击政府机关，出现重大冲突流血事件，怎么向中央交代？后来中央通报批评我负一定的领导责任，我心悦诚服地接受。"①

"8·10风波"发生后，国务院五个部委组成了调查组，由中纪委驻金融系统纪检组组长侯颖带队到深圳进行情况调查。

调查组在深圳做了近一个月的调查了解，调阅了有关材料，查看了相关的会议记录，找有关领导同志和当事人谈话，从多方面了解情况。在此基础上，中共中央办公厅、国务院办公厅印发了关于"8·10风波"情况的联合通报，明确了责任。副市长张鸿义负直接领导责任，市长郑良玉负主要领导责任，李灏作为市委书记负一定领导责任。

1992年8月20日，郑良玉接受《中国青年报》记者采访时说，深圳发行新股，本来是件好事，结果却发展成很严重的坏事。这种排队买抽签表的办法实际上是违背市场规律的。

张鸿义在接受《中国证券报》记者采访时说，深圳新股认购"8·10风波"是中国证券热的表现，是深圳股市不成熟的表现，也是深圳市政府工作失误的结果。总之是以上三者综合的产物。从根本上说，是供求不平衡，加之深圳市政府对形势估计不足，在发行环节没有找到合适办法。还有一些工作人员在售表过程中存在不正之风和腐败现

---

① 李灏：《主持深圳工作的八年》，《百年潮》2011年第1期。

象，成为直接导火线。

亡羊补牢的整改

"8·10风波"是深圳股市一级市场发生的问题，虽然与当时只负责二级市场运作的深圳证券交易所毫无关系，但这场风波大伤了深圳股市元气。

"8·10风波"发生后，深圳市人民政府抽调了几个人，在总结经验教训的基础上，拟订一个关于稳步发展深圳股市的方案。禹国刚是起草这个方案的主要成员之一，针对几个亟待解决的重大问题，他提出的思路，从某种意义上说，为重振深圳股市雄风再创辉煌编制了一个完整的方案：

一、原始股的发行方法问题，既要参照国际惯例，又要兼顾新兴市场的特性。

当时，买原始股总是有利可图，在新兴市场更显得突出。加上股民风险意识弱，总想买了股票马上就会赚钱，因而供需很难平衡，往往是原始股购买者众多，造成排队争相认购原始股，从而给社会治安、市场秩序带来难以解决的问题。按照国际惯例，由证券商采取竞价方式包销，再由包销的证券商采取预收款的方式，或是抽签，或是按照比例分售给投资者。这种方式容易产生弊端，一是人际关系比较复杂，证券商可以售给有关系的单位或个人，形成不公。二是竞价以后，把发行价格抬高了，二级市场活跃起来就困难，股民承受的风险就更大，对新兴的市场也不利。竞投发售对有资金实力的大户有利，特别对公款私存更有利，不利于照顾大多数投资者的利益。解决这个问题，既要按照国际惯例，又要考虑我国新兴市场的特点。

二、建立独立的专业资产评估机构，监督上市公司的质量问题。

股票的供不应求是新兴证券市场常常遇到的问题。供应量的不足，加上投资者不成熟，往往又造成股市的过热，从而引起市场风险意识差，投机过度，舞弊、欺诈性发行及股灾等问题。

新兴市场在供应不足的压力下，往往为了增加供应，加速扩大市场规模，而忽略了上市公司的质量问题，致使不良股票发行、上市，令监管负担加重，投资者遭受损失。从深圳证券市场的经验来看，股票的供应数量和上市公司质量的矛盾是市场组织者和参与者必然遇到的基本矛盾，要解决这个矛盾，关键是要解决国营企业的资产评估问题。评估快些，质量高些，上市公司就会多些，质量也会高一些。应当看到从企业股份制改革到股票上市，这一过程中要处理的是一系列专业技术问题——法律、会计、发行与交易，而我们在这方面既缺乏经验又缺少处理这方面问题的机构，不得不以政府行政管理方式代行职能。这样一来，不仅处理问题效率低，还使得政府不得不直接承受商业活动风险带来的责任，这是非常不利的。为解决上述矛盾，应当明确政府在证券市场中的功能，允许并扶持律师行、会计师行、资产评估所等的发展；应当让证券业在政府监管下独立完成业务活动，并承担责任；应当让证券行业从银行业中分离出来，形成专业性公司；应当有限制、有选择地利用境外专业机构，并注意培养国内专业人才。

三、迫切需要建设和完善证券市场法规制度。

建设和完善证券市场法规是一个重大课题。深圳市人大已获得省一级立法权，应通过立法程序使深圳证券市场的法规建设进一步完善。

"8·10风波"发生后，深交所做出了新贡献。

担任法定代表人的禹国刚在主持深交所全面工作时，有计划、有步骤地加强了深交所自身建设和市场建设，为深圳股市重振雄风再创辉煌奠定了坚实的基础。

1993 年 1 月 3 日，设置在深圳大剧院大厦一侧的深交所新交易大堂启用。

1 月 5 日，李鹏总理一行视察了深交所的运作。

1 月 6 日，李鹏总理题词："努力办好深圳证券交易所，为社会主义市场经济服务。"

4 月 13 日，深交所在全球首创利用卫星通信手段传送股市行情和成交资料回报。

4 月 15 日，禹国刚在北京和设在亚运村的银建证券部共同举行了"卫星传送深交所股市行情新闻发布会"。更新后的深交所卫星通信系统具有双向传递行情、委托报盘和成交回报三种功能，使深交所有了更可靠的技术保证。

7 月 28 日，深交所正式推出替代微机运作的 TANDEM 大型计算机卫星通信网络自动撮合交易系统（后文简称"TANDEM 大机交易系统"），有效地解决了交易中自动撮合系统的瓶颈问题。

深交所证券卫星通信系统和 TANDEM 大机交易系统，犹如深交所的两只翅膀。有了这两个系统，深交所才得以展翅飞翔，鹏程万里。

至此，深交所在全球股市中第一个同步实现"四化"——交易电脑化、交收无纸化、通信卫星化、运作无大堂化，一跃成为全球知名的证券交易所，其证券交易系统技术水平一直处于全球领先地位，在中国股市历史上留下了浓墨重彩的一笔。

深交所"四化"

1992 年 9 月 3 日，美国证券交易委员会主席理查德·布瑞登为了解"8·10 风波"，专程到深圳访问。禹国刚在深交所接待了这位到访的美国客人。双方刚一见面，布瑞登就迫不及待地说："禹先生，深圳这件事情弄大了！纽约各大报纸连着三天头版头条报道'8·10 风波'，全世界都知道了！"

禹国刚先请布瑞登坐下来，然后回答道："据我所知，美国 1929—1934 年经济大萧条是由美国股市崩盘引发的。从 1792 年美国有了证券交易，至今两百年来，美国股市产生了诸多重大问题。为此，美国联邦政府颁布了一系列法律，美国股市才逐步走向规范。我们新中国股市从 1990 年 12 月 1 日算起，到今天还不到两年时间。发生'8·10 风波'，犹如一个小孩学走路时摔了一跤，何须大惊小怪！"

交谈中，当布瑞登听到深交所已经实现交易电脑化，未来还要转换到大型计算机运作时，非常惊讶。他问禹国刚："你什么时候从美国学来这项技术的？"

禹国刚回答道："我是从日本学来的，我还没去过美国。"

布瑞登诚恳地说："我邀请你去美国访问！"

1992 年 12 月 18 日，应布瑞登邀请，禹国刚第一次访问了美国证券交易委员会。布瑞登不但亲自接待了禹国刚，还和各部门负责人一起与禹国刚共进早餐，进行座谈。禹国刚请教了一个问题："我今天来是向你们学习的，谢谢你们对我的热情接待。我想请教你们，怎样做才能管理好证券市场？"

布瑞登回答："这个问题很简单，我们机构就像个消防队。只要市

1992年12月18日，禹国刚（左一）拜会美国证券交易委员会主席理查德·布瑞登，在其办公室合影。

场按规则运行，不发生违规事件，我们就不干预。如果发现了违规问题，不管是在哪里冒烟还是失火，我们立即出动，将其扑灭。抓住重大犯罪嫌疑人后，我们会向司法机关提起诉讼，按法律程序予以惩处。在美国股市，犯了法是要付出相应代价的。股市正常运转时，我们也并不是没事干，我们会抓紧时间把我们的'消防车''灭火器'检修好，随时待命。"

布瑞登其实谈到了两个问题，一个是规则，一个是标准化作业。这也正是禹国刚在日本留学时的所见所闻，以及在深交所成立后的所思所想、所作所为。

从1990年12月1日到1993年7月28日，不到三年时间里，深圳证券市场发生了巨大转变：

首先，是制度上的规范化、法治化。

《深圳证券交易所筹建资料汇编》的出台，奠定了深圳证券市场制度基础，它包括以下内容：

第一部分内容是由禹国刚和周道志领导深圳市资本市场专家小组的同志，翻译外文资料两百余万字，移植借鉴多个证券市场成功的法律法规规章，结合深圳的实际撰写而成的特区证券市场法规草案、章程。

第二部分内容是深交所筹备组开始办公后，由禹国刚、王健、周顺祥、麻昉、王卫卫、徐虹等人撰写的深交所内部规章制度。

这两部分内容，经"联办"的高西庆、谢思敏和禹国刚共同修订后，报深圳市人民政府审定。深圳市人民政府在征求深圳相关方面意见后，责成禹国刚对上述法规、业务规则进行修改。1990 年 3 月，禹国刚将上述法规、深交所章程和各项业务规则等资料进行编辑，并印刷成《深圳证券交易所筹建资料汇编》（即"蓝皮书"）。

1990 年，位于深圳国贸大厦三楼三间仓库的深交所筹备组，办公条件非常简陋，连桌椅都不够用，高西庆和禹国刚就蹲在一个茶几旁，各持一支笔，修改各种法规、业务规则。他们修改的文稿因无桌子可放，就铺了一地。

当年一同研究起草文件的人员，后来都成了证券行业著名的专家、学者。

1990 年 5 月，"联办"帮助上海市人民政府在锦江饭店举办"发展证券市场国际研讨会"，王波明总干事还特意给禹国刚预留了会议出席证。会议期间，禹国刚和上海的同行交流，介绍了"联办"帮助筹建深圳证券交易所的情况。当时，上海证券交易所的筹备工作还未全

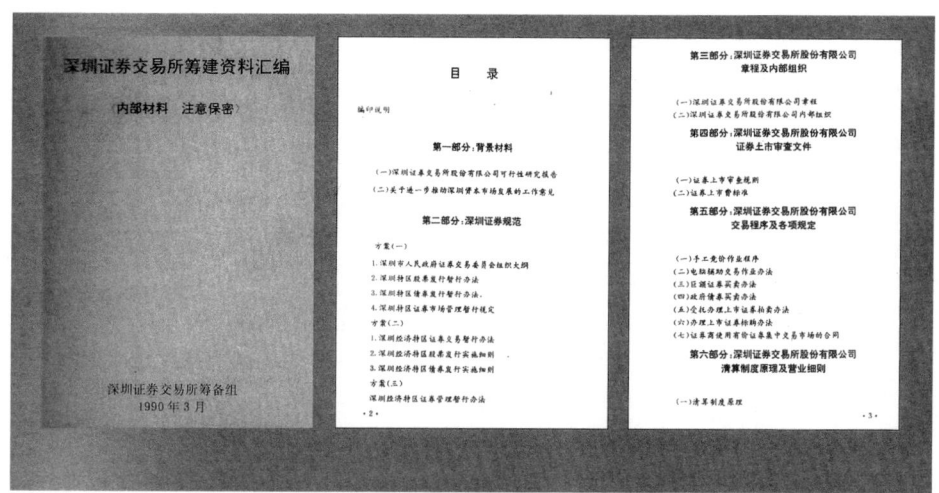

1990 年 3 月问世的《深圳证券交易所筹建资料汇编》，简称"蓝皮书"。

面铺开。

这次会议之后，上海市常务副市长亲自率领一批年轻能干的金融干部，到深圳考察证券市场。他们一行在深圳市领导的陪同下，来到深圳证券交易所筹备组，禹国刚此时刚好到外地出差，王健接待了他们。交谈中，上海同行提出："可否将你们的'蓝皮书'借给我们参考一下？"王健回答："当然可以！"说着便拿出"蓝皮书"以及其他资料，亲手交给上海市常务副市长。

其次，由大堂人工操作向电脑网络化的转变，实现了深交所的"四化"。

1990 年 12 月 1 日深交所开市时，是采用口头唱报和白板竞价相结合的交易模式。这在新中国股市上是一个独特的风景，股民们看到了传统的集中交易的运作程序——投资人到证券商柜台办理委托之后，证券商将客户委托书记载的内容通过热线电话传至其派至交易所的出市代表。出市代表在接到委托指令后，立刻在各自的买卖申请记录簿上登记，按价格优先、时间优先、客户委托优先的原则进行公开竞价。口头唱报竞价是穿蓝色号衣的出市代表接到本部指令后，立即登录，交给穿红色号衣的出市代表，后者以最快速度跑至红色地毯上用手势口头唱报，竞价应价后，即签字成交。白板作业是穿红色号衣的出市代表将买卖盘写在白板上方的左右两栏，每栏又可有两个价位，按买卖价高低顺序登录白板竞价。成交后由卖方出市代表立即填写记录单，一式三联，在打卡机上打上成交时间和成交记录单号码，然后将红色一联交买方出市代表，黄色一联交交易所管理人员查验，蓝色一联交卖方电话员并通过本部将成交结果告知投资人。交易所工作人员将价量变化输入电脑向社会公布。

深圳股市开办早期，股民买卖股票是一件颇为劳神费力的事，必须亲自跑到营业部排队下单，如果遇到行情突变，不仅饱受排队之苦，而且经常是想买买不到，想卖卖不出。为此，深交所在技术手段的改进、交易制度的完善等方面进行了不懈的努力。

股市像一个强磁场吸引公众争相涌入。人工撮合与日趋活跃的交易之间的矛盾不断加剧，尽管证券商和深交所使出浑身解数，不舍昼夜，辛苦有加，仍旧每日成交无多，股民怨声日炽。必须尽快上电脑。

1991 年 7 月 26 日，禹国刚代表深交所与深圳黎明电脑公司签约，决定搞深圳证券业电脑网络系统。这项工程在国内无先例可循，其艰难复杂程度令人生畏。双方凭着对股民高度负责的精神和发展中国股市的强烈事业心，努力合作，苦钻硬拼。

1991 年 11 月 26 日，禹国刚召开了由各证券商、登记公司及深圳黎明电脑公司等单位负责人和电脑技术人员参加的联席会议，总结前一段工作，部署下一段进程和要求。大家一致表示，切实抓好各个工期各项工程的落实工作，以科学严谨的态度，争取早日实现电脑联网。

1992 年 2 月 25 日，微机自动撮合交易系统正式投入运作，满盘皆活。

微机自动撮合交易系统运行未久，又荡起一轮炒股热浪，深圳各证券部"大兵压境"。证券商要把雪片般飞来的委托单通过电话逐一报给出市代表，再输入交易所的电脑系统，纵然累得眼花手麻，紧张局面还是日甚一日。股民怨，证券商忙，深交所急，市长也皱眉头。时不我待，禹国刚拉着深圳黎明电脑公司老总找到副市长张鸿义，立下"军令状"：5 月底开通全城证券商与深交所的电脑联网。

深圳黎明电脑公司和深交所电脑部进入倒计时状态，咬紧牙关冲刺三个月。

1992 年 5 月 26 日，以 NOVELL 网络为核心的深圳同城证券电脑网络系统开通，实现了本地证券商柜台与深交所联网直接报盘、行情显示和数据实时回报。

当时，来深圳参观访问的中外人士大都要到证券交易所看看。中国人看了很惊奇：这个维系 2300 万股民的"中枢"竟是电脑坐镇，悄无声息；外国人看了很意外：中国的电脑交易系统居然如此先进。股民的感觉则可概括为一个字：顺。要买卖股票，操起电话"分分钟搞掂"。

1992 年 10 月，深圳股市将证券商电脑网络与普通电话网络连接起来，投资者可以通过普通双音频电话委托系统或触摸屏委托系统进行证券买卖，深圳股民潇洒地告别了排队炒股的历史。

1993 年 7 月 28 日，深交所推出 TANDEM 大机交易系统，在不影响正常交易的情况下，完成了电脑交易系统的升级换代，跨越式赶超世界先进水平。

"有情人终成眷属"

几年前的旧梦，到此时该是圆的时候了！1993年2月8日，深圳证券交易所举行电脑升级换代联席会议，禹国刚特意请来了深圳市副市长张鸿义，以及中国人民银行深圳经济特区分行行长王喜义听取TANDEM大机上线论证汇报，并决定引进与否。深交所助理总经理、总工程师王侯和台湾凌群电脑公司专家，在会上先做了关于TANDEM大机运作的安全、高效、低成本的汇报，再用许多幻灯片进行了演示。张鸿义和王喜义听了汇报后都非常高兴，当即拍板决定引进TANDEM大机，8月1日前投入使用。这个决策被禹国刚形容为"有情人终成眷属"。从1992年10月份起，深交所一边维持NOVELL系统的正常运转，保证交易的安全、顺畅；一边在每日收市后，组织电脑部几乎全体人员，利用业余时间，与台湾凌群电脑公司技术人员共同研究改用系统的技术问题，并编制了技术分析报告。这期间，禹国刚还多次陪着深交所电脑部的工作人员研究和讨论，给他们鼓劲打气，又亲自审定了《关于扩充电脑系统的紧急报告》等几份文稿，打印后上报深圳市人民政府、中国人民银行深圳经济特区分行及深交所理事会。

此番软件攻坚的重任落在深交所电脑部人员的肩上，他们要自己开发新的电脑自动撮合交易程序。人员不足，招兵买马；对TANDEM大机知之不多，边学边干；时间紧，废寝忘食。概言之，玩命地干。

说起来可能很多人不相信，1993年4月中旬深交所电脑部受命开发新的交易程序时，开发这个项目的工程技术人员还不知道在哪儿。第一期做程序分析、培训时，电脑部只有两个人，加上深圳证券登记公司支援的三个人，也不过五个人。但是时间却定死了：8月1日前必须上新的交易系统。最后的结果是实际完成比计划还提前了几天，于

1993 年 7 月 28 日推出了 TANDEM 大机交易系统。

许多奇迹也许就是这样逼出来的。4 月底 5 月初到位的新招聘的技术人员，既不了解 TANDEM 大机情况，也不熟悉证券交易系统的运行情况，只好对他们白天培训 TANDEM 大机系统，晚上培训证券交易系统的运行知识。其间大规模的系统分析讨论会进行了不下十次，进入编程阶段后，更是如同打仗进入了决战时刻，参加编程的七个人，每人承担一个项目，如果有一个人不能按时完成自己的任务，就会拖整个系统的后腿。人人都知道时间的紧迫性，人人都知道自己肩上担子的分量，人人都知道自己所从事的工作对深圳证券市场的重大意义。特别是新聘人员都知道，自己尚在三个月的试用期内，每月工资仅250 元，其他福利待遇也只有正式人员的一半。但这几股动力和压力汇集在一起，使参与这个开发项目的所有人都在玩命地干。

回顾当时的经历，直接参与该项目开发的周宁不禁感慨万千。他说："我们这些人中，有不少是成了家的。但是不管成没成家，不管是男同志还是女同志，大家都夜以继日地拼。有人眼睛撞伤了，缝了好几针，也坚持不休息。连续三个多月，差不多每天都干到半夜。我担心大家的身体，不得不经常赶大家走。有时因为太晚了，国投大厦的保安人员也来赶我们走。大厦电梯晚上十点停运，我们差不多每天都要从十五楼走下来。"

禹国刚对电脑部工程技术人员的评价是："他们是无名英雄。"是的，今天不再为排长队等候买卖股票而焦急的股民们，不再为清算交割而烦恼的证券商们，不再被市场逼得团团转的领导们，或许还不清楚，正是因为有这样一群为深圳证券市场默默奉献的人，才让股市的交易变得轻松顺畅。

深交所辉煌灿烂的历程，既是改革开放的结晶，也是知识智慧的印证。禹国刚常常感慨，觉得自己生逢其时，在深圳市委、市政府的领导下，他幸运地成了深圳证券交易所的创始人之一，并连续三届担任深交所重要领导职务，其间曾两次担任深交所法定代表人，主持深交所全面工作，推动深交所全面实现了"四化"。大家努力拼搏，不辱使命，令他一生难忘。

有一件事使禹国刚非常感动。在系统开发攻坚战开始后，市人才中心给深交所推荐了一位从瑞士回来的博士后，他的名字叫戴文华。这时，深交所电脑部的经理是柳瞄准。在电脑部人手增加、系统开发程序繁多的情况下，禹国刚征求了电脑部几个同事的意见后，决定调整人员组合。于是，他向柳瞄准谈了想法："不改变你的经理待遇，由你任电脑部副经理，你同意吗？"出乎禹国刚的意料，柳瞄准不计个人名利，非常愉快地接受了这个决定，后来的工作他干得更漂亮。当时，禹国刚"破格用人"，将刚刚来到深交所的戴文华一步提到电脑部经理的位置上。戴文华没有辜负大家的期望，同柳瞄准及电脑部各位同事密切合作，为完成 TANDEM 大机交易系统的开发和推出做出了贡献。后来，戴文华升任深圳证券交易所副总经理，柳瞄准升任深交所运营中心老总，他们的聪明才智在深交所都相应地得到了发挥。

1993 年 7 月 28 日，在深圳股市上搏杀的股民们可能都不知道，他们委托证券商进行的一笔笔交易，并不是通过原来的 NOVELL 系统成交的，而是通过新采用的 TANDEM 大机交易系统成交的。这一天，全天成交 91970 笔，创下深交所开市以来最高纪录。电脑交易系统悄悄地升级了！但是，在这静悄悄的升级背后，是一批人持续了几个月的奋战，其难度毫不亚于打一场激烈的战役。

在新系统正式投入使用的前一天下午，生病在家的禹国刚不放心，他把总工程师王侯请到家里，详细询问了每个细节，一再叮嘱："明天 TANDEM 系统单线操作，千万不能出错！"

尽管王侯在禹国刚面前拍了胸脯保证，但是他们心里也许还有些忐忑不安。傍晚六点多，当《深圳商报》的记者王金栋和崔保新来到交易大堂时，王侯和电脑部的其他技术人员都没有回家，正齐刷刷地坐在办公室里吃盒饭。不用问，晚上肯定又是加班。记者进机房参观 TANDEM 电脑主机。两个黑色、一米左右高、像小铁柜似的主机立在宽敞的机房中央。看着它们，一个近乎荒诞的念头在记者心中产生：据说这是功能惊人的电脑，除了一个交易日能自动撮合几百万笔的股票交易外，不知还能不能自动记载下它自身落户深圳证券交易所前前后后的曲折过程，以及为使它顺利落户深圳的人们付出的努力？

深圳证券交易所考虑采用 TANDEM 大机交易系统并非始于今日。早在 1988 年 11 月深圳市资本市场专家小组成立不久，禹国刚和周道志已经探讨引进的可行性。随着深圳证券市场的发展，原始的手工作业方式已经远远不能满足需要了。老股民们可能还记得，1990 年 12 月至 1992 年 1 月期间排长队炒股的焦躁心情；证券商们可能也还记得，当时天天加班到半夜，自己累得要死，却仍然平息不了股民怨气的惨痛经历。大家达成共识，一致呼吁：上电脑！

深圳证券交易所采用手工上板作业时，日撮合成交笔数的最高纪录是 1024 笔，NOVELL 系统日撮合成交的最高纪录是 7.2 万笔，而新启用的这套电脑交易系统日撮合成交能力可达几百万笔（几经优化后已达 1000 万笔以上）。因此，王侯很谨慎地估计，这套电脑系统在五年内也完全可以满足深圳证券市场发展的需要。即使五年后系统的处理能力真的不足时，也不需要从头再来，只需增加主机就可以轻而易举地实现能力扩充。正因为如此，有人说，这回该松口气了。但是王侯他们却没有这种念头，用王侯自己的话说就是："我们不可能有松口气的时候。"

交易电脑化

深交所电脑自动撮合交易系统经历了"三级跳"，即由微机自动撮合交易系统，发展到微机 NOVELL 网络交易系统，再发展到 TANDEM 大机交易系统。

1990 年 12 月 1 日，深交所开始集中交易时，由王侯开发并试验成功的深交所电脑软件非常理想，可以用 IBM4381 大机进行证券自动撮合交易。可惜，当时因为内部有不同意见，没有启用电脑自动撮合交易，而采用了上板竞价这一传统交易模式。

1992 年 2 月 25 日，深交所微机自动撮合交易系统正式投入运作。

1992 年 5 月 26 日，深圳同城证券电脑网络系统开通，这是一个以 NOVELL 网络为核心，本地网络与远程通信相结合的集中式数据管理、分布式业务处理的电脑网络系统，将深交所、登记公司和 16 个证券部有机地联系起来，提供电脑自动撮合交易和无纸化清算过户，使深圳证券交易同城买卖委托、买卖盘实时传送、自动撮合成交、行情揭示、无纸化过户等证券常规业务形成一体化。深交所在国内率先实行运作无大堂化（即无形席位）。

1993 年 7 月 28 日，深交所推出 TANDEM 大机交易系统。

技术系统是深交所的"生命线"。

2016年6月6日，深交所推出第五代电脑自动撮合交易/市场监察系统。

2019年11月26日，深圳证券交易所与巴基斯坦证券交易所签订了交易与监察系统升级项目协议，开创了中国证券交易电脑技术走出国门之先河。这是落实"一带一路"和"中巴经济走廊"建设的一个具体实践。这个协议的签订来之不易，它是深交所在同全球诸多顶尖电脑软件供应商进行激烈的竞争中夺冠得来的。根据协议，深交所将以自主研发的交易和监察系统为基础，结合巴基斯坦资本市场发展实际，升级巴交所现有的交易系统，并建设市场监察系统，将极大地提升巴基斯坦资本市场的竞争力和影响力。

交收无纸化

随着深圳股市的活跃和上市公司数量的增加，实物股票运作成本高、效率低、风险大等问题，以及经手人员营私舞弊的现象时有发生，黑市交易猖獗，这一切限制着市场的发展。为消除实物股票流动所带来的弊端，提高深圳股市运作效率，交收无纸化势在必行。但无纸化方案设计责任重大，不允许有丝毫闪失。单丝不成线，独木不成林。深交所实行一步到位的无纸化证券发行、交易、交收的方案，源于时任结算交收部经理徐虹的超前意识和顶层设计，以及她与深圳证券登记公司时任总经理柯伟祥的合作。

1990年12月，在资金收付方面已经实行徐虹设计的方案，专业银行按照规定在证券公司设立柜台，不允许柜台收取现金，现金金库仍由各专业银行代理保管，降低金融风险。证券交易的资金收付通过转账方式进行，避免了大量现金交易的不安全和烦琐。同时，建立起自动征税体系，杜绝逃税现象。

1992年2月28日，深交所与深圳证券登记公司以深圳首只B股"深南玻B"为突破口，实现了无纸化发行、交易、交收。

1992年3月19日，实物股票全部退出深圳股市。

1993年7月28日，随着深交所TANDEM大机交易系统的推出，中国股市的无纸化运作越来越显示出它无与伦比的优越性。

如果当初深交所不果断推行交收无纸化，靠人工对这么多实物证券进行结算、清点、交割，且不说交收搞不定，连对这么多实物证券的真伪鉴定都搞不过来，那就根本无法进行证券交易了。

实行交收无纸化，使中国资本市场运作更加规范化；极大地提高了效率、降低了成本、增强了安全性；同时提供了准确、完整和迅速查找的股份体系，为监管证券市场建立了有效的渠道。

1990年4月，深交所结算交收部经理徐虹（前排右一）开始拟定交收无纸化方案。

通信卫星化

深交所为全国服务后，最大的困难就是通信问题。第一批开通深圳股市业务的贵州证券公司，由于当时贵州通信条件差，难以与深交所通过长途电话进行股票交易。于是，他们自 1992 年 7 月起就用电台来传输深交所股市行情。他们在贵州柜台接受客户委托股票买卖盘后，先交给跑单员送到设在贵阳的电台"36"，再由电台"36"发给设在深圳的电台"18"，电台"18"再将客户委托买卖盘交给工作人员，经原深圳交通银行证券部代行发往深交所场内。在这种条件下进行的股票交易，行情后滞、委托后滞，更是看不到成交回报。

1993 年春节，王侯到长沙一家早已开业的证券部调研，发现该部电话专线和网络都不通。他只得打长途电话，把深交所上市的每只股票行情记在本子上，再抄写到黑板上给股民们看。

这事让王侯很尴尬，他从长沙回到深圳之后苦思良久，突然灵光一闪：地面条件不具备，天上卫星可以解决证券交易的通信问题吗？禹国刚当机立断，抽调王侯去北京找当时的航天部五院研究开发证券卫星通信项目。在韦德森副院长的大力支持下，王侯与该院卫星专家协同作战，共攻难关，经过一个多月的鏖战，中国证券卫星通信技术终于试验成功。

1993 年 4 月 13 日，深交所在国内率先开通了证券卫星通信系统。

证券卫星通信系统的成功应用，使深圳股市行情传播得到根本改善。

更新后的卫星通信系统具有双向传递行情、委托报盘和成交回报三种功能，深交所为全国广大投资者提供了一个良好的投资环境。

1997 年，上海证券通信公司成立，开始发展无形席位，截至

1999 年底，上海证券交易所无形席位交易量已占沪市总成交量的三分之二以上。

自 2003 年起，深圳证券卫星通信公司和上海证券通信公司分别启用了卫星通信与地面网络实时备份系统，保证交易所与证券公司之间通信链路的高可用性。同时，两所通过中国证券卫星通信系统互联，实现了卫星广播行情的实时备份。

运作无大堂化

深交所在取消集中交易大堂前，同城券商可以直接通过其派驻深交所场内的"红马甲"报盘；异地券商则必须先在深圳开设其证券部，然后再通过该证券部派驻深交所的"红马甲"报盘。这种交易模式成本昂贵、手续烦琐、效率低下，必须彻底改革。

1992 年 5 月 26 日，深交所率先实现了同城券商全部撤离该所交易大堂，回到各自所在的证券公司，通过无形席位进行场外报盘交易，开启了"运作无大堂化"的运作模式。

1993 年，深交所在证券卫星单向网开通后，又在全国各地安装单向小站 316 个，困扰市场各方的行情数据传送难题从根本上得到解决。

1994 年，深圳证券卫星双向网开通，标志着深交所的同城会员和异地会员已经全部通过场外无形席位进行报盘交易（即深交所全面实现运作无大堂化）。

深交所实现运作无大堂化后，不仅简化了交易手续，而且节约了大量人力物力和各种费用，极大地提高了证券交易的效率和安全性。

深交所的"四化"不但为中国资本市场开辟了一条规范、高效、安全、低成本的发展道路，而且发挥了巨大的技术支撑作用，促使深交所跨越式发展，成为 2010 年度和 2017 年度全球 IPO 即新股发行融资金额均名列第一的资本市场。

深交所的"四化"助推了证券市场服务全国的能力，完成了具有历史意义的六大跨越式发展：

一、从柜台交易到集中交易的跨越。

1986 年 10 月，《深圳经济特区国营企业股份化试点暂行规定》出台，一些企业进了股份制改造，其中多家企业还发行了股票。1987 年，深圳发展银行向社会公开发行了股票。1988 年 4 月 1 日，该股票在全国最早成立的证券公司——深圳经济特区证券公司的柜台上交易。接着市国投证券部和市中行证券部相继开业。"深万科""深金田""深安达""深原野"等股票也陆续发行，并上柜交易。"深市老五股"股票在 16 家证券部的柜台交易，构成了深圳证券市场的雏形。

1990 年 12 月 1 日，经过两年多的筹建，深圳资本市场取得了实质性进展——深圳证券交易所在这天开市了。它标志着深圳证券市场完成了从柜台交易到集中交易的转变，而且开始步入规范运作。

二、从手工交易到电脑交易的跨越。

1990 年 12 月 1 日，深圳证券交易所开市时采用口头唱报和上板竞价等手工交易方式进行股票买卖。

1992 年 2 月 25 日，深交所正式推出电脑自动撮合系统，实现了手工交易到电脑化交易的过渡。

1992 年 5 月 26 日，NOVELL 系统投入使用，实现了深圳本地各证券柜台与深交所联网下的直接式行情揭示、委托报盘和成交数据实时回报。

1993 年 4 月 13 日，深交所首创利用中国证券卫星通信系统传送股市行情。

1993 年 7 月 28 日，具有软件、硬件和系统容错功能的 TANDEM 大机交易系统切换成功，彻底解决了交易中的撮合瓶颈问题。

三、从一户一票到一手一票的跨越。

深圳早期股份制企业是以股金收据、收款收据和股金证等形式进行招股集资的。

为便于挂牌交易，1988 年 4 月始，深圳经济特区证券公司及其他证券经营机构逐步采用"一户一票"方式，将股份凭证换发为较为正式的股票，即一人无论购买多少股票，只发一张记载其实际购买股数的股票。各只股票每股面值不一，其中"深万科""深安达"每股 1 元，"深金田""深原野"每股 10 元，"深发展"每股 20 元。

1990 年 9 月 8 日，中国人民银行深圳经济特区分行颁布关于深圳市股票印刷管理的暂行规定，将深圳市各公司股票面值统一规定为每股 1 元，每 500 股（如"深安达"）或 100 股（如"深发展"）为一手，每一手发行一张标准股票，并就股票式样、要素、印刷等做了详尽规定。相对于旧版股票的"一户一票"特点，标准股票则是"一手一票"。

1990 年 11 月 26 日，深圳证券登记公司开始将"深安达"旧版股票换发成标准股票。随后，于 1990 年 12 月 3 日、1991 年 1 月 7 日、1991 年 1 月 25 日、1991 年 3 月 20 日，分别开始为"深原野""深金田""深万科""深发展"换发标准股票。截至 1991 年 4 月 3 日，深圳证券交易所实现了"深市老五股"全部以标准股票进行集中交易。

四、从实物证券到记账证券的跨越。

随着深圳股市交易的活跃和上市公司数量的增加，实物股票运作成本高、效率低、风险大等问题逐渐显现，并限制着市场的发展。

1991 年 12 月 28 日，为消除实物股票流动所带来的弊端，提高深圳股市运作效率，深圳证券市场开始实施《股票集中托管实施细则》，要点如下：

股票集中存放于深圳证券登记公司。股东应将其所持股票集中托管，未办理集中托管的股票不可交易。买卖股票实行股票托管于证券商制度。股东须在托管证券商处开立账户，在何处托管的股票在何处委托卖出。股票交易的清算、过户登记、交割实行账面记载制度。托管股份的现金股息直接划入股东银行账户，红股及配股直接记入股票存折。

1992 年 3 月 19 日，深圳上市股票全部实现无票交易，极大地提高了运作效率，降低了市场风险，并为完全无纸化运作铺平了道路。

通过设计、推行这一方案，深圳证券登记公司由单纯的股份登记过户、分红派息机构发展成为深圳证券市场股份集中存管与清算机构。

五、从区域市场到全国市场的跨越。

1992 年 7 月 3 日，为把深交所尽快发展成为全国证券市场，禹国刚提出了加强"两个异地"工作的发展战略，即内地符合条件经过批准的证券公司，可以成为深交所的会员；内地符合条件经过批准的股份有限公司的股票，可以在深交所上市。

深圳证券市场的建立和发展，对于筹集资金、优化资源配置、调整产业结构、转换企业运行机制、促进经济的发展发挥了重要的作用。

在计划经济向市场经济的转变中，我国的金融体制也在由间接金融向直接金融倾斜，为证券市场的迅速发展提供了空前的机遇和发展空间。

在市场运作走向规范化的同时，规模也在逐渐扩大。1991 年深交所有会员 15 家，上市公司 6 家，上市证券数 11 只，股本 3.57 亿元，市价总值 80.76 亿元，总成交金额 35.59 亿元。

1992 年深交所会员发展到 175 家，上市公司 19 家，上市证券 39 只，总股本 26.56 亿元，市价总值 494.95 亿元，总成交金额 438.28 亿元（其中 B 股成交金额 16.6 亿元）。

截至 1993 年 9 月下旬，深交所会员达 373 家（其中本地 28 家，异地 345 家）。获准以 B 股特别席位直接进场交易的境外特许 B 股经纪商有 10 家。投资者 200 多万人，遍布全国 70 多个大中城市。上市 A 股 45 只、B 股 18 只、债券 10 只，可转换债券 1 只、认股权证 1 只，股本约 75 亿元，市价总值已达 820 亿元，总成交金额约 900 亿元。

六、从国内市场到国际市场的跨越。

B 股发行与上市，标志着深圳证券市场走向国际化。为方便境外投资者投资中国股市，特别设计了以外币买卖的人民币特种股票。截至 1993 年 9 月底，在深圳证券交易所上市的 18 只 B 股股本为 9.55 亿元人民币。B 股市值约为 51.1 亿港元。B 股平均市盈率为 16.04 倍。当时 B 股投资者遍布世界，B 股特许境外经纪商 70 多家。B 股交易实时行情同时通过路透社和德励财经资讯系统向全球传播。

深交所在大力发展 A 股市场的同时，也采取了一系列措施改进 B 股市场运作：B 股港币挂牌、港币结算；选择境外特许 B 股经纪商直接进深交所大堂报盘；允许境外特许 B 股经纪商做对冲交易；允许境外特许 B 股经纪商在深圳设办事机构，加强经纪商和上市公司之间的交流；降低 B 股买卖费用；允许外商独资企业和非境内居民投资 B 股；引进代理人制度；增设国际业务部、信息部、会员部和电脑工程部；等等。

2019 年，由于深圳产业的新兴度明显优于北京和上海，因而深圳从资本规模更大、资本效益更高的第一梯队脱颖而出，力压群雄，登顶国内最具资本活力的城市。

截至 2020 年底，深圳市本土企业在深交所上市的超过 300 家，其市值超过 10 万亿元。深圳这些上市企业绝大多数是在本土创业，在激烈的市场竞争中发展壮大。

在深圳证券交易所多层次资本市场强有力的支持下，深圳不但一跃成为中国最重要的经济中心、金融中心、创新中心之一，而且成为极具影响力的国际枢纽城市。

从某种意义上说，无深圳资本市场，就无深圳的今天。

截至 2020 年 12 月 31 日，在深交所上市的公司达 2354 家，约占深沪股市上市公司 4147 家的 57%。2020 年，在深交所上市的证券全年成交金额达 123 万亿元，仅次于美国纳斯达克证券交易所和纽约证券交易所，位居全球股市第三名。

中国资本市场是中国经济快速发展的助推器。

创办证券专业媒体

股市是财富聚集之地，吸引着大众的关注，也正因为如此，有人热衷于炮制谎言，有人习惯于传播和听信，于是传闻、秘闻、小道消息永远有其市场。在这个众声喧哗的时代，当流言蜚语充斥社会的时候，真相却反而让人生疑。如此一来，以讹传讹所带来的后果难以预料。

古今中外的精英们都知道言说的重要性。《论语·子路》中就有这么一段，堪称关于"一言兴邦"或者"一言丧邦"的千古之问——

定公问："一言而可以兴邦，有诸？"

孔子对曰："言不可以若是其几也。人之言曰：'为君难，为臣不易。'如知为君之难也，不几乎一言而兴邦乎？"

曰："一言而丧邦，有诸？"

孔子对曰："言不可以若是其几也。人之言曰：'予无乐乎为君，唯其言而莫予违也。'如其善而莫之违也，不亦善乎？如不善而莫之违也，不几乎一言而丧邦乎？"

春秋时期，鲁国的第二十五任君主鲁定公重用孔子，让孔子担任大司寇。鲁定公接受孔子谏言，克己复礼，安民重孝，使鲁国社会和谐，国势日上。有一回，他向孔子询问言说的重要性，孔子便分析了其中的道理，顺势阐述其仁政思想。

在现代社会，承载各种言说的便是媒体。无论是政治、经济、文化、军事还是娱乐等各个层面，都与媒体密不可分。善用媒体，可以化世导俗，改良社会，纯净世道人心；也可以宣说言者的意图，或者精准、及时地传达某一领域、某一机构的真实信息。

创办《证券市场导报》

禹国刚在很多年前就意识到媒体的重要性，尤其是在创办深圳证券交易所前后的那些年，中国人对证券市场、股票交易等都还不太了解的情况下。熟知证券和股市的禹国刚知道，证券市场对于中国的未来太重要了，因此，必须向大众传达真实的、专业的声音，避免他们被各种流言、小道消息和别有用心的放话误导。每当想到这里，禹国刚心里就涌起一种强烈的使命感：他要创办专业的证券市场媒体。

世界上主要的证券交易所都不办报纸，但几乎都办刊物。1990年4月3日，禹国刚和王健等人去香港联合交易所、香港证券及期货事务监察委员会考察，联交所送给他们一本自己主办的《证券月报》。此事引起了禹国刚的联想：深交所正在筹建之中，何不来个双管齐下，既抓紧深交所开市准备，又着手创办一份属于深圳证券交易所的刊物？

回到深圳后，王健对禹国刚说，有个老同志很有经验，把他请来专责《证券市场导报》的创办和编辑等工作吧！禹国刚欣然同意。

这位老同志就是肖逸民，担任《证券市场导报》编辑部副主任，主任是李罗亚。两人为此刊物问世乃至后来的发展做了许多卓有成效的工作。

《证券市场导报》是深圳证券交易所主办的全国第一本证券理论刊物，创办于1991年7月，最初为双月刊，1993年3月公开发行，同时改为单月刊。该刊以传播证券投资最新理论、记录证券市场运行状况、阐释证券管理政策背景、交流证券运作成功经验为宗旨，以对证券市场的热点、焦点问题的深入报道和系统分析为主要内容，以金融证券领导部门、证券界管理人士和研究人员为主要读者对象，在国内外具有广泛影响。

《证券市场导报》在1991年9月政府救市期间，发挥了它应有的作用。它不去报道股市预测，也不引导股民如何在股市操作，而是从理论和实践的结合上宣传股市风险，提高股民的风险意识。

普及证券知识，提高证券理论水平，这是一个长期的工作。禹国刚认为，那时的中国的证券市场仍是一个以散户为主的市场，这和国际上成熟的证券市场有着明显的不同，从这个意义上说，中国证券市场的稳定性相对还比较差，因此股市理论的研究任务更重。

如何兴股市之利，除股市之弊，使证券市场更好地为我国社会主义市场经济服务，这是《证券市场导报》和股市参与者各方要不断研究的课题。

创办《证券时报》

1993年初，上海证券交易所的领导曾和禹国刚协商合办证券报纸一事。当时，《证券市场导报》已经创刊两年多，而《上海证券报》也已创刊两年多。

禹国刚起先并没有计划再创办一家媒体，后来随着证券业的蓬勃发展，他意识到，仅有《证券市场导报》一本月刊已经不敷使用，也不能及时反映股市的气象万千。

经过和深交所的李罗亚、刘建兵等同志协商，禹国刚决定创办《证券时报》。

说干就干。他指定深交所信息部经理刘建兵负责这项工作，并派曹雷到北京专责办理申请创办《证券时报》一事。当时正值全国报刊整顿时期，中央主管部门基本上不予审批新的报刊。因此，曹雷在北京住了几个月，上下求索，四处奔波。

为此，他们请了三位中央政治局委员签字支持，时任《人民日报》社长邵华泽也给予大力协助，后来终于获批。《证券时报》报头的这四个大字，是邵华泽题写的。

起初，《证券时报》由《人民日报》、香港《大公报》和深圳证券交易所合办。后来，按上级规定，《证券时报》与上述单位脱钩独办。

《证券时报》创办之初，由刘建兵任负责人兼总编辑。曹雷也是其中的骨干。《证券时报》于1993年8月28日试刊，头版头条的报道是《深圳B股推广会在香港举行》。1993年10月之后人事变更，武凤仪接任社长兼总编辑。

《证券时报》是中国证监会指定披露上市公司信息的报刊，是以报道证券市场为主，兼顾期货、保险、外汇及其他财经信息，面向国内外发行的财经类专业日报。

1997年12月，《证券时报·财经周刊》创办。1998年12月26日《证券时报·一周投资便览》创刊。此外，《证券时报》还于1997年5月向世界范围内的读者推出网络版。

当时，《证券时报》在北京、上海、武汉等全国二十九个城市设有分印点，是国内覆盖面最广、影响力最强的全国性财经类报刊之一。

最高的荣誉

禹国刚一直都记得2018年10月24日上午，他第一次见到了习近平总书记。

这一天上午，习近平总书记在深圳参观"大潮起珠江——广东改革开放40周年展览"后，接见了禹国刚等广东省改革开放相关方面代表。他表示，党的十八大后，他考察调研的第一站就是深圳，改革开放40周年之际再来这里，就是要向世界宣示中国改革不停顿、开放不止步，中国一定会有让世界刮目相看的新的更大奇迹。

习近平总书记的讲话让大家备受鼓舞。禹国刚明白，这短短的几句话，体现的却是一个大国领袖对国家未来发展的系统性思考。40年来，中国的改革开放已经创造了灿烂的历史，也深刻地影响了世界。

2018年12月18日，庆祝改革开放40周年大会在北京人民大会堂隆重举行。会上，党中央、国务院授予禹国刚等100名为改革开放做出杰出贡献的同志改革先锋称号，颁授改革先锋奖章，禹国刚被称为"资本市场发展的实践者"。这是党中央、国务院对他的最高褒奖。

庆祝大会结束后，习近平总书记等党和国家领导人接见了禹国刚等100名改革先锋和亲属代表，并与他们合影留念。这是禹国刚第二次受到习近平总书记的亲切接见。

2020年10月14日，深圳经济特区建立40周年庆祝大会在深圳市隆重举行。习近平总书记出席大会，并发表重要讲话。他说，兴办经济特区，是党和国家为推进改革开放和社会主义现代化建设进行的伟大创举。深圳是改革开放后党和人民一手缔造的崭新城市，是中国特色社会主义在一张白纸上的精彩演绎。深圳广大干部群众披荆斩棘、埋头苦干，用40年时间走过了国外一些国际化大都市上百年走完的历程。

在庆祝大会开始之前，习近平总书记接见了包括禹国刚在内的"深圳经济特区40年40人"，即深圳经济特区建立40周年创新创业人物和先进模范人物，并和大家合影留念。这是禹国刚第三次受到习近平总书记的亲切接见。

禹国刚说："我三次受到总书记的亲切接见，让我备感荣幸。总书记的关怀和鼓励让我刻骨铭心。党的十九届五中全会描绘了'十四五'时期经济社会发展的蓝图，对发展资本市场提出了新的、更高的要求。深交所人要继续发扬'敢闯敢试、敢为人先、埋头苦干'的特区精神，在资本市场改革新征程上要提速发展。深交所要形成以高新技术企业、成长型创新创业企业为主体的市场基础，在股票融资金额、成交金额、上市公司数额等方面稳居世界前列。深交所要对标'十四五'发展目标和 2035 年远景目标，努力创建优质创新资本中心和国际一流证券交易所，构建更加适应创新资本形成的市场体系、制度体系，更好地促进科技、资本和实体经济高水平循环，推动经济高质量发展，在社会主义现代化建设中创造新的时代辉煌，铸就新的历史伟业。"

禹国刚说，1990 年 12 月 1 日，敢闯敢试的中国共产党人，在中国改革开放前沿阵地深圳经济特区做出了一个重大决定：深圳证券交易所先行先试，率先开市，杀出一条创建新中国资本市场的血路。经过多年的发展，深交所稳步向前，受到多方的肯定与赞誉。

他认为，深交所的成功主要归因于三个方面：

第一，有党中央、国务院的领导和关心支持。

第二，在改革开放的大潮中，深交所的创建适应了国有企业改革和发展的需要。深交所从零起步到今天，从当初"深市老五股"发展到 2300 余家上市公司，建立涵盖主板、创业板的多层次资本市场。自 2020 年 4 月以来，深交所认真贯彻落实中央深改委的决定，创业板改革并试点注册制顺利落地，平稳运行，完善了一系列基础性制度，服务了一批成长型创新创业企业，进一步提高了资本市场服务实体经济的能力，有力地促进了经济的高质量发展。

第三，在中国证监会的领导下，深交所坚持发展与规范并重。在市场建设的"硬件"方面，深交所摒弃传统的交易模式，率先在全球实行符合当今证券市场世界潮流的"四化"交易模式，跨越式地赶超世界一流水平；在"软件"方面，深交所严格按我国公司法、证券法和中国证监会的规定办事，坚持"按规则打球"，确保市场发展健康、秩序良好、运行安全。

同时，深交所的进步也得益于外部环境。比如说，深圳经济表现优良；资金充足，金融机构齐全；深圳是全国进行股票集中交易的城市之一，股市方面的发展比金融业的发展更具潜力，更具辐射能力。

▼

第八章

禹国刚如是说

禹国刚从工作岗位退休以后，人退心不退，开启了丰富的人生下半场。他不仅一如既往地关心着国家的宏观发展，关注着证券市场的发展变化，而且笔耕不辍。这是一组禹国刚先生撰写的短文，阅读这些文字，从中可以感知他的为人、为学、兴趣、爱好以及不为人知的家风、传统。字里行间，无不是素履之往的青云之志和心系家国的拳拳之心。

难忘周顺祥先生

1990 年 1 月 1 日，我正在深圳证券交易所筹备组里忙碌，忽然有一个人来找我。我一看，并不认识。来人开门见山地说："我叫周顺祥，今年六十八岁。20 世纪 40 年代，我曾在上海滩的野村证券工作。"

原来，我在 1988 年撰写的《证券市场》一书在上海新华书店销售期间，周顺祥先生买了这本书，从书上看到了我的简历和在深圳的工作地址，就不远千里从上海来找我。我没想到通过这本书，还能结缘周顺祥先生这样的老人。我立即意识到像周老先生这样的证券老人已是凤毛麟角，是难得的人才，当即以老师相称，请他担任深圳证券交易所筹备组的顾问。周老师欣然接受，并留了下来。他为深交所培训了多批"红马甲"，既教口头唱报竞价操作，又教上板竞价买卖，还为深交所培训了多批清算员。深交所只要例行开市，周老师绝对是第一个到交易大堂，最后一个离开的。他来得早是为了把桌子、椅子、电脑主机及终端等齐齐检查一遍，以防出市代表慌张进到大堂后有所疏漏。只要有周老师在交易大堂监督证券交易，我就一百个放心。周老师还带出了几个监督大堂证券交易的好徒弟，比如卢世雄、李跃进等同志，他们后来都是证券业中的佼佼者。

只要深交所例行休息，我总会把周老师请到家里做客。周老师和我相处就像父子一样，和我的小孩相处就像爷爷和孙子一样，亲热得像一家人。

1991 年 7 月底，周老师对我说："禹总，我身体不好，想回上海！"我听到这话，一是非常震惊，二是非常难受，周老师为深交所做了那么多工作，却从不要深交所给他任何特别的关照。周老师临别

深圳证券交易所第一届出市代表培训班合影 1990.07.27

周顺祥（前排左六）、禹国刚（前排左七）、周道志（前排左八）与深交所培训的第一期出市代表合影。

周顺祥先生。

时，我眼泪汪汪，对周老师充满了不舍，更充满了尊敬。周老师在深交所工作了十九个月，那时他是将近七十岁高龄的老人，没请过一天假，没回过一次家，他看到深交所一切工作都步入正轨了，特别是看到他培养的"红马甲"、清算员等人才都可以独当一面了，认为自己可以回家了。他当年到深交所来，就是要把他的知识传承下去。当他把他所有的技能都教给了深交所人的时候，他觉得自己要回上海了。

周老师为深交所的创建和顺利开市立下了汗马功劳，深交所人个个尊敬他，个个感谢他。周老师回到上海后仍然关心着深交所的发展，一直和我保持着联系，时而互相致信问候，时而打电话交谈深市的发展情况，他为深交所的不断发展壮大而欢欣鼓舞。

1991 年 12 月 10 日，我从深圳到上海专程去看望周老师。我走进周老师家里一看，大吃一惊，周老师一家三代人住的是木板房，只有三十多平方米，室内没有任何装修，很显然经济状况不太好。周老师为深交所无私奉献，回到上海却过着如此清贫的生活。

我心里非常难受，非常感慨："哪里去找这么好的人呢？大公无私的周老师永远是我们学习的榜样！"周老师看出了我的心思，对我说："禹总，咱们到外面去走走！"我们两人到了上海证券交易所交易大堂，和接待我们的尉文渊总经理合影留念。

2010 年 11 月 30 日晚上，我拿起电话，按照原来的电话号码，还是和往常一样拨通了周老师家的电话。我问道："是周老师家吗？"对方只回答了两个字："打错！"说罢，就把电话挂了。我想向对方多问一句话，都没有机会了。之后，我多次到上海寻找周老师，也托上海的亲友帮助寻找，都未能找到周老师的下落。

在非常困惑之际，我联系到了中央电视台一套《等着我》栏目组，请求冯冠豪导演和寻人团团长李七月，以及上海市公安机关和爱心寻人团帮我寻找周老师。

2018 年 9 月 30 日，我上了《等着我》节目，这天的节目主持人是舒冬同志。我和周老师的儿子周治东在央视演播大厅见面了。当得知周老师于 2017 年 3 月 31 日不幸逝世的噩耗后，我的精神差点崩溃了："周老师啊，您怎么就这样走了？我好想您啊！"

周治东先生告诉我："1991 年，当时你看到我们家很小很小，其实楼上还没有卫生间。1992 年深交所派人到上海，给我父亲买了一套房子，就在现在的龙强路地铁站，两室一厅的房子，八十四平方米，四楼。我和我夫人一块儿去看了，当时你们派来一个人，一起去买的，办了手续。父亲当时就说，不能要，坚决不能要！我们都不知道，父亲无声无息地把那套房子退掉了！现在，我理解了，我父亲一生清贫，他说只要日子好过就行了，不是他的东西永远不能要。"

我疑惑，为什么 2010 年后找不到周老了？李七月说："2010 年周老搬家了，电话号码也换了，但是就如你说的，大城市要找到一个人很简单，找不到其实和周老一直以来的生活习惯，包括晚年的一些习惯有关系。"周治东告诉我："我爸一生就怕麻烦大家，他当年从深圳回来的时候老是说，国刚工作那么忙，我不能再去打扰他了。所以我爸要早早地从深圳退回来，主动不和你们联系了。"

主持人舒冬说："要不是禹老先生今天来找周老师，我们什么也不知道，更不知道周老为深交所做了那么多事，却什么也不索取。像周老这样的老先生特别值得我们尊敬！"此时，演播大厅内的几百个观众，以及台上台下所有的工作人员都为周老师的事迹所感动，不少人流下了热泪。坐在点评席上的郁钧剑先生充满激情地说："周老是个大英雄，大人物！"

2019 年 3 月 31 日，是周顺祥老师逝世两周年忌日。这天，我从深圳专程去到上海，在周老的两个儿子和孙女陪同下，到了周老的墓前，怀着对周老无限感激和无限怀念的心情，以深交所和我本人的名义向周老肖像三鞠躬，敬献花篮，敬上三炷香，为天国的周老送上美好的祝福！

（2020 年 3 月）

怀念恩师冈崎嘉平太先生

我是怎样去日本留学，学习证券和证券交易的？说起这件事，我会马上想到我们敬爱的周恩来总理和日本友好人士冈崎嘉平太先生以及廖承志副委员长。

冈崎嘉平太是中国人民尊敬的老朋友，为实现中日邦交正常化做出了巨大贡献。在中日关系十分艰难的 20 世纪 60 年代，冈崎嘉平太和廖承志、松村谦三、高碕达之助等中日两国的前辈先贤一道参与开创了"备忘录贸易"。为签订这个协定，冈崎嘉平太先生发挥了特别的作用。他在日本朝野多方斡旋，锲而不舍地促成日本政府要员以民间形式与中国签订协议，推动了中日交流"半官半民"的发展，经过十年风雨努力，奠定了中日邦交正常化基础。这种贸易形式成为当时中日贸易的主要形式。

1972 年中日建交之日，周总理在日方名单中没有看见冈崎嘉平太的名字，觉得冈崎作为重要人物，不来非常奇怪。于是特地问负责人廖承志是否有什么特殊原因。廖承志解释说，是冈崎先生自己决定不来中国的。冈崎说，自己作为民间大使，使命已经结束。现在中日终于建交了，未来两国的关系会步入正轨，中日交往之事就由政府接手。周总理立即让工作人员转告冈崎说："中国有一句老话'吃水不忘掘井人'。你为中日友好做了那么多工作，是中国人民的老朋友，怎么能不到场呢？一定要来。"周总理要求工作人员即刻拨打国际长途电话给冈崎。当冈崎在家中接到电话通知时，不由得热泪盈眶。他的儿子冈崎彬回忆说："从来没有看见父亲这么激动过。"

1976 年 1 月 8 日，周恩来总理逝世，冈崎先生非常悲痛。他凝视着周恩来总理的肖像，痛哭流涕，不吃不喝。这时他已将近八十岁，他非常深情地说："周总理是世界级的领导人啊！"

他为什么对周总理有这么深厚的感情呢？冈崎嘉平太是日本著名的经济学家和社会学家，生前访华上百次，周总理亲自会见他多次，他将周总理视为自己的终身良师。

1978年中国改革开放后，冈崎先生心想，我还能为中国再做一些什么事情？他每年都到中国来，一年得来几次，从1978年到1982年，他每次见到廖承志都会说："请中国选两个年轻人到日本来，我出钱给你们培养两个证券和证券交易的人才。"廖承志当时既是全国人大常委会副委员长，又是中日友好协会会长，他对冈崎先生说："我们是社会主义国家，你说的这事我们现在还不好决定，以后再说吧！"

到了1983年，冈崎先生仍矢志不改。他对廖承志说："这事我跟你说了好多年好多次了，每次都被你婉言谢绝了。教不教在我，用不用在你，你干吗要谢绝？"廖承志被冈崎先生的盛情感动了，决定接受他的邀请，于是就把选派人员这个任务交给了共青团中央国际部和北京对外贸易学院，由他们组成招考小组，先到三个直辖市北京、天津、上海去招考。条件有三个：一是政治条件要符合；二是日语要好，第一天到东京，第二天就要用日语听课；三是要懂得金融证券基础知识。这第一个条件好办，第二个条件比较难，最难的是第三个，到哪儿去找合格人选？那时我们国家没有证券市场，大学也不开设这样的课程，所以招考小组在京、津、沪三个直辖市都没找到一个合格人选。这时，廖承志就对招考小组说："你们南下广州再找找，那里是藏龙卧虎之地。"

三十多年前，冈崎嘉平太老人家对我们寄予的期望，今天在中国大地上已经实现了。

1989 年 9 月 22 日，九十二岁的冈崎嘉平太先生不幸逝世。听到这个噩耗，我们都非常悲痛。我们失去了一位非常难得的长者，一位长期为中日友好奋斗的老朋友、好朋友。

2001 年，冈崎纪念馆在他的家乡日本冈山落成。

2006 年，日本前首相小泉纯一郎参拜靖国神社，严重伤害中国人民的感情，导致中日关系出现了裂痕。经我国外交部、国家广播电影电视总局批准，日本 NHK 派三人摄制组来华拍摄纪录片《命をかけた日中友好 冈崎嘉平太》（中文译名：《为中日友好而赌上性命的冈崎嘉平太》）。该纪录片通过采访中方有关人士，讲述两国老一代为中日邦交正常化和中日友好所做出的努力和贡献，希望通过推动民间外交改善中日关系。这个摄制组在中方人员陪同下，从北京专程来到深交所采访我。我把我写的第一部著作《证券市场》送给了日本摄制组，他们很高兴。我又陪同他们参观了新股在深圳证券交易所上市交易敲钟仪式，拍摄了大屏幕揭示的深交所当日股市行情，以及深交所大楼外景，同时向他们介绍了深交所的发展情况。他们参观后说："《证券市场》这本书是你在日本学习证券专业的总结，你又为中国证券事业的创建和发展做出了自己的贡献，我们可以告慰冈崎先生在天之灵了！"我对摄制组说："冈崎先生如果健在，他一定会想办法克服中日关系出现的困难，推进中日关系朝着正确的方向发展。"

该纪录片在日本 NHK 电视台播放过两次，在当时的日本年轻一代中，引起了强烈的反响。吃水不忘掘井人，无论在怎样的历史时期，像冈崎先生这样的人物，都会被历史铭记，也会为后人所称道。该纪录片播放后，摄制组将其刻录成光碟，寄到国家广播电影电视总局转交给我，我反反复复看过好多遍，我深切地怀念着我的恩师——冈崎嘉平太先生！

2015年5月，习近平总书记在北京人民大会堂举行的中日友好交流大会上的讲话中，高度评价了冈崎嘉平太先生为中日关系重建和发展所做的大量工作。

2018年12月6日，为纪念《中日和平友好条约》缔结40周年，清华大学和全日空控股株式会社专门推出"冈崎嘉平太与备忘录贸易时代"特别展。展览用照片、剪报、视频以及多件珍贵实物，全方位展示冈崎嘉平太为促进中日友好交往所做的巨大努力和成果，以及其"爱为经，信为纬"等人生信条。

冈崎嘉平太先生，历史将永远铭记您为中日友好做出的贡献。

（2020年5月）

我们这一家

我们家有祖母、父母和包括我在内的八个小孩。

祖父去世时，父亲才三岁。祖母靠给人家缝补浆洗衣服，把我父亲养大。

我父亲是小学文化程度。在我四岁的时候，他就开始教我认字，所以在进入小学读书前，我已经认识好几百个字了。我父亲说："我一定要培养出一名大学生！"

解放初，我父亲就参加了革命工作。我们全家人生活的经济来源，主要是靠我父亲的工资。因为经济拮据，我母亲时常打些零工补贴。

1959年，我读到初中二年级，我父亲所在单位领导张思让所长看到我们家生活困难，就吸收我到森林经营所工作。我给张所长当了一年文书，他很满意。后来，他看我是个读书的好材料，又动员我父亲让我重返校园读书。

那时候，我已经失去了学籍，按规定是不能再进入学校学习的。张思让所长和陇县文教局薛局长都是临潼老乡，他们俩都是从省城西安调到陇县工作的。张所长给薛局长写了一封信，让我持这封信去见薛局长。薛局长看了信后，立即给我开了一封介绍信，请陇县中学尚涤非校长安排我插班学习。

就这样我又重新开始了校园生活，并且经过初中三年级学习后，以非常优异的成绩考入陇县中学高中部。

1962年，在我读高中二年级时，一场伤寒病险些要了我的命。

祸不单行！我从医院回到家里一星期后，又患了右侧胸大肌炎症。这一回，父亲送我到离家更远的宝鸡市康复医院治疗。

2019年，禹国刚（前排中）八兄妹合影。

待身体基本恢复后，我回到陇县中学抓紧补习功课。

1963年初，我随同母亲回到安康，转入安康高中读书。

1964年，我考入西安外国语学院。起初，我学的是俄语，后来改学日语。胡秋金教授是教我学习日语的老师，他对我特别器重。我在班上日语学得最好。

几十年来，回顾我走过的道路，一直感恩那些帮助过我的恩人。

如果不是张思让所长当年劝说我父亲，并大力助我重返校园，我就不会成为一名大学生。张所长是改变我人生命运的大恩人。

如果不是尚涤非校长当机立断，派同学送我紧急住进医院，并亲自为我寻找药物，我可能早就小命呜呼了。尚校长是救我性命的大恩人。

如果不是胡秋金老师精心培育我学好日语，我就没有本钱去参加赴日留学考试。

如果不是冈崎嘉平太老先生高瞻远瞩，再三邀请中国选派赴日留学生，我就不可能到日本学习证券和证券交易。

如果不是余晖鸿书记培养、鼓励、推荐，我就没有参加赴日考试的机会。

从日本学成回到祖国后，在改革开放的大潮中，如果没有党和人民对我多年的培养，没有李灏书记、郑良玉市长、张鸿义副市长这些敢于担当的好领导，放手让我去闯去试，我就不可能参与并见证中国资本市场从无到有、从小到大、从区域到全国发展的历程。

在我的家族中，除了父母亲倾力要把我培养成大学生外，我的三个弟弟和四个妹妹也一心一意帮助我，期盼我能成为一名大学生。

我们这一家，在国家需要的时候总会有人挺身而出。

我的弟弟禹国强生于 1947 年 9 月 7 日，1965 年成为安康火电厂第一代电力人之一。1971 年 4 月 21 日，安康火电厂运行中的三号锅炉突发严重缺水，炉通管已经破裂，锅炉可能瞬间发生大爆炸。他临危不惧，第一个冲上去排除险情，不幸被异物打到左眼，那一瞬间他不知道疼痛，光知道把各种开关该关的关，该开的开！他以高度的责任感及时地止住了大祸的发生，拯救了上百条生命，将火电厂的损失降到最低，事故后他的左眼再也感受不到光明。

事后，他也感到了后怕。安康火电厂厂长眼泪汪汪地对着他说："要不是你奋不顾身地抢救火电厂，那后果就不堪设想了。如果锅炉发生大爆炸，火电厂光忙着买棺材也忙不过来了！"

火电厂得救了，可是国强的左眼却永久失明了。他说："我从不后悔，我觉得我值得。"他也从未向单位提出过任何要求，单位考虑到他的实际情况，把他安排到供电所工作，他更是心怀感恩，在新的工作岗位上倍加勤奋学习，努力工作。

国强是一个非常爱学习的人，自学成才，成为电力技师，再后来担任安康供电所所长。他广泛阅读供电方面的书籍，几十年来他的读书笔记摞起来有三尺厚。他的工作经验和处理供电问题的能力，是多少供电专业科班出身的本科生、硕士生都不得不佩服的。他还是陕西省劳动模范。

禹康是国强的儿子、我的侄子。他是国家电网的一名普通员工。他沿着父辈的足迹，牢记家规家训，以坚定的信念，践行着禹氏朴素朴实的优良作风。时节如流，转眼禹康进入国家电网工作已经二十个年头。这二十年来，他不断为人生加码：每一次工作实践，是生命的累加；每一次创新突破，是生命的升华。在禹康的心中，荣誉是对家风的守护，奖励是对奋斗的赞誉。在我们这个伟大复兴的时代，奋斗让他感到了生命的精彩。年轻的他已经是陕西省劳动模范、陕西省人大代表、陕西省党代表、陕西省优秀共产党员。

2015年，禹康首次提出用旁路作业更换带电导线这一课题，并在安康地区成功实施，填补了国内此项目的空白。他曾代表陕西省电力公司参加国家电网公司首届10千伏配网架空线路带电作业技能竞赛，从26个网省公司参赛队的320多名选手中脱颖而出，获得第七，被授予"国家电网公司技术能手"称号。他既是陕西省也是西北五省唯一的获奖者，现任国网陕西省电力公司安康供电公司不停电作业中心负责人，兼国家电网陕西张思德（安康配电）共产党员服务队队长。2018年，禹康劳模创新工作室被评为"陕西省示范性职工（劳模）创新工作室"。

　　国强的女儿禹静，三十六岁时就已经成为安康供电公司高级工程师。国强退休后，禹静和弟弟禹康一起继续战斗在供电战线上。

　　我是深圳证券交易所创始人之一，2018年党中央、国务院授予我改革先锋称号，颁发改革先锋奖章，还受到习近平总书记接见。这是我一生最大的光荣！

　　2019年10月1日，我应邀在天安门前见证了新中国成立70周年盛典，这不仅是我个人的光荣，更是深圳证券交易所的光荣，中国资本市场的光荣。

　　爱国、勤奋、博学、创新，是我坚守了一生的格言。

　　我在中国改革开放的事业中，做了点力所能及的事情，而家乡安康也成了我感恩一生、牵绊一生的地方。

　　无论过去、现在还是将来，安康的山水都将继续承载着这坚韧不拔、奋勇拼搏的安康精神，生生不息地传承给一代又一代安康人，让这份精神在祖国建设的历程中永放光芒。

　　"乡愁"这个词，对我而言，既有爱国的情操在里边，也有对家乡的爱，还有对我们兄弟姊妹的爱。这些都可以用"亲情"两个字来表达。这就是我的乡愁，这就是我的情怀。

　　亲爱的家乡，你好！虽然我离开了你许久，但你教会我爱国、勤奋、博学、创新，是我人生道路上的引路灯。还好，我没有辜负你的期望，更没有辜负党和国家对我的教育和嘱托，虽然已至暮年，但我仍旧不愿停下我拼搏的脚步，我将带着对你最诚挚的爱与感谢，再次上路！

（2020年8月）

我眼中的李灏

李灏是在深圳经济特区建立初期，由党中央选派到深圳工作的领导干部。他在深圳主政八年，是目前深圳经济特区历史上任期最长的市委书记。

李灏大胆调整深圳经济特区经济结构，推进所有制改革，发展资本市场，探索土地、住房、社会保障等一系列改革实践，大力发展要素市场，建立市场体系以及与之相适应的运行体制和政府管理框架，倡导"按国际规则'打篮球'"，为争取特区立法权做出重要贡献，是深圳市场经济体制框架的设计者和领导者。

深圳经济特区作为我国改革开放的试验田，最大的贡献就是对中国特色社会主义道路进行探索并取得了成功的经验，得以让中央在总结深圳实践经验的基础上，在全国实行社会主义市场经济的新体制。

没有李灏，就没有深交所

1988年7月，李灏提出："作为改革开放试验田的深圳，在资本市场的试验探索中也应该先行一步，为在全国推广而积累更多的经验，让深圳在通向资本市场之路上做一回'拓荒牛'。"

1988年11月，资本市场领导小组成立，有计划、有步骤地开展深圳证券交易所的各项筹备工作。

1990年5月2日，为了尽快扭转深圳股市的狂热局面，根除柜台交易弊端和黑市交易乱象，挽救垂危中的深圳股市，我和王健以及曾柯林（中国人民银行深圳经济特区分行金管处原处长）在北京向中国人民银行总行领导汇报深交所筹备完毕，请求其批准我们开始集中交

2018年5月7日，禹国刚（左）看望李灏（右），同行的央视记者拍下了这张珍贵的照片。（摄影：冯冠豪）

易，从而使深圳股市朝着规范化方向发展，然而得到的回答是：深圳证券交易所这个名字太敏感，不能批。

1990年11月22日，李灏书记、郑良玉市长、张鸿义副市长等市领导和中国人民银行深圳经济特区分行几位负责人一行，到国投大厦十五楼视察深圳证券交易所筹备情况，现场办公。李灏走进会议室，还没坐到沙发上，第一句话就说："今天我们是来拍板的。"

在看过模拟的股票竞价交易流程后，李灏书记当场拍板：12月1日深交所就试业，率先开起来！

就这样，在还未领到"出生证"的前提下，深圳证券交易所于会议结束一周后的1990年12月1日"呱呱坠地"，率先开始集中交易，迈出了创建新中国资本市场最艰难的一步。

1991年4月16日，经国务院批准授权，中国人民银行下达了同意成立深圳证券交易所的批复。

1991 年 7 月 3 日，如同给小孩补办"满月宴"一样，深圳市委、市政府热热闹闹地给 1990 年 12 月 1 日开市的深圳证券交易所补办了一个仪式。

深圳证券交易所的创建，带动了证券、基金、银行等金融机构和金融业的发展，不仅引领了深圳高端要素市场和高端服务业的迅速发展，奠定了深圳在全国资本市场体系中的重要位置，而且对于深圳国有企业改革、高新技术产业的发展，以及深圳市民增加资本收入、提高生活水平也起到了积极的推动作用。

没有李灏，就难以平息"8·10 风波"

1992 年 8 月 8 日—10 日，深圳发售该年度新股认购抽签表，约有 120 万人，布满了深圳城乡 303 个发售点。8 月 10 日晚上，发生了因售表时出现的极其严重的舞弊行为而引发的股民游行示威，数万人围在市政府周围，深南中路交通干线及市政府门口的道路被堵塞，秩序相当混乱。在深南大道和红荔路多处都有愤怒的群众点燃小汽车，烧毁摩托车，高喊口号："严惩腐败！""我们要股票！"示威者群情激昂，围在市政府门口的别有用心的人还试图冲进市政府机关大院，形势危殆！

这时，市政府的院子里已经坐满了全副武装的武警战士。

李灏书记、郑良玉市长、张鸿义副市长、李定秘书长、李海东局长，快速赶到市政府北门口。他们也来不及去会议室了，就在大门右侧的传达室磋商解决问题的办法。

李灏多年后在接受采访时说："事情到了千钧一发的紧急关头。

怎么办？大家一下子束手无策。我说，大家有什么好的措施？如果没有什么别的办法，我提议把明年 5 亿元股票额度提前到今年发行。因为股民都是冲着股票来的，不能满足他们的要求，即使没有出现舞弊行为，他们也不满意。为什么？因为我们决策有错误，股票发行本身有缺陷，买股票怎么会没有风险，稳赚不赔？利益使得他们急红了眼。有人说这个办法不行。寅吃卯粮，把明年的额度挪用到今年，要不要向上面请示批准？更好的办法又提不出来，干着急啊！千钧一发，分秒必争啊！哪里还有时间给你层层请示？我说，事不宜迟，就这样定了，全部责任压在我一个身上，撤职、法办我一人承担！决定以后，连起草文件都来不及，草草写了五条，晚上九点四十分，以市政府公告形式拿到广播车去广播，同时派出机关人员在人群集中地点宣传公告。这五条公告主要内容是：你们游行示威、冲击机关是不对的；要保持秩序；我们一定惩治腐败；市里决定增发 500 万张抽签表，将明年的额度提前发行；明天还在原来地点买。后两条最关键，结果，游行队伍呼啦一下散去了，都去排队了。"

没有李灏，就不会及早设立创业板

1998 年 2 月，李灏率团赴德国和意大利进行立法考察。他们在德国还考察了法兰克福证券交易所的"新市场"。该市场规定进入"新市场"的高新技术企业，不需要三年的盈利业绩报告，只需要注册资本金 1000 万马克以上；自由流动的股份占总股本的 25% 以上；一年做四次季度业绩报告和年报，并编制公司业务计划等。李灏问工作人员："你们的'新市场'是怎样建立的？"工作人员回答道："我们是向纳斯达克学的。"李灏听罢，眼前一亮，随即产生了开设我国"新市场"的念头。于是，他在 1998 年 3 月 3 日写给全国人大的考察报告中，就专门提出了开设我国"新市场"（创业板），促进我国高新技术企业快速成长的建议。

2000 年，深交所本想直接设立创业板，甚至不惜主板停发新股。但在创业板即将推出，临门一脚的关键时刻，市场形势发生了较大变化，全球互联网泡沫破裂，纳斯达克科技股大幅下跌，国内对创业板的争议和担忧加剧，创业板就此被搁置。

如何走出困境？深交所紧扣国民经济发展大局，从中小企业入手，以资本市场为核心完善中小企业金融服务支持体系。

在党中央、国务院的关怀和支持下，深交所人经过长时间的艰苦奋斗，在社会各方的大力支持下，于 2004 年 5 月 17 日迎来了中小企业板开启仪式。这件事意义重大，既解除了深交所的生存危机，又开创了中国多层次资本市场的新局面。

当年，为了帮助深交所走出困境，李灏不仅赞同深交所创业板分步走，先搞中小企业板，而且还多次建议广东省在全国人大开会期间提交设立深交所中小企业板的议案，并让我起草了该议案的草案供省政府参考。

2009 年 10 月 30 日，深交所创业板上市公司股票开始上市交易。

2013 年，深交所创业板股票买卖迎来了大牛市，有 187 只个股当年涨幅翻倍。

（2020 年 12 月）

兴趣爱好和吃饭一样重要

"巴扬"是俄罗斯的乐器。它融入了俄罗斯民间文化，也在东欧其他国家流传。近一百年来，"巴扬"手风琴以它独特的优势在手风琴家族中独树一帜，堪称一朵奇葩。1905 年圣彼得堡生产出第一台键钮式手风琴，人们为了纪念著名演奏家巴扬而将这种琴命名为"巴扬"手风琴。

用"巴扬"手风琴演奏俄罗斯民族音乐，能将这个民族的风格特色表现得淋漓尽致。

20 世纪 80 年代末，随着我国改革开放的不断深入和国际文化交流活动的日益频繁，"巴扬"手风琴传入我国。

作为一名业余手风琴爱好者，我在上小学时就对手风琴演奏有了兴趣。1956 年，我是鼓楼小学合唱队的队员，我的一个同学常用键盘式手风琴为我们的演出伴奏。当时我们合唱队演出的节目中有一首歌叫《英雄的汽车司机员》。

在六十多年前演唱的这首歌，今天我再配以"巴扬"手风琴，自拉自唱，一如当年雄壮有力。

对我而言，兴趣爱好和吃饭一样重要。我用"巴扬"手风琴自拉自唱的爱好，年年岁岁坚持不辍。我可以用俄语自拉自唱《小路》《三套车》《喀秋莎》《莫斯科郊外的晚上》，用日语自拉自唱《北国之春》《红蜻蜓》《一叶舟》《送别》，还可以自拉自唱革命歌曲《沁园春·雪》《英雄赞歌》（电影《英雄儿女》的插曲）、《我和我的祖国》《赠缅甸友人》（用陈毅元帅的诗谱曲的一首歌），以及民歌《梦中的兰花花》《在那遥远的地方》等。

退休后的禹国刚时常拉"巴扬"手风琴，自娱自乐。

　　我学习"巴扬"手风琴演奏的体会是，它不用换指法即可转调。作为一个退休多年的老人，我是有一点超前意识和开拓精神的。我看中了"巴扬"手风琴的诸多优点，又利用学过俄语、日语的优势，来一个原版的自拉自唱，别有一番风味。

　　初次接触"巴扬"手风琴时，我对其围棋般的键盘感到惊奇，觉得它有一种神秘感。"巴扬"手风琴键钮的音位设计非常科学，它排列紧凑，演奏方便。由于键钮排列的特殊性，其指法选择具有多样性，在演奏音阶、和弦，特别是多声部乐曲时，比键盘式手风琴更为便利。掌握必要的音乐理论和知识是系统学习键钮式自由低音手风琴以及提高演奏水平最重要的先决条件，音程、和弦和音阶等知识是音乐演奏的基础，我一直不断系统有序地学习掌握这些内容和演奏技巧。

我还学会了自制视频。我用"巴扬"手风琴自拉自唱，双手、双眼以及大脑司令部总动员，齐齐上阵，严阵以待，左手拉风箱兼触贝司键钮，右手触主键键钮，一个键钮也不能触错；同时大脑指挥着嘴巴，一个字也不能唱错。经过这一番紧张而有趣的协同作战，一段满意的自拉自唱的视频就制作成功了。这时我真有几分成就感，乐在心里，喜在脸上。

人需要有兴趣爱好，而能落实自己的兴趣爱好则更是一件乐事。对此，年轻的时候忙于工作，也许浑然不觉，但等到年老退休就会发现，兴趣爱好真的和吃饭一样重要。

（2020 年 5 月）

隶书，要这样写才能写出风格

我国的汉字书法，是一种艺术表现形式。古往今来，书法界公认的有五种字体，分别是篆书、隶书、楷书、行书、草书。

我喜欢隶书。隶书是秦时产生的字体，有秦隶与汉隶之分。隶书有一个专有的形容词"破圆为方"，即改变汉字之前圆形线条的写法而为方块字，讲究"蚕头燕尾"。

隶书最初是一种为了方便抄写的字体，上承篆书，之后直接影响了魏晋南北朝及唐代的书风，在我国书法发展史上有非常重要的意义。隶书的精品多数体现在碑石雕刻上，较出众的有《曹全碑》《石门颂》等。

刘炳森先生的一生，与当代书法事业相伴。他少年时代就酷爱书法艺术，在老师的指导下，勤学苦练，十一岁扬名乡里。他的隶书为各国书法界人士所熟悉和称道，在国内外享有极高的声誉。他的隶书独树一帜，世称"刘体隶书"。

我从未见过刘炳森先生，但他的隶书给了我许多影响和启发。

我学习隶书，是自小从我的邻居郝老先生那里习得了"窍门"。既要循"蚕头燕尾"之规，又要蹈"先写横笔"之矩。不管一个字有多少横笔，首先把所有的横笔写完，然后再写各个竖笔。这样写隶书，自然会将其风格表现出来。这是我写隶书亲身的经验。隶书先写所有的横笔，这可能是我的一大发明。我的"禹体隶书"，颇具"刘体隶书"的风格。

我不但隶书写得出众，而且会写宋体、仿宋体、黑体、黑变体，以及各种美术字。我更有一手"绝活"，从当小学生到今天成为七十多岁的老翁，仍可以把任何一个汉字写成空心字，不管它的笔画多复杂，我都能驾轻就熟。

至于隶书，我虽写了六十多年，至今还不满意，常常练习，不到炉火纯青不止步。

这一手好字，是我的门面，我也因此小有名气。上小学五年级时，就有个机关单位让我利用暑假时间帮他们刻写蜡版。在 20 世纪 90 年代以前，刻写蜡版是一种普遍使用的文书、资料印刷技术，即把蜡纸放在有布纹的钢板上，用铁笔刻字或作图，然后用油印机进行印刷。那个单位让我刻写的内容是《固氮菌的制造方法》。我很好奇，还认真学习了一下内容。

我用隶书刻写大标题，用牟体刻写小标题，用宋体刻写正文，在半个多月时间里，完成了这一套资料的刻印任务。没想到，机关单位不但很满意，还给了我 16 元钱的报酬。开学时，我用这笔钱交了学费，买了书籍、文具和作业本后，还没用完。我父母很是高兴，他们拿剩余的钱给我做了一套制服。

我们中国文化有个了不起的地方，就是讲究功夫。书法就是一个典型代表。我的体会是，多练习一天，就会多一分心得体会，也会多一分进步。

（2020 年 6 月）

中国资本市场尽管还不够完善，对于我们来说，它是一个充满机会和希望的正在迅速发展壮大的新兴市场。

二〇二〇年春

禹国刚 书

禹国刚隶书作品：中国资本市场尽管还不够完善，对于我们来说，它是一个充满机会和希望的正在迅速发展壮大的新兴市场。

禹国刚篆刻作品：深圳最大贡献　作为改革试验田为中国特色社会主义
路子进行探索　取得了成功的经验

禹国刚小篆寄语：见证　传承　使命

禹国刚日语书法作品，意为：中国股市尽管还不够完善，对于我们来说，它却是一个充满机会和希望的、正在迅速发展的新兴市场。

我是这样学习日语的

1983 年，应日中青年研修协会会长冈崎嘉平太先生的多次力邀，我国终于决定选派两名青年，作为研修留学生到日本学习证券和证券交易。研修留学生与一般留学生不同，他们只要踏上日本国土，就要开始紧张的专业学习，因此日语要非常好。那时候"文革"才结束没几年，不像现在，找合格人选能有成千上万。由中华全国青年联合会牵头，组成招考班子，到京津沪招考了一遍，却没有找到合格人选。廖承志副委员长知情后说，你们到广州找一找吧，那里是藏龙卧虎之地。于是，团中央的一纸招考通知便发向了广东各大单位。

当时我在爱华电器公司担任党委秘书兼日语翻译，平时也帮着市里做一些翻译工作。一天，我接到共青团深圳市委书记余晖鸿打来的电话，说广州有一个考试，选拔人才到日本留学，学习证券和证券交易。在余书记的鼓励下，我去广州参加了考试。卷子是全日文的，问的是什么叫市盈率、股票等专业问题。我的日语派上了用场，很快就将题目答完。最终四十多名考生中仅有两人通过考试，我是被当场拍板认可的。

我在上初中、高中和大学一年级时，外语课全都是学习俄语。1964 年，中苏关系彻底破裂，苏联专家全部从我国撤走，全国几千名专职俄语翻译面临着改行。这时我还在西安外国语学院学习俄语。不久，国家教育部门允许外语院校俄语专业的学生改学别的语种，于是大部分同学改学了英语，也有不少同学改学法语、德语、西班牙语、斯瓦希里语等，唯独我们极少数同学改学日语。那时，中日还未恢复邦交正常化。

胡秋金老师系归国华侨。他是我们西安外国语学院借来的日语老师，同时又是陕西省人民政府的首席日语翻译。胡老师 1950 年毕业于日本名古屋中华交通学院，日语功底特别深厚，教学经验非常丰富。在他的精心栽培下，我在班上日语学得最好。我从西安外国语学院毕业以后，一直坚持日语学习。总结起来有以下几条经验：

刻苦认真，从不懈怠。我在大学读书时正值"文革"，当时不少同学都热衷于参加各种运动，比如贴大字报、到省委门前静坐等等，我却常常找一个无人的地方悄悄读日语。

目标明确，孜孜以求。我学习日语的目的就是要研究日本历史和强国之路，将来用于贡献国家。当年黑船叩开了日本锁国的国门，日本面临着严峻的挑战。明治天皇于 1868 年选择了维新，废藩置县，全面西化。膨胀的野心让它犯下了滔天大罪，正义的审判让它称雄世界的野心灰飞烟灭。之后，同样在这块土地上，他们又创造了一个个让世人瞠目的经济奇迹。

勤于学习，勤于请教。念大学时我是班长，和胡秋金老师的接触自然很多。胡老师每天在西安外国语学院吃午饭，我和他的饭菜都是我到食堂买好，拿到休息室和他一起吃的，吃完后碗筷都是我洗干净的。胡老师中午不肯休息，只要一吃完饭，他就继续给我讲授日语。就这样，我起码比别的同学多了一倍的学习时间，自然比别人学得多。有一天吃过午饭，胡老师让我唱歌剧《白毛女》中的《北风吹》。我用汉语唱，他用日语唱，就这么一个午休时间，我学会了胡老师唱的日语版《北风吹》这首歌。时隔半个多世纪的今天，我仍会唱这首日语版的《北风吹》，不会忘记的。我的经验说明，唱外语版歌曲也是学习外语的好方法。

掌握技巧，全面过关。说白了日语是一个舶来品，日文中有许多汉字，也有英语、法语、俄语等许多外来语词汇。我从小就有整理课堂笔记的好习惯，会把学习过的全部内容包括语法窍门等都记下来，这样积少成多，大有用处。同时，学习日语，要做到"五会"，听、说、读、写、译都得过硬。想要提高日语水平，除了学好课本上的内容外，还要多读一些基础日语的书籍，多读一些日语小说，多看一些日语电影。日语电影能带来很好的视听效果，从中能学到一些日语实际运用的知识，提高日语交流的能力。例如，1976 年出品的日语映画《君よ憤怒の河を渉れ》(即电影《追捕》)，有这么一段经典的日语台词："杜丘、みてごらん。なんて青い空だろう、さあ行ってごらん。青空に溶け込むようにまっすぐ行けばいい。周りを見るんじゃない。どうした、杜丘、早く。"翻译成中文就是："杜丘，你看，多么蓝的天啊！一直朝前走，你就会融化在蓝天里。不要向两边看！怎么了，杜丘？快点！"当你看着电影中的画面，听着演员的旁白，你会牢牢地记住这段台词。

随时用功，处处学问。1995 年，我参观了广岛原子弹爆炸资料馆。该馆用日文记载着这段历史："1945 年美军在广岛投下第一颗原子弹的三天后，于 8 月 9 日在长崎投下了第二颗原子弹。"日本认为自己是受害者，但没讲受害的原因。广岛、长崎的两声巨响至今余波未平，人间炼狱的惨相告诉我们和平安宁的弥足珍贵。参观原子弹爆炸资料馆，既让我重温了这段历史，又让我学习到了许多日语用语，同时加深了我对日本的认识。他们有着狂热的强者崇拜情结，有着无情、不肯认错的自傲，也有着温顺承压的柔韧、勤劳团结的品格。

经年累月，从不放弃。1970 年我大学毕业，毕业以后做过好几种工作，即使我工作的地方都在深山沟里，也从来没有放松过日语学习。对我来说，什么都能丢，专业不能丢。那时候条件很差，我有一个矿石收音机，是最简单的无线电接收装置。这个矿石收音机可是我的宝贝，我用它来收听国际广播电台《北京放送》；我还订阅日文版《北京周报》。我就靠这两个东西，强化听力，保持词汇量。

（2020 年 7 月）

深圳证券山公园——中国改革开放的一种"国家记忆"

2018年初，我应邀担任深圳证券山公园建设的总顾问，以一个义工的身份参与设计和现场指导工作。

建设证券山公园的意义

深圳是新中国股市发源地："深宝安"是第一只公开发行的股票（1983年7月25日）；深交所是第一家集中交易的证券交易所（1990年12月1日）。无论从深圳还是全国金融体制改革开放的角度来看，深交所的创建都是一次极具里程碑意义的、影响深远的重大改革。

深交所早在1993年就已经率先实现了"四化"——交易电脑化、交收无纸化、通信卫星化和运作无大堂化，为中国资本市场开辟了一条规范、安全、高效、低成本的发展道路。

现在，深交所正在按照习近平总书记在十九大报告中提出的要求，深化金融体制改革，增强金融服务实体经济的能力，提高直接融资比重，促进多层次资本市场健康发展，努力打造成国际一流的证券交易所。

改革开放成就了今天的深圳。深圳所取得的成就是中国改革开放所取得的成就的一个精彩缩影，而深交所则是其中一颗非常光彩夺目的红星，为全中国和全世界所瞩目。

2018年，深圳市龙岗区政府计划打造一座证券山公园，具有十分重要的现实意义和深远的历史意义，它将是向中国改革开放40周年献上的一份厚礼，又将成为中国改革开放的一种"国家记忆"，激励深圳人弘扬敢闯敢试、敢为人先、埋头苦干的特区精神，立足自身优势，积累更多经验，把改革开放的旗帜举得更高更稳，在社会主义现代化建设中做出新的贡献。

证券山公园的特点、代表性和影响力

公园建设面积约十九万平方米，属于市政金融证券文化主题公园。在龙岗区原有生态资源基础上，采取保护为主，适当开发的发展策略，体现深圳城市特色的"金融证券文化"，在为市民提供优美娱乐休闲环境的同时，弘扬奋发向上的城市精神，宣传深圳金融证券发展历程，普及金融证券相关知识，提升市民文化修养，努力为广大市民提供一个寓教于乐、功能齐备的高品质城市特色空间。

深圳约有 1000 个市政公园，位居全国第二，但存在同质化严重、特色不明显等问题。

证券山公园将打破传统市政公园的建设格局，在公园内，除了建设一般市政公园的基础设施，具有一般市政公园的功能外，还将建设一个证券博物馆，使其成为中国资本市场文化建设基地、深圳金融证券文化创新基地，也是重点面向深圳广大市民普及金融证券知识及进行风险教育的场馆。"博物馆是第二课堂"，证券博物馆将是集证券史料收集、展陈、宣传教育等功能于一体的国内极具影响力的金融文化展示平台，回顾世界资本市场源流变迁、我国资本市场发展历史，重点展示我国改革开放以来特别是党的十九大召开以来，深圳多层次资本市场发展成就以及深圳金融创新之路等内容。

在证券山公园内，以证券为元素建设的形象工程主要有：

北门楼：造型独特，极富吸引力。

证券文化塔和证券文化墙：两者构成一幅美丽的图画，刻在 36 米

高的塔体上的"1990.12.01"表明了新中国资本市场的诞生日，镌刻在"证券文化墙"上的"新中国股市从深圳走来"一语道出了公园的主题。

拓荒牛雕塑："牛市"在股市中代表股价上涨的走势，为股民所期盼和欢迎。

证券智能展示长廊：利用互联网平台打造，是为股民提供有趣的

屹立在证券山公园山顶上的 36 米高的证券文化塔及证券文化墙。

证券知识竞赛的场所。

重点上市公司文化长廊：深交所现有上市公司 2200 多家，平均市值 110 亿元，本长廊将展示其中具有代表性的上市公司的企业文化。

证券代码信息亭：将"深宝安"和"深市老五股"代码形象化设计，展示于该亭。

证券大讲堂：中国大陆股市的投资者以散户为主，现有股民超过两亿人，其中不少人缺乏证券交易的基本技能和风险防范意识，亟待对其进行培训教育。

股市 K 线圆桥：用股市历史事件，揭示 K 线图会受到政治、经济、社会、文化、人为操纵等影响而变化，温馨提示投资者 K 线图不像海水潮起潮落那样有固有规律，仅供投资者参考。

透明玻璃书吧：深圳人喜欢读书，透明玻璃书吧将会给股市投资者推荐相关的新书好书。

"博股通今"墙：没有只涨不跌的股票，也没有只跌不涨的股票。

证券地刻广场：将"蓝筹股"用地刻方式刻于该广场，有如好莱坞明星手印刻在地板上。

证券氛围灯带：用特型灯具代表不同上市公司产业。

证券攀登之径：世上无难事，只要肯登攀。

求索之路：路漫漫其修远兮，吾将上下而求索。

世界股市墙：展示世界资本市场源流变迁。

中国股市墙：展示中国证券市场发展历程和前景。

人物雕塑群：展示为新中国股市创建与发展做出重大贡献的人物雕塑群，激励市民奋发向上。

"深宝安"和"深市老五股"实物股票雕塑群："深宝安"和"深

市老五股"股票雕塑群形象地揭示深圳股市的根源。

金融艺术广场：提供与金融证券相关的艺术展演阵地。

证券演绎广场：上市证券正式挂牌交易前，先行演绎，以推断其上市后的前景。

股融苑（服务中心）：为游客提供游园所需的服务。

生态停车场：解决部分停车难的问题。

"深交所"开市铜钟：见证了新中国第一家证券交易所——深交所于1990年12月1日开始集中交易。

以上这些证券元素形象工程，迄今为止在全球见所未见，闻所未闻，具有非常鲜明的特点。

证券山公园将是全球第一个金融证券文化主题公园，其定位是国家级特色市政公园。在国内，证券山公园（中国改革开放的"国家记忆"）将名扬天下，极大地提升龙岗区乃至深圳市的知名度和影响力。

北门楼、证券文化塔和证券文化墙已经全部竣工，建设期间已经有央视、凤凰卫视、深圳卫视等多家媒体前来工地进行过十多次拍摄和采访报道。

证券山公园也是送给深圳这座城市的一份礼物。多少年以后，人们的记忆淡薄了，有些人记不起多少事了，但是在这个公园里走一走，就会想起：哦，当年中国的改革开放就是从深圳起步的，中国股市的发展也是从这儿开始的！

该项目建设是必要且迫切的，不仅能彰显深圳城市特色和弘扬城市先锋精神，是向中国改革开放40周年的献礼，也是补齐龙岗区城市公共服务设施短板、优化辖区城市公园布局、提升城市环境品质、改善龙岗区投资与工作环境政策的需要，更是落实深圳市和龙岗区各项政策和规划的迫切需要。

证券山公园经龙岗区人民政府批准，由龙岗区城市管理局负责建设，龙岗区股票文化协会应龙岗区城市管理局邀请协助建设公园。

证券山公园建成后，将为市民提供环境优美、极富城市文化内涵的城市特色空间，为龙岗区"串联山水自然资源，构建城市生态绿环"打下坚实的基础。

（2018 年 10 月）

寄望青年学子：爱国、勤奋、博学、创新

自 2016 年起，"深圳市成人礼"已走过数个年头。每年的成人礼，都会邀请一位长者，为成人代表送上希冀和祝福，这就是成人礼"长者开礼"环节。"2019 深圳市成人礼"邀请我作为长者代表，于 9 月 12 日为成人礼进行开礼致辞。

各位同学、年轻的朋友们：

大家上午好！九月的深圳热力十足，一派生机勃勃的景象，正像你们英姿勃发的青春年华。

我是禹国刚，深圳证券交易所第一任副总经理（法定代表人），主要筹备者、创建者之一。非常高兴作为致辞嘉宾与同学们一起分享、见证你们十八岁成人的美好时刻。

1981 年，沐浴着改革开放的春风，我带着变卖家电的六百多元钱来"闯"深圳，到 2019 年已经三十八年。三十八年来，我见证了一代又一代深圳青年的成长和成熟，更见证了深圳从一个边陲小镇迅速成长为国际化大都市的光辉历程。

2018 年 10 月 24 日，习近平总书记视察深圳时接见了我。同年 12 月 18 日，在北京举行的庆祝改革开放 40 周年大会上，我非常荣幸地被党中央、国务院授予改革先锋称号，再次受到习近平总书记接见。我想，这份荣誉不仅仅属于我个人，它更属于深圳，属于所有敢闯敢试、敢为人先、埋头苦干的"拓荒牛"。

今年，在即将迎来新中国七十华诞之际，我们在此欢聚，祝福你们成人，成为祖国的栋梁，成为特区的中坚。你们将接过改革开放的接力

棒，将伟大的祖国和繁荣的深圳继续推向更加灿烂辉煌的前方。

从今以后，希望你们将爱国牢记心间，热爱我们伟大的祖国与人民，以国家富强、人民幸福为己任，胸怀理想、志存高远，将自己的梦想与中国梦融合起来，将个人抱负与祖国前途命运联系起来，在中华民族伟大复兴中放飞青春梦想。

希望你们永远保持勤奋的姿态。珍惜韶华，奋发有为，不贪图安逸，不惧怕困难，不怨天尤人，依靠勤劳和汗水开辟人生和事业前程，勇做走在时代前面的奋进者、开拓者、奉献者，努力使自己成为祖国建设的有用之材、栋梁之材，为实现中国梦奉献智慧和力量。

希望你们博学而多才。面对这个迅速变化的世界，如饥似渴、孜孜不倦地学习，既多读有字之书，也多读无字之书，注重学习人生经验和社会知识，注重在实践中加强磨炼、增长本领，在激情奋斗中绽放青春光芒，健康成长进步。

更希望你们成为创新型人才。青年是冉冉上升的朝阳，你们要敢于做先锋，不断更新知识结构，不断革故鼎新，敢于走前人没走过的路，向知识和科学的尖端进发，让创新成为青春远航的动力。

年轻的朋友们，担当新使命，奋进新时代。愿你们以青春之我、奋斗之我，为民族复兴铺路架桥，为祖国建设添砖加瓦。再次祝福你们加冕成人，前程远大！

（2019 年 9 月）

地缘政治背景下的技术竞争与合作

作为一名在中国改革开放之初即参与中国资本市场创建和发展工作的实践者，今天很高兴与来自全球的政府、企业和学界代表就地缘政治背景下的技术竞争与合作这一议题交流我的看法。

1988 年，我担任深圳市资本市场领导小组专家小组组长，具体负责深圳证券交易所的各项筹备、建设和发展工作。我既是深圳证券交易所的创始人之一，也是前法定代表人，所以今天以此作为演讲的开端。

深圳证券交易所于 1990 年 12 月 1 日开始按国际惯例进行集中交易，成为新中国第一家集中交易的证券交易所。这个迄今只有约三十年历史的交易所，是全球为数不多的集主板、中小板和创业板于一身的多层次资本市场之一。深交所现有上市公司 2204 家，股票总市值超过 3.4 万亿美元，其日成交额超过了上海证券交易所和香港证券交易所。

回顾其起点，历史总有相似之处。1980 年代末，中国与西方大国之间在意识形态和地缘政治领域的竞争并未停歇，但是每一次中国所参与的国际合作，都实现了互利双赢。

1988 年，深圳市委书记兼市长李灏去伦敦招商引资，英国投资人建议他成立深圳证券交易所，给境外投资者一个投资中国股票、债券的机会。李灏书记回国后，很快就成立了深圳市资本市场领导小组。

1983 年，我因具备日语知识和金融证券基础知识，成为国家选派到日本东京学习证券和证券交易的两个留学生之一。鉴于我在东京系统地学习了证券市场的法律法规和业务规则，并掌握了操作技术，所以回国后，我被选为深圳市资本市场专家小组组长，全程参与并见证了深圳证券交易所的创建和有关发展工作。

我首先率领专家小组翻译了境外的公司法、证券法、证券交易法、投资者保护法、会计制度、会计准则、证券交易所章程、各项业务规则等资料两百多万字，并结合深圳实际情况，借鉴国际证券市场的成功经验，写成了《深圳证券交易所章程》等重要制度规定，共三十多万字。经过各方专家十多次论证定稿，最终汇总编印成《深圳证券交易所筹建资料汇编》。

这本蓝皮书就是打造深圳证券交易所的蓝图。

在证券交易、交收的现代化操作上，我们学习借鉴了美国纳斯达克证券市场于1971年发明的全国证券自动报价系统和股票买卖无大堂化运作模式。

除了向世界学习先进经验，我们也有自己独特的创造。例如，由于中国地貌的多样化，证券交易信息传输稳定性面临着挑战。时任深圳证券交易所助理总经理、总工程师王侯先生首创了中国证券卫星通信系统，有力地保证了中国境内包括高原山地、边远地区、平原地带等所有地区证券市场实现稳定、可靠、实时的同步交易。

深圳证券交易所于1993年在全球证券交易所中第一个同步实现"四化"，即交易电脑化、交收无纸化、通信卫星化、运作无大堂化，既为中国资本市场开辟了一条规范、安全、高效、低成本的发展道路，也为世界证券交易市场的现代化建设做出了贡献。这"四化"的实现，发挥了巨大的技术支撑作用。1992年，"深南玻 B"率先在深圳证券交易所上市，紧接着又有"深中华"等8家公司 B 股在深圳证券交易所上市，为全球境外投资者提供了投资中国股市的机会。深圳证券交易所通过路透社和美联社下属的德励财经资讯系统向全球 150 多个国家和地区同时揭示行情。深圳证券交易所跨越式发展，一跃成为亚太地区乃至世界知名的证券交易所。2010 年和 2017 年，深交所两度成为全球 IPO 融资金额名列第一的资本市场。

现在，我们面临着新的机遇和挑战。第一，引导资金推动传统产业的升级、新兴产业的提速、核心产业的突破。例如中国在上海证券交易所试行了注册制，开设了科创板以及改革了融资机制，等等。第二，加大国内资本市场与伦敦、新加坡等全球证券市场的对接，引导国外企业在华投资，扩大金融市场的对外开放。第三，与全球资本共同推进全球市场的多边合作。这些都需要我们向世界再学习。我们只有不断提升中国资本市场的广度、深度、流动性、稳定性，发挥好资本市场的价格发现、资源配置、风险管控、财务管理等基础性功能，才能使之真正成为国民经济运行的"晴雨表"。

中国和美国，作为经济总量领先的两个大国，彼此之间的金融和技术竞争是一定会有的。凡是人类创造的科学技术，应该造福于人类命运共同体。例如，证券、股市是不是资本主义独有的东西，社会主义能不能用？实践证明，中国资本市场为中国经济的高速发展起到了巨大的推动和支持作用。以深圳为例，它的高速发展和城市地位的不断提升，离不开金融证券产业的带动。在以深圳证券交易所为中心的深圳资本市场强有力的支持下，2018 年深圳生产总值超 2.4 万亿元人民币。

只要是成功的技术，就值得全世界去发扬。我们要完善资本市场基础性制度建设，深化金融改革，推动科技创新。科创板的建设，关键要有透明的法治环境、良好的信用基础、运作规范发展良好的上市公司和合格的投资者。

我个人的求学和成长，以及深圳证券交易所的创建和发展，也都同样经历了向世界学习、吸收、创新和贡献几个阶段。

中国欢迎和鼓励各经济体企业来华投资兴业，积极参与中国改革开放。朋友越多，中国改革开放事业就越兴旺、越发达。我们赞成友好竞争，更希望看到各国之间金融和技术的合作，实现各国人民对美好生活的向往。

（本文为禹国刚在广州"新兴经济体的共同发展与开放合作"研讨会上的发言稿）

（2019 年 11 月）

老骥伏枥，志在千里

我们这代人，年轻时吃了一些苦，但有理想，有激情，总想学好本领，贡献社会。如今我虽年迈，却还是想为国家和人民再做点事情。

我特别能体会曹操的《龟虽寿》。曹操在官渡之战中以少胜多，打败袁绍，此后军威大振，曹操也更加雄心勃勃。207 年，曹操来到了河北昌黎。

"神龟虽寿，犹有竟时；腾蛇乘雾，终为土灰。老骥伏枥，志在千里；烈士暮年，壮心不已。盈缩之期，不但在天；养怡之福，可得永年。幸甚至哉，歌以咏志。"这首诗表现了曹操蔑视天命、老当益壮、志在千里的积极进取精神，抒发了他变革现实、统一中原的豪情壮志。诗人认识到了生老病死，却不消极，他要用建功立业来弥补人生憾事。我觉得对曹操评价最公正、最权威的就是毛泽东。1954 年，毛泽东在北戴河期间多次吟诵曹操《观沧海》一诗。他说，曹操是个了不起的政治家、军事家，也是一个了不起的诗人。

我常常读曹操的诗以言志。

1988 年，为了普及证券和证券交易基本知识，我把在日本留学期间学到的理论和实际操作经验汇编成《证券市场》一书。这是国内第一部证券专著。曾在 1948—1950 年留学美国，学习西方经济学，回国后在暨南大学担任国际金融教研室主任的资深教授费存仁先生为《证券市场》一书写了序言。他写道："《证券市场》内容丰富，知识性和务实性均较强，是对我国理论工作者和实际工作者都有一定价值的参考书……我相信，这部著作的问世，不仅能满足广大读者的需要，而且也能推动我国证券事业的进一步发展。"《证券市场》还被暨南大学选为证券教科书。资深律师吴超越说:"《证券市场》一书,是中国资本市场宣言。"这本书在 1988 年 12 月出版发行,到 1989 年 3 月就进行了第二次印刷,获全国书市十大畅销书第三名。1990 年,这本书获深圳经济特区社会科学优秀著作科普奖。不少人读了这本书成了职业股民。

接着,我又与人合著了多部证券著作,如《金融研究》(1990)、《深圳股市》(1990)、《股票投资策略》(1991)、《世界主要证券市场管理架构与法规》(1991)、《证券交易手册》(1992)、《深圳证券投资手册》(1992)等等。

2000 年,我出版了五十二万字的《深市物语》一书,总结我参与并见证中国资本市场从无到有、从小到大、从区域到全国发展的历程,展望了二板市场发展的前景。

2004 年,我虽然退休了,但仍然关注着深交所的发展。这一年,深交所人克服重重困难推出了中小板,解除了深交所的生存危机。

2009 年,深交所人推出了创业板,重振雄风再创辉煌。

2013 年,我与人合著了《深市老五股典藏》。

2014 年,我与人合著了《中国股市历史与文物》。

2015 年,我与人合著了《禹国刚重写中国股市历史》。

2016 年,我最关心的一件大事是,在 1993 年我主持工作期间推动深交所实现了"四化",即交易电脑化、交收无纸化、通信卫星化、运作无大堂化,深交所证券交易系统技术水平一直处于全球领先地位,现在深交所的技术系统有哪些进步?这年 6 月 6 日,深交所推出第五代电脑自动撮合交易 / 市场监察系统。这是深交所技术团队近千人多年来自主研发积累的技术成果。该系统采用了国际最高标准的零数据丢失、高可用设计与部署策略，拥有全球独到的功能完善的前端风险控制系统和市场运行全流程实时监控系统。

深交所在交易、监察、信息披露、金融云等领域有了更加深厚的专业储备，其核心技术指标不但一直处于全球领先地位，而且长期保持着安全运行的世界纪录，推动了我国证券交易进入全新的"高铁时代"。

长江后浪推前浪，深交所人一代更比一代强。该系统成功的背后，是 100 多名年轻的技术人员历时 54 个月的艰辛与付出；是用 8800 份文档、280 万行源代码层层堆叠的执着与奋斗；是项目团队发扬深交所人精神，众志成城、砥砺前行，用青春和信念闯出的一条充满希望的自主研发之路，其核心技术拥有百分之百的自主知识产权。

2018 年，我把自己收存的深交所筹建时的各种资料全部赠送给了深交所金融博览中心，并为该中心的创建提供了一些咨询服务。

此外，我在协助建设深圳证券山公园期间，为了赶在雨季到来之前把相关工程完成，经常在工地和工人师傅一起加班加点，多次干活到三更半夜，独自一人开车回家。

2018 年 12 月 18 日，庆祝改革开放 40 周年大会在北京举行。党中央、国务院授予我改革先锋称号，颁授改革先锋奖章，并称我为"资本市场发展的实践者"。这是党中央、国务院对我的最高褒奖。这不仅是我个人的荣誉，更是中国资本市场的荣誉。

2018 年 12 月 28 日，在中宣部、教育部和共青团中央部署的"改革先锋进校园"宣讲活动中，我首先到中央财经大学给师生们宣讲资本市场发展的故事。

改革先锋禹国刚，摄于北京人民大会堂主席台。

之后，我又到深圳大学、海南大学、广西大学、广西财经学院、西安外国语大学、陕西省安康中学以及深圳证券交易所等十多个学校和单位宣讲。

2019 年 6 月 30 日，在深圳市庆祝中国共产党成立 98 周年暨先进典型代表座谈会上，市委领导安排我做了《新中国股市从深圳走来》的发言，受到了广泛好评。

2019 年 10 月 25 日，深交所在赣州举行"不忘初心、牢记使命"主题教育活动，我在大会上给来自全国各地的 90 多家证券公司的170 多名证券从业人员宣讲资本市场发展的故事。

2019 年 11 月 15 日，我应邀到中国证监会宣讲。

2019 年 12 月 12 日，我应江西省证券局的邀请，为该省证券业的管理者、经营者、投资者和上市公司宣讲。

2020 年以来，我关心的另一件大事是深交所创业板的改革发展。2009 年，创业板上市公司中没有一家年收入超过 30 亿元或净利润超过 5 亿元，经过近十年发展，2018 年营业总收入超过 30 亿元的公司有 93 家，净利润超过 5 亿元的公司有 45 家。2019 年上半年，实现净利润 1 亿元以上的公司有 169 家，其中 128 家为战略性新兴产业，头部公司引领高质量发展的态势较为明显。

2020 年 4 月 27 日，中央深改委通过《创业板改革并试点注册制总体实施方案》。截至 2020 年底，深交所创业板注册制首批已经受理 475 家，自 8 月 24 日首批 18 家创业板注册制试点企业上市以来，累计已成功上市 54 家，融资额达 600 多亿元。

1971 年成立的美国纳斯达克证券市场，定位于服务科技型、创新型、敢于挑战传统商业模式的企业，并且成功培育了一批像苹果、微软、英特尔、思科、谷歌、亚马逊这样名声显赫的国际大公司。我们的创业板未来也要打造类似美国苹果公司这样航空母舰级的大型高新技术企业，不断增强我们的国力。

2020 年是深圳经济特区建立 40 周年，同时也是深圳证券交易所开市 30 周年。10 月 14 日，我在深圳经济特区建立 40 周年庆祝大会上聆听了习近平总书记的重要讲话。

也是在这一天，深圳市委、市政府对包括我在内的 40 名深圳经济特区建立 40 周年创新创业人物和先进模范人物进行了表彰。这不仅是我个人的荣誉，更是深圳经济特区一代代建设者的荣誉。

禹国刚获深圳市福田区"红树林奖"奖牌和荣誉证书。

2020年11月26日，深圳证券交易所获得了深圳市福田区"红树林奖"集体奖，我获得了"红树林奖"个人奖。这是全体深交所人的光荣，我谨向大家表示衷心的感谢。

回顾中国资本市场走过的历程，我们既要看到市场规模的硬性业绩，也要看到资本市场发展对我国经济社会发展的软性贡献：一是资本市场的发展促进了社会主义市场经济体制的建立和完善，二是推动建立现代企业制度，三是促进建立完善现代金融体系，四是有力支持了创新驱动和经济结构调整，五是推广普及了现代市场经济知识和理念。实践证明，资本市场是改革开放的重大成果，在我国经济改革发展中具有重大战略意义，已经成为社会主义现代化市场经济体系的重要组成部分。党的十九届五中全会提出，要加快构建以国内大循环为主体、国内国际双循环相互促进的新发展格局，强调坚持创新在我国现代化建设全局中的核心地位。新形势、新阶段、新格局对资本市场发展提出了新的要求，也提供了新的机遇：一是要加快构建高效支持科技创新的体制机制，提高直接融资比重；二是坚持市场化、法治化方向，完善资本市场基础制度，提高治理效能；三是推动投融资协调发展；四是推进更高水平开放，加强开放条件下监管能力；五是精准防范化解风险，坚决守住市场安全发展的底线。围绕"十四五"规划和2035年远景目标，全面深化资本市场改革各项部署，紧紧抓住深圳建设中国特色社会主义先行示范区、粤港澳大湾区建设重大机遇，坚决扛起资本市场先行先试的责任，保持"闯"的精神、"创"的劲头和"干"的作风，大力改革创新，全面提升深交所市场功能，充分发挥资本市场枢纽作用，以先行示范的魄力、先行示范的标准、先行示范的担当，奋力建设优质创新资本中心和世界一流交易所，为构建新发展格局、支持经济高质量发展做出积极贡献。

如今，我虽退休十多年了，但我一直坚持学习，以学益智，以学修身，以学增才。特别是党的十八大以来，我在政治方面认真学习，深刻领会习近平新时代中国特色社会主义思想，坚定理想信念，自觉站在党和国家大局上想问题、办事情。我坚信有了中国共产党的领导，中国人民才从根本上改变了自己的命运，中国发展才取得了举世瞩目的伟大成就，中华民族才迎来了伟大复兴的光明前景。

2021年，是中国共产党成立100周年。知史爱党，知史爱国。我要不忘初心、牢记使命，把学习党史的心得体会转化为保持共产党员先进性的实际行动，转化为推动社会主义现代化建设不断前进的实际行动，努力续写新的"春天的故事"，以新的更大的成绩向建党 100 周年献礼。

（2021 年 4 月）

关于深圳证券市场的 21 个第一

01. 新中国第一只公开发行的股票——"深宝安"股票在深圳诞生（1983 年 7 月 25 日）

1983 年，宝安县联合投资公司在深圳成立，随后以公开发行股票的方式向全国招股。"深宝安"成为新中国第一只公开发行的股票。

深圳和"深圳速度"让全国震惊，也让世界刮目相看。继"深市老五股"集中交易之后，1991 年 6 月 25 日，"深宝安"也在深交所集中交易，是当时深沪股市股本最大的上市公司。禹国刚先生是这些股票在深交所上市的见证人。而"深市老五股"和"深宝安"股票集中交易，也正好反映了深圳经济特区创造"中国奇迹"的那个时代。

02. 新中国第一家证券公司——深圳经济特区证券公司成立（1985 年 9 月 9 日）

1985 年 9 月 9 日，中国人民银行批复同意成立深圳经济特区证券公司。它是新中国第一家证券公司。该公司由中国人民银行深圳经济特区分行独家注资兴办，最初以国库券交易为主。1987 年 9 月，改为由 10 家金融机构出资合办的股份制企业，开创了中国金融机构综合经营的先河。

该公司在 2002 年被巨田证券公司合并，后来巨田证券公司又被合并到招商证券公司。虽然深圳经济特区证券公司在中国资本市场的汹涌波涛中黯然消失了，但它在新中国通向资本市场之路上留下了历史足迹，算得上是一头"拓荒牛"。

03. 新中国第一部国企股份化试点法规——《深圳经济特区国营企业股份化试点暂行规定》出台（1986 年 10 月 15 日）

所谓股份制改革，事实上包括两个层面的改革，一是企业产权制度层面，二是证券市场层面。股份制改革给中国经济带来的巨大成就，充分表明社会主义与市场经济可以很好地结合，也表明解放思想的巨大力量。

1986 年前后，深圳已形成了以公有制为主导的多元化所有制结构的企业结构，"三资"企业、"三来一补"项目的企业效益都较好。国营企业要同这些企业竞争，就需要改变那种产权不明、利润主体不明的状况。加上当时国家财政困难、银根紧缩，国营企业要有发展，就要有较多的资金投入。因此，股份制正式提上议事日程。

1986 年 10 月 15 日，深圳市政府颁布了《深圳经济特区国营企业股份化试点暂行规定》，共有七章六十二条，对企业进行股份制改革的范围、内容、劳动人事制度、税收和分配、股份制改造程序等做了规定，并选定 10 家国营企业做股份制的试点。企业组建董事会、监事会，由投资管理公司委派董事长，实行总经理负责制，自主经营、自负盈亏、责权利挂钩，收到了较好的效果。

《深圳经济特区国营企业股份化试点暂行规定》，不仅是中国改革开放后第一部国企股份制改革试点法规，而且实践证明是解决国企产权空位的有效办法。

04. 新中国第一只上市的金融股票——"深发展"股票向公众公开发行（1987 年 5 月 10 日）

1986 年 10 月 15 日，深圳市政府颁布了《深圳经济特区国营企业股份化试点暂行规定》，并选定 10 家国营企业做股份制的试点。首先试点的是深圳发展银行。1987 年 3 月，深圳市政府决定筹建一家股份制的信用银行，拟在原有农村信用社的基础上改制而成。

1987 年 5 月 10 日，经中国人民银行深圳经济特区分行批准，深圳发展银行以自由认购的形式，向社会公众发行深圳发展银行普通股 50 万股，每股人民币 20 元。"深发展"股票是新中国第一只上市的金融股票。

之后，才有了 1988 年成立的广东发展银行和 1992 年成立的上海浦东发展银行。

05. 新中国第一批资本市场培训班——深圳资本市场培训班举办（1988 年 7 月至 10 月）

1988 年 7 月，时任深圳市委书记、市长李灏率团赴英、法、意三国考察归来，取道香港会见了新鸿基公司董事长冯永祥先生，谈了深圳要利用政策优势，创建按国际惯例运作的深圳证券交易所的想法。李灏向冯先生提出了三个请求：第一，聘请冯先生为深圳金融证券业顾问；第二，请新鸿基公司协助起草发展深圳金融证券市场的总体规划，提供境外证券市场法律法规等资料；第三，帮助深圳培养金融证券专业干部。冯先生一一答应。从 1988 年 7 月至 10 月，深圳市政府共举办了四期资本市场培训班，培训金融证券干部两百多人。每期培训班为期约一个月，均由香港新鸿基公司金融证券专家陈新燊、叶黎成、邱小菲等人到深圳给学员讲解资本市场的有关知识，介绍香港地区和国外一些资本市场发展的历史和现状，为深圳资本市场的发展提供一些建议。

06. 新中国第一个资本市场领导机构——深圳市资本市场领导小组成立（1988 年 11 月）

1988 年 11 月，深圳市委、市政府决定成立深圳市资本市场领导小组。分管金融工作的副市长张鸿义任组长，董国良和王喜义任副组长；下设两个小组：专家小组和顾问小组。禹国刚任专家小组组长，周道志任副组长。邱小菲任顾问小组秘书长。

当时专家小组是钱无一分，纸无一张。于是，禹国刚和周道志等人最初是在禹国刚家的客厅办公，起草资本市场发展规划等。接着，禹国刚向中国银行深圳分行借了一套宿舍以及桌椅、床铺、被褥等用品，和周道志等几个专家就在这里办公，从武汉大学借来的几个研究生就住在这里。创办深圳资本市场的工作不但是在这套宿舍起步的，而且专家小组仅用了几个月的时间就把境外的公司法、证券法、证券交易法、投资者保护法、会计制度、会计准则、证券交易所章程、各项业务规则，以及国际股市的历史、现状、未来发展趋势等资料一一翻译就绪，洋洋洒洒两百多万字。

就在这套宿舍里，专家小组还学习借鉴境外股市成功经验，草拟了深圳股市法规、深交所章程等重要文件。

07. 新中国第一本大学证券教科书——《证券市场》一书由深圳市海天出版社出版（1988 年 12 月）

禹国刚 1988 年编著的《证券市场》一书，由深圳市海天出版社出版发行，获深圳经济特区社会科学优秀著作科普奖和全国书市十大畅销书第三名，并被暨南大学选为中国改革开放后该校经济系的第一本证券教科书。曾在 1948—1950 年留学美国，学习西方经济学，回国后在暨南大学任教的资深教授费存仁先生为《证券市场》作序。

费教授在 1988 年作的这篇序言中写道：

我认为《证券市场》除在当前十分需要，出版十分及时外，尚有以下特点：

1. 以证券及证券市场的实务为中心，着重介绍国外有关的运作、管理和法规。这对我国政府及企业在国内外更好地利用证券筹资具有十分重要的现实意义。

2. 以东京证券及证券市场为研究的主要对象，同时，兼述纽约、香港等地证券市场的现状……内容较新，范围较广，作为我国的借鉴是十分有益的。

3. 将信用评级、股价指数、证券税制、证券交易所的组织与管理等与证券市场有密切关系的内容，作了详细的论述。这些都是在研究证券市场中十分重要的内容。

4. 附有日、英、汉证券交易常用语，便利读者查考。

《证券市场》内容丰富，知识性和务实性均较强，是对我国理论工作者和实际工作者都有一定价值的参考书……这部著作的问世，不仅能满足广大读者的需要，而且也能推动我国证券事业的进一步发展。

08. 新中国第一部打造证券交易所的"蓝皮书"——《深圳证券交易所筹建资料汇编》问世（1990年3月）

1989 年 4 月至 9 月，由专家小组组长禹国刚牵头，在移植借鉴国际证券市场成功经验的基础上，结合深圳实际情况，写成了深圳证券市场各项法规草案和深交所章程以及业务规则，经"联办"的高西庆、谢思敏与深交所的禹国刚共同修订后，将其报请深圳市人民政府审定。之后，由禹国刚负责将上述资料进行编辑，于 1990 年 3 月印刷成《深圳证券交易所筹建资料汇编》，因封面为蓝色，简称"蓝皮书"。

这本"蓝皮书"既是打造深交所的"蓝图"，也曾赠送给上海市常务副市长，成为其打造上交所的参考资料。

09. 新中国第一次提出利用股市吸引外资——深圳率先把股市作为吸引外资的一条渠道（1989 年春）

1989 年春，在深圳市资本市场领导小组的一次讨论会上，副市长张鸿义提出：深圳股票市场的发展，要考虑如何走向海外的问题，将来要把股市作为吸引外资的一条渠道。

中国人民银行深圳经济特区分行于 1991 年 12 月 16 日发布了《深圳市人民币特种股票管理暂行办法实施细则》，正式启动了 B 股发行上市的进程。

1991 年 12 月 18 日，深圳市举行 9 家上市公司 B 股承销签字仪式，时任中国人民银行行长李贵鲜及深圳市领导出席。香港联交所 12 个一级会员中，有 5 个来深圳包销 B 股。美国摩根士丹利证券公司和中国香港新鸿基、百富勤，以及里昂投资银行、渣打银行、汇丰银行、花旗银行等均参加 B 股的包销、经纪和清算业务。

这次深圳 B 股以溢价方式发行筹资约 1 亿美元，而海外投资者意向性地要求购买 B 股的数量，超过了实际发行量的五倍。

1992 年 2 月 28 日，深南玻 B 率先在深圳证券交易所上市。

10. 新中国第一只公开发行的外汇优先股——"深发展"外汇优先股（1989 年 3 月 20 日）

1989 年 3 月，深圳发展银行公开发行了新中国第一只外汇优先股"深发展"外汇优先股。

在成熟的证券市场上，股份公司一般可以发行普通股和优先股两种类型的股票，其中优先股作为一种特殊的股票形式，是普通股的有力补充。它不仅为股份公司提供了有利的筹资方式，而且为投资者提供了一种风险小、收益高的投资方式。优先股具有悠久的历史，最早出现在 16 世纪的欧洲。经过几个世纪的发展，优先股这一股票形式已经被西方各个国家普遍采用，并且各个国家都在公司法中对优先股做出了明确规定。

2008 年全球金融危机爆发之后，优先股成为美国各个公司筹措资金，政府挽救企业的主要方式。

11. 创建新中国第一家证券交易所——深圳证券交易所（1989 年 9 月至 11 月）

1988 年 7 月，时任深圳市委书记、市长李灏提出创建深圳资本市场。

1988 年 11 月，成立深圳市资本市场领导小组，有领导、有计划地推动了深圳资本市场的发展。

1989 年 9 月 8 日，专家小组组长禹国刚和副组长周道志奉命起草了《关于筹建深圳证券交易所的请示》，经领导小组审阅同意后，连同此前已经定稿的四项法规和《深圳证券交易所章程》以及业务规则等资料，一并上报市政府审批。

1989 年 11 月 15 日，深圳市人民政府下达了《关于同意成立深圳证券交易所的批复》。

12. 新中国第一次股票投资狂潮——觉醒的百万股民从全国各地涌入深圳（1990 年 3 月至 11 月）

1990 年 3 月，"深发展"拆细为每股面值 1 元的股票，到 6 月底市价最高达到 60 元。"深万科"1988 年 12 月每股按 1 元面值发行，1990 年 6 月底市价最高达到 8.25 元。"深金田"1989 年 2 月每股按 10 元面值发行，1990 年 2 月配股发行价为 15 元，6 月底市价最高达到 83.5 元。"深安达"1989 年 12 月每股按 1 元面值发行，1990 年 6 月底市价最高达到 8.8 元。"深原野"1990 年 2 月每股按面值 10 元发行，6 月底市价最高达到 54.5 元。

当时，"深市老五股"股票已进入供不应求阶段。许多人白天买不到"深市老五股"的股票，晚上就在荔枝公园北面园岭小区的特区证券部周围自发形成一个黑市。

不正常的股市引起了深圳市委、市政府的高度重视。1990 年 6 月 28 日，深圳市政府发布通告，坚决取缔场外非法交易，证券交易必须在证券中介机构进行；继续实施涨跌停板制度，一再缩小价格涨跌的规定幅度，甚至实行涨不超过 1% 跌不超过 5% 的不对称制度。

1990 年 11 月，百万股民从全国各地涌入深圳，炒疯了深圳股市。每股面值 1 元的"深发展"，在"白市"上涨到 120 元，在黑市上涨到 240 元。内幕交易频频发生，黑市愈演愈烈，股市呼唤规范！

据不完全统计，"深发展"在上市后的前十二年（1988—2000），收益率高达 3660 倍。

13. 新中国第一个证券交易税——股票交易印花税在深圳开创并征收（1990 年 7 月 1 日）

有关我国证券交易印花税的由来，在 1990 年至 1994 年，所有的相关文件都将此项税目称为"印花税"。1995 年之后，相关文件才开始将此项税目称为"证券交易印花税"。

1990 年 6 月 28 日，深圳市政府颁布《关于对股权转让和个人持有股票收益征税的暂行规定》，对股权转让、股票利息征税，股息分红超过国家银行一年期存款利率部分，缴纳 10% 的个人收入调节税，并采纳禹国刚的建议，决定自 7 月 1 日起对卖出股票方征收 6‰的印花税。11 月 20 日，市证券市场领导小组决定对购买股票的一方也开征 6‰的印花税，即交易一次，买卖双方各缴纳 6‰的印花税。

1994 年，我国开始进行税制改革。先前国家发布了《国务院关于实行分税制财政管理体制的决定》，提出了将证券市场上的印花税改造成证券交易税独立征收的设想，并规定买卖双方各征 3‰，最高可上浮 1%。

但在其后，鉴于当时条件不够成熟，中央政府和立法机构对与分税制改革相配套的《工商税制改革实施方案》做出"缓一步出台"的决定，"证券交易税"因此至今没有正式设立，而（证券交易）印花税却从此依照《国务院关于实行分税制财政管理体制的决定》改成了中央地方共享税，并在官方文件中正式由"印花税"改称"证券交易印花税"。

14. 新中国第一家证券交易所开市——深圳证券交易所开始集中交易（1990 年 12 月 1 日）

1990 年 12 月 1 日，在中国改革开放试验田——深圳经济特区，深圳证券交易所率先开始集中交易。这是深圳经济特区按照中央给予的特殊政策和灵活措施进行的大胆探索和改革。深圳证券交易所是深圳经济特区在为中国特色社会主义道路进行探索时，适应了国企改革和发展的需要，解放思想，大胆试验，勇敢开拓创新的产物。

15. 新中国第一批标准股票——"深市老五股"标准股票陆续上市（1990 年 12 月）

1990 年 12 月 1 日，深圳证券交易所开始集中交易，新中国第一批上市集中交易的标准股票陆续诞生了。所谓"深市老五股"标准股票，即面值均已换发为一元一股、"一手一票"的"深发展""深万科""深金田""深安达""深原野"股票。除"深发展"股票每 100 股为一手外，"深万科""深金田""深安达""深原野"股票均为每 500 股为一手。它们不仅是新中国第一批上市集中交易的标准股票，而且在柜台交易阶段就开创了新中国股市历史上多个第一，曾经激起新中国第一次股票投资狂潮，也因此催生了新中国第一次开征股票交易印花税。

"深市老五股"实物股票，虽然因深圳股市实行交收无纸化而不再使用，但它们是新中国股市肇始无可替代的历史见证。

16. 新中国第一次政府救市——深圳股市绝密"救市"（1991 年 9 月 7 日至 10 月 3 日）

1991 年 4 月 22 日，深交所的成交量为零，截至当天，深市已下跌数个月。不是深圳股票已毫无投资价值，而是投资者对股市失去了信心。

1991 年 9 月 5 日，深证股价指数由基日（1991 年 4 月 3 日）的 100 点跌至 45 点，股市市值也由 50 亿元跌至当日的 35 亿元。

关于要不要救市，深圳市政府讨论过五次。有的人同意救，有的人不同意救。1991年8月26日，禹国刚将《关于"调节基金"入市的建议》定稿打印，并将此建议书当面交给张鸿义副市长。张鸿义立即在建议书上批示："同意咨询小组的几点建议。'调节基金'可在近廿天内根据市况适当介入稳定市场。"

1991年9月2日晚，禹国刚和深交所监事长董国良来到李灏书记家。二人请求李灏书记批准筹资救市。李灏书记即刻拍板：由股市"调节基金"管理小组出面，联手深圳市国际信托投资公司（出资1亿元）和深圳市投资管理公司（出资1亿元），统一由"调节基金"指挥买进"深发展"托市，救市总指挥为禹国刚和金明。他们俩坐镇深交所指挥中心，与空头节节周旋。他们的策略就是抓住龙头股"深发展"。

从9月7日到10月3日，由于深圳股市"调节基金"拼命托市，股市再也没有出现过去的大起大落。股民们的信心恢复了，在国庆节后纷纷入市。

10月10日，"深发展"股价已由当初的13.75元/股直升到26元/股。

17. 新中国第一次使用电脑抽签表认购新股——深圳市11家公司发行新股认购申请表（1991年11月10日）

1991年11月10日，正当深圳股市牛市勃发之际，又有11家公司的股票要发行上市。这11家公司是：中华自行车、康佳电子、南方玻璃、深物业、深宝食品、华源、鸿华纺织、华发电子、石化、中厨、中冠。当时在一级市场上认购新股，一般能稳赚。该怎样发行好这批原始股呢？

经再三讨论几种方案，决定采用电脑抽签表，摇号抽签，抽中一张者可买 1000 股原始股票。主管机关（中国人民银行深圳经济特区分行）印了 300 万张表，约 60 万人在全市 292 个发售点抢购，一上午就认购了 270 万张。然后将售出的表收回，全部输入电脑查验，以一次性公开抽签的方式决定购买新股者。此举体现了公开、公平、公正，搞得十分成功，令海内外叹服。

第二天，港澳地区多家报纸报道了此事，几乎是清一色的赞歌，有媒体说深圳此举比香港 20 世纪 70 年代的新股认购办法先进得多。

18. 新中国第一次新股认购事件——深圳"8·10 风波"，催促了中央证券管理机关的诞生和股票发行办法的改革（1992 年 8 月 8 日至 10 日）

"8·10 风波"，即 1992 年 8 月 10 日深圳股票发行市场发生的股民游行示威事件。

1992 年 10 月 25 日，也就是在"8·10 风波"发生两个半月后，国务院证券委员会及其办事机构——中国证券监督管理委员会诞生了。

此外，"8·10 风波"催促了中国证券发行制度的改革。

"8·10 风波"发生的主要原因是中国证券市场过热，深圳股市尚未成熟，深圳市政府的工作出现失误。从根本上说是供求不平衡，加之市政府对形势估计不足，在发行环节采取了错误的方案，售表过程中出现了走后门等营私舞弊行为，最终点燃了"8·10 风波"的导火线。

19. 全球第一家同步实现"四化"的证券交易所——深圳证券交易所（1993年7月28日）

1993年7月28日，随着TANDEM大机交易系统的推出，深交所在全球股市中第一个同步实现"四化"——交易电脑化、交收无纸化、通信卫星化、运作无大堂化，为中国资本市场开辟了一条规范、安全、高效、低成本的发展道路。

20. 新中国第一张本币可转换债券和美元可转换债券——"深宝安"可转债和"深南玻"可转债发行（1992年和1993年）

1992年10月19日，"深宝安"发行A股可转换债券，这是我国第一张由上市公司发行的本币可转换债券。后由于"宝安转债"转股失败，我国可转换债券市场的发展陷于停滞，直到1997年3月，颁布了《可转换公司债券管理暂行办法》，几家非上市公司先后发债，我国债券市场重现生机。

1993年底，南玻集团向中国证监会提出申请发行美元可转换债券融资。1994年3月，国家主管机关在北京召开美元可转换债券研讨会。1994年10月，南玻集团被批准为试点企业。1995年6月，组成了由瑞士银行担任主承销商的承销团，6月30日、7月3日分别在香港地区和瑞士召开推介会，7月4日至5日正式发行。

21. 新中国第一个成分股指数——深证成分股指数推出（1995年1月23日）

1994年7月28日，深沪股市分别以96.63点、339.80点收市，创下了两个市场的新低点。中国证监会会同国务院有关部门及深沪两市负责人在北京开会，分析股市形势，共商稳定、规范、培育和发展股市的一系列措施。

深证股价指数（以下简称旧指数）在 1991 年 9 月 5 日曾首次跌破百点，当日收报 45 点。1994 年 7 月 28 日深市旧指数收市报 96.63 点，已是第二次破百点。若深市旧指数继续下滑，那将大大挫伤深市投资者的信心。

禹国刚认为，深市一定要尽快推出一个新指数，基日指数定为 1000 点，高于当时沪市旧指数的 300 多点。这样做好像没有多少道理可讲，但起码会让投资者心理上放松一点。此外，若今后股市反弹，深市的新指数一定会比其旧指数强劲得多，从而极大地振奋投资者的信心。这种预期被 1996 年至 1997 年深强沪弱的股市验证。

深证成分股指数由深圳证券交易所编制，通过对所有在深圳证券交易所上市的公司进行考察，按一定标准选出 40 家有代表性的上市公司作为成分股，以成分股的可流通股数为权数，采用加权平均法编制而成。深证成分股指数以 1994 年 7 月 20 日为基期，基日指数为 1000 点，起始计算日为 1995 年 1 月 23 日。

（作者：深交所原结算交收部经理兼接待部经理　徐虹）

深圳证券交易所
回忆录

深交所率先开始集中交易之花絮

1990 年 12 月 1 日，深交所率先开始集中交易，正式向全世界宣告了自己的横空出世。很多人认为，这个日子是经过精心挑选和筹划的，其实不然。这事的源头是我在接待香港记者时，记者"误会"了我的话而导致的"乌龙事件"。但事后来看，这个结果却是当时我们所有人都很期待的。

1990 年 8 月 22 日，深圳市政府任命王健、禹国刚为深圳证券交易所副总经理，由王健主持工作。此时深交所出生前的各项工作已经准备妥当，只待一声令下开市。

1990 年 4 月，我由中国工商银行深圳分行调到深交所筹备组工作，除任经理负责筹建深交所结算交收部外，还兼责深交所对外接待和宣传报道工作，亲自参与并见证了深交所的筹备工作，也对深交所的问世充满了期待。

筹建深圳证券交易所的消息传开后，引起了外界的广泛关注，尤其是一江之隔的香港。他们有着多年的证券市场经验，对此更是密切关注，频频通过各种渠道来了解进展情况。

但在当时，资本市场并不是一个容易被接受的概念。1990 年 5 月 2 日，禹国刚等人先向中国人民银行总行报批深交所开市，得到的回答是"深圳证券交易所"这个名字太敏感，不能批。而筹办起步较晚的上海证券交易所，在当年的 11 月却得到了批复。

深圳是中国改革开放的试验田，党中央和国务院赋予它为中国特色社会主义道路进行探索的历史使命。

有一天，我在深圳国投大厦十五楼深交所筹备办公室接待了一个香港访问团，向他们介绍筹备情况。当时有记者问道：上海证券交易所拟于 12 月 19 日开市，深圳证券交易所什么时候可以开市？

我当时也没有多想，就按照实际情况一五一十地回答道：深圳证券交易所所有的筹备工作已经完成，并进行了模拟测试，一切工作进展顺利，只要批准，即使是 12 月 1 日开市，我们也已经做好了万全的准备。

我以为这只是一个正常的、没有疑义的答复，不料几天后，香港某财经报纸却大幅刊登了这样的报道："深圳证券交易所接待部经理徐虹宣布，深圳证券交易所预计在 12 月 1 日开市。"

消息一出，整个市场都炸开了锅，全国很多电话都打到深圳市政府求证：开市日期真的确定了吗？上级已经发出批准通知了吗？

新闻报道出来之后，我在第一时间就被叫到王健、禹国刚那里接受质询，经过不厌其烦的解释，两位老总仍不能释怀，觉得是捅了个大娄子，但又转念一想，这个"乌龙事件"恰好给了我们向外界披露深交所筹备进展情况的机会。于是决定由禹国刚向深圳市相关领导一一汇报，解释这次"乌龙事件"，并再次表明希望深交所早日开市。

1990 年 11 月 22 日，李灏书记带着郑良玉市长、张鸿义副市长、中国人民银行深圳经济特区分行几位负责人到深圳证券交易所筹备组现场办公，他们听取了深交所筹备工作汇报，观看了红马甲上板竞价、口头唱报交易以及电脑自动撮合交易后，都非常高兴。李灏书记问禹国刚："一切都准备好了，干吗还不开市？"禹国刚回答道："证券主管机关还没批下来。"

李灏书记和郑市长及张副市长一沟通，坚定地说：批准不批准，我们政府负责，12 月 1 日深交所就试业，率先开起来！此事我们今天就在这里最后拍板定了，今后不再开会研究！

由此可见，深圳市委、市政府勇于担当，体现了一往无前的改革精神和极其高超的领导艺术。由我导致的这起"乌龙事件"，反而促成了深圳证券交易所的呱呱坠地。1990 年 12 月 1 日，深圳证券交易所率先开始集中交易，引得全世界瞩目。

1990 年 12 月 1 日，深交所率先开始集中交易，当日上午"深安达"股票成交 8 笔共计 8000 股。

深圳证券交易所的创立，无论从深圳还是全国金融改革的角度看，都是一次极具里程碑意义的影响深远的重大改革。即使这么多年过去，当年的一幕幕景象仍深深印刻在我和每一个在场者的脑海里，并成为新中国证券史上浓墨重彩的一笔。

深交所"交收无纸化"方案是怎样设计出来的

2020 年，在深交所和上交所开市 30 周年之际，许多参与创建我国证券市场的人士发表了大量文章，从不同视角回忆、再现了我国证券市场创建的历程，为世人了解我国证券业的发展历史提供了翔实史料。

然而，在海量文献中，对于真正称得上世界股票市场一大创举的发行、交易和交收系统实现无纸化（以下统称"无纸化"），虽也不乏文章提及，但鲜有接近真实的第一手记录。在重视和提倡创新的当下，我作为设计深交所无纸化方案的当事人之一，深感有必要对这段历史做出符合真相的还原，并对其细节一一予以澄清。

中国股市需要实行无纸化

如今，中国证券市场已找不到一张实物证券，以电子化为支撑的无纸化证券发行、交易和交收系统，让中国证券市场发生了脱胎换骨的变化，收到了规范、安全、高效、低成本的效果。但这一过程充满前所未有的挑战、困难和不确定性，至今回想起来依然备感不易。

深交所的创立可谓是"筚路蓝缕，以启山林"。从 1988 年 11 月深交所开始筹备算起，所有参与筹备的骨干人员，除禹国刚在日本系统地学习过证券和证券交易之外，其他人对国外证券市场并没有直观的认识。1990 年 4 月，我通过考试合格后进入深交所。至今，我还清楚地记得考试时考官禹国刚问我的一个问题："你知道有价证券的定义吗？"我一下愣住了。但我那时毕竟已经是中国工商银行深圳分行的助理会计师，整天和银行的期票、汇票、支票、大额存款证打交道，所以稍一思索，我就回答道："是期票、汇票吧？"禹国刚迅速予以肯定，他说："你回答得不错！但这是有价证券中的货币证券。有价证券中还有股票、债券，属于资本证券。"

我进入深交所筹备组工作后，禹国刚对我进行了进一步的考察，经总经理室研究，任命我为结算交收部经理兼接待部经理。从那时开始，我在禹国刚的直接领导下，着手进行无纸化方案的研究和设计工作。禹国刚当时是深圳市资本市场专家小组组长、深交所筹备组负责人之一。我一方面加紧熟悉深圳市资本市场专家小组和深交所筹备组先后拟好的各项法规、业务规则，如《深圳经济特区证券市场管理暂行规定》《深圳经济特区股票发行暂行办法》《深交所证券上市审查规则》《深交所证券电脑辅助交易作业办法》等；另一方面，我认真阅读 1989 年出台的《国际 30 人小组关于证券结算与交收统一标准的建议》，香港中央结算公司 1989 年 5 月编印的《中央结算及交收的初步系统设计》，并熟悉国际资本市场的架构，详细了解多国证券存管机构的运作模式：有的股市是单独设立一家存管机构，有的股市则是多家证券存管机构并存，分别为不同类型证券交易进行结算交收服务。美英两国出于维护证券服务商的自由竞争秩序，证券的存管和清算分别由不同的机构负责，等等。学习增强了我从事深交所无纸化设计的信心。

早于深交所成立的深圳经济特区证券公司，当时承担深圳股票发行、柜台交易和登记过户的职责。当时，面对面的证券交易，是一手交钱，一手交实物股票。但随着深圳股市的活跃和上市公司的数量的增加，实物股票运作成本高、效率低、风险大等问题，以及经手人员营私舞弊的现象时有发生，黑市交易猖獗，这一切限制着资本市场的发展。为了消除实物股票流动所带来的弊端和风险，提高深圳股市运作效率，无纸化运作势在必行。

我国在深圳、上海两地试办证券交易所，大力发展资本市场，旨在促进我国从高度集中的计划经济体制，尽快转变到充满活力的中国特色社会主义市场经济上来，调整产业结构，优化经济组合，提高经济效益，促进国民经济快速发展，增强国家经济实力，提高人民生活水平。现代资本市场的特点是：交易量巨大，金融创新不断涌现，资本市场具有"风险定价"等功能，从而指导新资金的积累和分配。这对我国经济的发展具有十分重要的意义。证券市场当时是由中国人民银行来监管，作为中国工商银行深圳分行的稽核员，我曾亲自参加了1987年中国工商银行深圳分行、中国农业银行深圳分行被湖北某农业银行内部工作人员用现金汇票诈骗了560万元案件的稽查、追缴工作，我对犯罪分子利用当时银行装备落后，导致对账方面的时间差和制度漏洞，骗取巨额国有资金的罪行，有着深刻的认识。因此，在深交所无纸化方案设计中，我牢固地树立了一个观念："既要创新，也要防范风险。"

无纸化方案的设想与争议

无纸化方案设计责任重大，不容许有丝毫闪失。于是我打开思路，根据自己多年的基层银行工作经验，设计了一套深交所无纸化清算交收方案。这套方案是借鉴中国人民银行分业管理专业银行的方法来厘清资本市场的各方参与者的职责。

深交所的一个职能是：只负责股票的交易，提供"公开、公平、公正"的交易场所，实行"价格优先、时间优先、客户委托优先"的交易原则。

证券公司负责接受客户委托买卖有价证券，接受委托时收取五样材料：本人身份证、股东卡、股票存折、现金存折、委托书。另外关键的一点是，不允许证券公司设立现金金库。

各专业银行经中国人民银行批准后申请专线，在证券公司设立柜台。每家证券公司最多可入驻两家银行。按证券公司提交的客户委托书及深交所集中交易成交后的指令，在客户与证券公司之间划拨资金。

深交所实行的清算制度是 T+1 或 T+3，其间证券公司收取的身份证、股东卡、存折并未退还客户，存在监守自盗的隐患。有鉴于此，我最早提出，成立一个类似中国人民银行清算中心的机构来清算资金，叫证券结算交收机构。但中国人民银行清算中心不管理各专业银行的票据，只留下每天清算凭证总数，于是我增加了一项最主要的股票存管功能。

重新发放统一格式的股东代码卡。在深交所开市之前，不管股民是从正当交易取得的，还是从黑市交易取得的股票，都由新成立的证券结算交收机构来登记托管股票，并重新发放统一格式的股东代码卡。

在深交所同事的帮助下，功夫不负有心人，我加班加点，苦战一个月，终于完成了无纸化方案的设计工作。

深交所几大职能部门的业务方案定稿后，深圳市政府派顾问小组成员单位新鸿基公司的叶黎成、邱小菲二人，到深交所听取各部门的筹备方案汇报。当听我讲完深交所可以实行一步到位的无纸化操作方案后，叶先生说我没去过华尔街，不知道美英证券市场一百多年了，都不敢搞无纸化，说我太冒进了。为此事，当时叶先生还与深交所聘请的北京"联办"的高西庆（"联办"首席法律顾问兼发行部主任）以及谢思敏（"联办"外联办主任）发生了争执。

在新鸿基公司提供的《国际 30 人小组关于证券结算与交收统一标准的建议》中，提出了国际证券市场结算交收方面的九点建议，并且提出了无纸化概念。由于实物股票、纸币过户太慢，甚至导致美国在 20 世纪 60 年代末、70 年代早期出现了"纸面危机"，纽约证券交易所的证券交易数量巨大，不得不被清算、交割系统限制在每天只能交收 1 亿股票、1 亿美元的范围内。过去国外股市没有一个统一的结算交收机构，有些由证券公司自己承担，有些由银行承担，各自为政，才导致了这种局面。

叶先生虽然对我的方案提出了质疑，但他也说不出无纸化操作细节的实际内容和对深交所无纸化方案的改进意见。

深圳市政府决定成立深圳证券登记公司

我们大家对于无纸化的争执，不但没有结果，反而惊动了深圳市政府和中国人民银行深圳经济特区分行。在深圳市政府的要求下，中国人民银行深圳经济特区分行在其会议室专门召开了一次会议，听取深交所包括无纸化在内的各项筹备工作的汇报。参会人员有主管金融证券工作的副市长张鸿义、中国人民银行深圳经济特区分行行长罗显荣、副行长肖少联、金融管理处处长张国庆、副处长周道志、科长谢林、科员徐晓明，深交所两位副总经理王健和禹国刚，证券上市部经理麻昉，证券交易部经理王卫卫等人。

参加会议的人员中，除麻昉没在银行工作过外，其他同志都在银行工作过并当过领导。王健是深圳发展银行原副行长，禹国刚是中国银行深圳分行国际金融调研处原副处长，张鸿义副市长是中国银行深圳分行原行长，他们都对银行的工作非常熟悉。我也是个"老银行"，于是就用中国人民银行三级联行票据清算的办法进行类比，解释了资本市场各参与者的角色，以及安全防范的相互制约方式，大家对此产生了极大的兴趣，并予以肯定。中国人民银行深圳经济特区分行有关领导甚至建议深交所再给我任命一个接待部经理的职务，以便对外宣传深交所。

我之所以建议成立一家类似银行清算中心的证券结算交收机构，依据主要来自以下三个方面：

首先，中国人民银行在全国建立了庞大的结算体系，支持各专业银行之间的资金清算和票据交收，证券登记过户机构扮演各地银行票据清算中心的角色，各证券公司扮演专业银行的角色，股民则类似各专业银行的客户。

其次，1989年中国银行深圳分行用IBM4361大型计算机率先在全国推出电脑联机代发薪代收费业务，游开柔同志是该系统的开发研究组组长，禹国刚是副组长；1989年中国工商银行深圳分行以总行IBM4381大型计算机人民币储蓄系统版本为基础，在深圳市区的储蓄所实现联网通存通兑。如果专业银行入驻证券公司，有望取长补短、相互制约，提高工作效率。

最后，深交所新制定的股票交易规定，规范了标准交易单位。过去，股民手上的股票存折是"一户一票"，所以有必要让新成立的深圳证券登记公司把它改革成"一手一票"的标准版本，让证券交收公司与各证券公司联网，股民的股票像现金一样存在股票存折中。为此，深交所还仿造银行存折的样式，印刷了500本股票存折。

在中国人民银行深圳经济特区分行第二次召开的会议上，当我提出专业银行带专人专线进驻证券公司柜台，不允许证券公司存取现金时，专业银行的行长们顿时炸开了锅，议论纷纷。中国工商银行深圳分行、中国银行深圳分行因率先开通了 ATM 机服务，表示赞成。而中国农业银行深圳分行则表示反对，理由是农民只认现金、不认存折，甚至还质疑说，我来自中国工商银行，上述方案实则是为中国工商银行拉存款。会议吵吵嚷嚷了大半天，却并没有得出什么结论。

另一个方案是深圳市政府让新成立的深圳证券登记公司，赶在深交所开市前先行运作，不管股票持有人的股票是从"白市"还是从黑市取得的，都需前往过户公司登记，这事传着传着就变了味，中国人民银行深圳经济特区分行和深交所在征求券商意见时，竟有传言称，谁去登记就知道谁做了黑市交易，收入就会被没收了。

虽然还面临一些质疑，中国人民银行深圳经济特区分行领导对我的工作非常支持，除了深交所内部组织讨论方案细节外，中国人民银行深圳经济特区分行金融管理处副处长周道志还特意通知我再去中国人民银行深圳经济特区分行向主管业务的肖少联副行长汇报，再向深圳市政府张鸿义副市长汇报。

就这样，经过第三次会议之后，1990 年 6 月深圳市政府终于一锤定音，做出了成立深圳证券登记公司的决定，任命中国农业银行深圳分行许季才副行长为组长，深圳市政府财金处柯伟祥同志和我为副组长。

至今我依然记得，当时我和柯伟祥同志一起在深圳的大街上逛了好多圈，最后选定红岭路武警七支队礼堂作为深圳证券登记公司的临时办公地址。同时，深圳市政府决定黑市股票登记工作暂时不执行，慢慢过渡。1991 年 12 月 28 日，深圳开始实施《股票集中托管实施细则》，要求股票集中存放在深圳证券登记公司，否则不可以交易。在1990年12月1日深交所开市前，深圳市政府和中国人民银行深圳经济特区分行批准了我们深交所提出的无纸化清算系统方案，中国人民银行深圳经济特区分行加大了对各专业银行在证券公司设立营业网点的支持力度，规定了专业银行在证券公司设立柜台，不允许证券公司柜台收取现金，现金金库仍由各专业银行代理保管。

许多证券公司相继成立，因为工作，深交所没有安排我去深圳证券登记公司，而是委派我去规范正在筹建和已经成立的证券公司，比如让中国工商银行深圳分行在1990年新成立的深圳市深业国际投资基金证券部设立了专门柜台；1991年我参与筹备中国人民保险公司深圳证券部，让中国工商银行深圳分行和中国银行深圳分行均在该证券部设立了柜台。招商银行第一家证券部由我直接辅导筹备，南方证券营业部的筹备工作也是我一手主导的。

事实证明，由深交所创新设计的这一套无纸化运作体系，不但大大提升了工作效率，更有效地防范了金融风险。深圳证券结算管理从未出现过类似上海转托管股票被不法分子盗卖的事件。

敢为天下先的深圳市人民政府和深交所

证券无纸化交易运作，在中国资本市场一步到位，获得了国际同行的高度评价。究其原因，我们在学习借鉴国外证券市场先进经验的同时，从我国的国情出发，充分结合我们的自身条件予以改革创新。深圳市政府、中国人民银行深圳经济特区分行、深交所敢于担当，敢闯敢试。以电子计算机、光纤通信、卫星运用为特征的高新技术，使我们的设想变成现实。中国资本市场是一个充满机会和希望的新兴市场，一张白纸，好写最新最美的文字，好画最新最美的图画。美英股市正是因为有一两百年的历史，他们想要实现无纸化运作，包袱沉重，有一定的难度。

中国人民银行深圳经济特区分行、深交所之所以会同意我的设计方案，除了多数领导都是金融行业出身外，还有一个原因是我本人的银行经历也颇为丰富。

1979 年，我加入中国人民银行。1984 年银行分家后，我在中国工商银行分支机构担任最基层的银行会计股长，非常熟悉如何管理专业银行票据。1985 年，我经中国人民银行培训成为稽核员（各大专业银行的稽核员是专业银行内部业务风险控制的专职工作人员），拥有随时叫停业务的特权，可以检查所有的银行业务流程。所以我在深圳证券交易所无纸化运作方案的设计上，以防范金融风险为主线，虚心学习国外证券市场先进经验，大胆创新，在处理深圳股市遗留问题上做到了平稳过渡，得到了各方领导的高度认可。

我们的工作也有遗憾，比如由于监管工作没有做到位，个别证券公司挪用客户保证金，造成了一定的金融风险。好在我们的监管部门学习、纠错能力非常强，后来对客户保证金实行银行托管监督，从根本上杜绝了上述风险。

纵观境外证券业的无纸化进展，英国在 1990 年代中期开始推行无纸化，但到当前还没有实现完全的无纸化运作；中国台湾数年前推行无纸化，但至今仍未完全实施；中国香港直到 2010 年 9 月 21 日才由香港证监会、港交所及香港证券登记公司总会联合发表在港实行无纸化的咨询总结。

如果没有改革开放，没有深圳市委、市政府强有力的领导，没有中国人民银行深圳经济特区分行的大力支持，没有我们深交所对中国证券发行、交易、交收全部实行无纸化运作的超前意识和顶层设计，没有深交所大型计算机自动撮合交易系统和深交所王侯同志首创的中国证券卫星通信技术的支持，中国股市的无纸化运作不可能取得今天的辉煌成就。我们感恩改革开放的伟大时代，感恩党和人民给了我们施展才能的机会。

历经磨炼，深交所从青涩走向成熟。深交所在全球股市中第一个同步实现"四化"，即交易电脑化、交收无纸化、通信卫星化、运作无大堂化，成为现代化程度比较高的、辐射面比较广的、与国际市场接轨的、亚太地区乃至世界知名的证券交易所，其证券交易系统技术水平至今一直处于全球领先地位，实现了在全球证券业的弯道超车。这源于深圳市政府敢于担当，深交所人在各个细节上不畏艰难，勇于创新。

我国已经进入高质量发展阶段，我相信中国资本市场一定能成为中国经济高质量发展的助推器，为实现中华民族伟大复兴的中国梦做出更大的贡献。

深交所"通信卫星化"是怎样取得成功的

2020 年是深圳经济特区建立 40 周年。40 年弹指一挥间，深圳变成国际知名的大都市，生产总值从 1980 年的 2.7 亿元增长至 2019 年的 2.6927 万亿元，增幅将近一万倍，堪称世界奇迹。

主流的创新理论家曾一度用美国硅谷世界级标杆的"成果转化"模式来探讨和解释深圳的成功。然而曾经的深圳既不是政治、经济中心，也不是科技资源中心。据有关资料记载，广东省宝安县在撤县建立深圳市之时，拥有中级技术职称的在籍人员仅有两人，其中一人是拖拉机维修工，另一人是兽医。除了一所教师进修学校之外，没有任何高等学校。深圳这种"筚路蓝缕"的起步背景，用"成果转化"的套路来讨论显得并不是很恰当。

深交所日新月异 30 年

我们该如何看待 40 年间深圳从一张白纸到满目生机？这是一个宏大的历史命题，任何一种解读都可能只是"冰山一角"，不足以囊括全貌。因此，我们不妨从细节着手，回顾当年的峥嵘岁月和发生在深圳证券市场的创新故事，为后来者提供一些可供参考的信史。

1990 年 12 月 1 日，深圳证券交易所率先开始集中交易。2020 年，恰好是深交所成立 30 周年。30 年间深交所的蓬勃发展，也折射出深圳发展的日新月异。

1990 年，深交所开始进行集中交易时最先挂牌的股票是"深安达"和"深原野"，总市值仅为 18 亿元。2019 年，深交所全年成交金额排名全国第一、全球前三。截至 2020 年 9 月 14 日，深交所上市股票达到了 2326 只，总市值约 311759 亿元。这种火箭般的速度，在全球都属罕见。

创立之初，深交所就敢为天下先，在国内首创了证券无纸化发行、交易、结算系统，让中国证券市场发生了脱胎换骨的变化。1993 年，随着深交所采用 TANDEM 大机交易系统，中国股市的无纸化运作越来越显示出无与伦比的优越性。

然而，该系统推出的缘由及推出过程中的艰难曲折，却鲜为人知，今天借此机会，我们来翻开这一段尘封已久的创新故事，为"深圳奇迹"提供一些历史注脚。

深交所率先推出场外报盘交易

1990 年，深圳市政府和中国人民银行深圳经济特区分行批准了深圳证券交易所提出的一系列规章制度，向全世界宣告了深交所的问世。1990 年 12 月 1 日，深交所率先开始集中交易，杀出了一条创建新中国资本市场的血路。

起初，深交所使用的是上板竞价。各家专业银行分别在证券营业部设立专门柜台，使用电脑专线收付股票交易资金，提升证券营业部的服务效率。各个证券营业部的电话专线直接连接到深交所的交易大堂，并通过其派驻深交所集中交易大堂的出市代表接受客户委托，以白板竞价的方式完成股票交易。收市后，交易所再将记载着交易数据的电脑磁盘交给各证券营业部和证券登记公司，第二天由证券营业部派清算员去证券登记公司清算资金和交割股票。

一个有趣的细节是，在那个阶段，各证券营业部派出的出市代表个头越来越高，比如最早的人保证券营业部两位出市代表身高均超过

1.8 米，站在人群中异常惹眼，交易员很容易注意到他们；而且腿长跑得快，能抢先买入股票，或抢先挂出卖盘。后来，随着"运作无大堂化"的全面实行，这种类似于华尔街交易员大喊大叫的鲜活场景，也就一去不复返，只留存在记忆中了。

在深交所的筹建阶段，所领导已经在组织力量，依据"价格优先、时间优先、客户委托优先"的原则，组织电脑自动撮合系统的编程工作。但是开发人员从 1990 年 2 月至 10 月初，一直未能完成编程工作。国庆节前，副市长张鸿义来所检查开市准备情况后，开发人员因"不给力"而被辞退。

时间紧、任务急，已经在深交所从事筹建工作、来自内蒙古科委计算中心的副研究员王侯临危受命，接手了此项工作。他独自苦干多个日夜，用 C 语言在多用户系统上完成了这项任务，实现了自动撮合。

遗憾的是，1990 年 12 月 1 日深交所开始集中交易时，因内部意见不统一，最终仍决定采用上板竞价的传统交易模式，这个自动撮合系统并未投入使用。

不过，深交所采用自动撮合系统的准备工作一直没有停歇。

1992 年 2 月 25 日，深交所正式推出了电脑自动撮合交易系统。

1992 年 5 月 26 日，深交所同城证券电脑网络开通，这是一个以 NOVELL 网络为核心，本地网络与远程通信相结合的集中式数据管理、分布式业务处理的电脑网络系统，将深交所与登记公司和 16 个证券部有机地联系起来，提供电脑自动撮合交易和无纸化清算过户，使深圳证券交易同城买卖委托、买卖盘实时传送、自动撮合成交、行情揭示、无纸化过户等证券常规业务形成一体化。深交所在全国率先实行运作无大堂化（即无形席位）。

这一工作，是在深交所副总经理兼深圳证券市场电脑规划领导小组组长禹国刚领导下，由深圳黎明电脑公司和深交所电脑部王侯等同志共同完成的。

至此，深交所率先在国内推出了通过无形席位进行场外报盘交易，为之后全面实现运作无大堂化奠定了坚实的基础。证券交易是一个"时间就是金钱"的行业，善于对先进技术进行消化、吸收和创新，是深交所在全球证券交易所中遥遥领先的一个重要原因。

证券市场卫星通信网横空出世

1992年，"春天的故事"传遍了大江南北，广大群众的证券投资热情空前高涨。深圳、上海两地的各个证券营业部纷纷升格为证券公司，并在全国设立了大量分支机构。

据有关部门统计，1992年深交所吸纳了异地会员175家，遍布全国43个大中城市，其中30家进场交易；吸收5家异地公司在深交所上市，其股票面值逾4.9亿元。这与深交所刚建立时的规模不可同日而语。

然而，创新并不是一蹴而就的。大量新增的深交所会员使用长途电话线与深交所联系，"千军万马挤独木桥"，经常出现信号堵塞，委托也时常出现掉线的不稳定情况，严重影响了交易效率，深交所领导和电脑部工程师对此心急如焚。

1993年春节，时任深交所助理总经理、总工程师王侯同志去长沙验收即将开市的一家营业部，同时在当地调研时了解到，行情数据下传到异地证券营业部的实际情况非常差，超过了他最悲观的设想。

如果异地的业务做不好，那么做大做强中国证券市场岂不成了一句空话？

回到所里，王侯立即向禹国刚反映了真实情况，并首次提出了使用卫星通信传输数据的设想，得到了所领导的支持。考虑到卫星通信网对于深交所的重要性，所领导决定责成王侯组建深圳证券卫星通信公司，建立专用的卫星通信网供深交所使用。当时，这是深交所优先级最高的问题。在某种程度上，中国证券卫星通信技术也是被现实难题逼出来的。

不久后，一则消息见诸官方报道："1993 年 4 月 13 日，处于筹备阶段的深圳证券卫星通信公司开通了深圳证券卫星通信单向网，深圳证券市场行情首次借助卫星通信手段传送到首都北京，滞后时间不超过一秒，开创了我国利用卫星通信技术传送股市行情的先河。"

当时，禹国刚在北京亚运村银建证券部亲自见证了这一创举。1993 年 4 月 15 日，禹国刚同银建证券部一起发布了这一消息，在全球证券市场引起了轰动，前来咨询的外国同行络绎不绝。

实现从 0 到 1 的突破后，爆发期随之而来。到 1993 年底，深交所在全国各地共安装单向小站 316 个，困扰市场各方参与者的行情数据传送难题从根本上得到了解决。

不过深交所的创新并未就此止步，卫星双向网的建网此时也在紧锣密鼓地进行中。

深圳证券卫星通信公司通过在深圳、肇庆和宁波召开的三次大规模的订货会议预收建站费近亿元，解决了建网的经费问题，成功地完成了选型订货及建站等一系列难题，特别是在极其困难的条件下解决了主站天线的基建安装问题。

与此同时，深交所的主机系统也在更新换代中。禹国刚了解到，1987 年全球发生股灾时，境外诸多证券交易所使用的 TANDEM 大机表现出很好的扩容性和稳定性。他和王侯商定后，深交所于 1993 年 4 月果断从美国引进 TANDEM 大机，作为深交所的自动撮合交易主机，成为证券交易的"定海神针"。

1994 年 8 月，历经九个月的艰苦努力，深圳证券卫星通信数据网终于正式开通。29 日上午九点，双向通信网正式接收到由海南港澳国投发来的第一笔委托，该委托同时传送至深交所电脑撮合系统，并及时向用户传回成交回报结果。开通第一天，双向通信网收到来自全国用户发来的委托 6611 笔，发回成交 98474 笔。

自此，深圳证券卫星双向网开始成为深圳证券市场交易数据实时传送的主要载体，并向着更成熟、更高效、更系统化的方向发展。双向网的应用使得遍布全国各地的证券投资者有了一个真正公平、公正、公开的投资环境，促进了中国证券市场的健康发展，是一项举足轻重的创举。

得益于率先启用这一项先进技术，深交所的业务实现了指数级发展。

深圳证券卫星通信公司也从最初的服务性公司成长为深交所开展交易业务的重要部分，是一支强有力的支撑力量。

深交所创新是"深圳奇迹"的历史注脚

对中国证券交易贡献巨大的卫星双向网上的通信软件，是由王侯同志领导的深圳证券卫星通信公司自主开发的。公司的总工程师王彦广带领王书芳、吕锦玲，历时半年写好了这一通信软件，为卫星双向网的运行节省了宝贵时间。

深圳证券卫星双向网的所有用户小站，由中国空间技术研究院等兄弟单位协助承建。各证券公司的参与热情非常高，双向站都是提前一年预付款，网络开通后，随即由深圳证券卫星通信公司的所有外围公司的技术人员数百人，分数十个小分队在全国各地紧锣密鼓地展开装站工作。截至1994年底，全国已有389家证券商安装了双向小站，速度大大超出了之前的预期。之后不到两年时间，该网小站数已经过千，成为亚洲最大的双向数据卫星通信网。

深交所从创立伊始，就在不停地创造着中国证券史上的奇迹：交易电脑化、交收无纸化、通信卫星化、运作无大堂化，一跃成为亚太地区乃至世界知名的证券交易所，其证券交易系统技术水平至今一直处于全球领先地位。这不仅是中国的奇迹，也是世界的奇迹，是无数深圳创新故事中的一个缩影，是人们品读深圳的一个注脚。

深交所立足于国家战略全局和服务实体经济，经过多年的发展，初步建立起板块特色鲜明、监管规范透明、运行安全可靠、服务专业高效的多层次资本市场体系。截至2021年1月20日，深交所共有上市公司2364家，股票总市值354991.64亿元，股票流通市值274064.65亿元，上市证券数11416只，股票平均市盈率为35.88倍。2020年深市各类证券成交总额达123万亿元，仅次于美国纳斯达克证券交易所和纽约证券交易所，位居全球第三。

回首"东方风来满眼春"的年代，一代证券人，把市场化的进程变成创新的原动力，将创新从科研活动变成经济活动，以先进的技术作为工具，实现企业发展的一个又一个目标。百川汇流，成就了激情澎湃的创新海洋。在我看来，深圳就是由无数个"深交所人"这样的人组成的，他们从学习、模仿、借鉴、创新再到超越，创造出一个个奇迹，日拱一卒，用40年时间共同铸就了深圳这一座"奇迹之城"。

深圳宝安国际机场第一笔债券的策划与发行

深圳经济特区于 1980 年 8 月 26 日正式建立，今天已经是全球闻名的国际大都市。然而，在深圳经济特区建立的前十年里，深圳并没有自己的机场，人们出远门都要先坐几个小时的车到广州白云机场，然后才能飞往世界各地。

发债补齐机场建设资金缺口

1990 年，深圳人口仅有六十多万人，跟一个中等县城的人口数量差不多。有人质疑，深圳人口不多，距离广州机场也不算远，还有必要建设一个机场吗？

不过，深圳市委、市政府并没有纠结于这些争论，而是拿出了"敢为天下先"的气魄，批准建立深圳宝安国际机场，为深圳的"腾飞"打下了坚实的基础。

1989 年 5 月，深圳机场公司成立；1990 年 7 月，候机楼正式动工，选址在临近海边的黄田村，所以这个机场原来叫作"深圳黄田机场"，且这一称呼用了十年。

当时的深圳，并不像现在这样资金实力雄厚，而机场建设的开支又是一个大数目，怎么办？当时整个市场经济和资本市场还处于早期，没有多少历史经验可供借鉴，唯一不受限制的是"来了就是深圳人"的想象力。

最终，大家讨论出来的方案是：机场建设资金一部分由财政拨付，另外 1 亿元的资金缺口，由证券公司竞标发行债券。

当时，全深圳上下都弥漫着"时不我待"的氛围，债券发行方案经过中国人民银行、中国人民银行深圳经济特区分行批准后，深圳市政府要求全力加速发行，一方面发行方迅速完成债券承销，另一方面要在七天内完成实物债券的设计、印刷任务。

不过难题来了：债券属于资本证券，不允许地方自行印刷，必须去中国人民银行领导下的印钞厂印刷。而当时已是 1990 年 12 月最后两周，眼看 1990 年就要翻篇了。如果等待来年再发行，会对债券指标造成影响，这是大家都不愿意看到的。

为了使债券指标不跨年，当时还在深圳证券交易所工作的我，被紧急任命为债券承销顾问团的经理，持深圳市政府和中国人民银行深圳经济特区分行介绍信，与深圳证券登记公司叶经理、武警战士小刘匆匆奔赴广州，然后乘飞机前往北京。

有惊无险的深圳机场债券诞生经过

1990 年 12 月的北京，正值隆冬，气温达零下十四摄氏度，真正是呵气成冰，对于我们几个常年生活在南方的人而言尤为寒冷。我们抵京后，先是直奔深圳驻京办，说明来意并获得他们的协助后，不敢做过多停歇，就起身前往印钞厂。

不料此时却遭遇了一个小尴尬，由于是去"公干"，武警小刘穿上了制服。为了赶时间，我们决定打车前往，但司机看到穿着制服的小刘后，纷纷借故拒载，连招了几辆均是如此。无奈之下，我们几个人生地不熟的人，只能乘坐公交车前往位于北纸坊的印钞厂。

到了印钞厂，跟负责人说明来意之后，我们又发现了一个大难题。原来，印刷债券需要有事先设计好的债券模板，我们当时是头一回承销，没有注意到这个细节，而当时该印钞厂也没有现成的债券模板可供借鉴。

怎么办？我当时急得团团转，在天寒地冻的天气里急出了一身汗。心里想，若等深圳设计好模板并发送过来，肯定要耽搁好久，再加上印刷、运送、发行等程序，说不定今年都完不成了。

左思右想之下，我突然灵光一闪有了主意。在向负责人详细了解印钞厂的运作程序后，我们参考国库券和人民币的模板，并在此基础上做了一些修改，然后设计出债券模板，并传真给深圳市政府和深圳机场债券承销商确认。

与国库券和人民币不同的是，我们在债券旁边加了三道可以剪下的虚线，代表着支付利息小条。债券由债权人自行保存，可于每年付息日去深圳市国际基金证券部收取利息。证券部在核对无误后支付利息，然后剪下一张小条。经过三年债券本金加利息支付完毕后，纸质债券收回入档。

上述我们自行设计的债券模板，经过深圳市政府和深圳机场债券承销商首肯后，我们三人开足马力，仅用五天时间，赶在年底之前完成了设计、印刷任务，然后直奔首都机场。尚有余温的实物债券，也由印钞厂一路风驰电掣地直接送上飞机，与我们一起回到广州，再由中国人民银行深圳经济特区分行派专车武装押运回深圳。直到这时，我一直悬在嗓子眼里的心才真正放了下来，长长松了一口气，心里想着：幸不辱命！

当年的深圳机场债券，是深圳机场第一期建设费用的一部分，为深圳的"腾飞"出了一把力。30 年后的今天，深圳机场已扩建到第三期。深圳机场债券诞生过程中的这些小插曲，见证了深圳整座城市的日新月异，也是中国债券史上一个难得的记忆片段。每次我从深圳机场登上飞机时，心头都会涌起无限感慨。

过去的黄田村，遍布稻田和鱼塘，人烟稀少，鸡犬相闻。2019年，在此处拔地而起的深圳宝安国际机场，中国旅客吞吐量达5293万人次，国内排名第五，全球旅客吞吐量已跻身第二十六名。这种惊人的成就，时时发生在这个城市的每一个角落，共同造就了"四十不惑"的深圳。

（作者：深交所原结算交收部经理兼接待部经理　徐虹）

致　谢

　　本书得以顺利出版，感谢海天出版社诸位同仁的付出与努力；感谢主人公禹国刚先生，无数次促膝长谈每每让我如坐春风；感谢倾情作序的杨广慧先生，他的三言两语间所体现的站位高度和洞察力就如醍醐灌顶；感谢我的好朋友刘尚泉先生，他为本书写作所提供的各种协助弥足珍贵；感谢我的好朋友、平面设计师王纪昌先生，他的任劳任怨和各种奇思妙想令人动容。